Jörg Palitzsch

64 Felder erobern die Welt

Das Schachspiel in Kultur und Alltag

Joachim Beyer Verlag

ISBN 978-3-95920-150-6

1. Auflage 2022

Ein Imprint des Schachverlag Ullrich, Zur Wallfahrtskirche 5, 97483 Eltmann

Inhaltsverzeichnis

Vorwort

Eine Liebeserklärung ist wie die Eröffnung beim Schach:
Die Konsequenzen sind unabsehbar.

Hans Söhnker, Schauspieler

Ende 2014 ging die in den 1960er Jahren als „Schundliteratur" verhöhnte Comic-Kultur eine bemerkenswerte Verbindung ein. In Norwegen erschien zum WM-Schachduell zwischen Amtsinhaber sowie Titelverteidiger Magnus Carlsen und seinem Herausforderer Viswanathan Anand aus Indien ein Comic-Heft, das eine Partie zwischen Donald Duck und Carlsen, der in den Strips den Namen Makspuls Klarsyn trug, zum Inhalt hatte. Damit musste jedem, der sich mit Schach und seiner Geschichte auch etwas abseits der 64 Felder beschäftigte, klar geworden sein, dass das königliche Spiel spätestens zu diesem Zeitpunkt in der populären Kultur angekommen war.

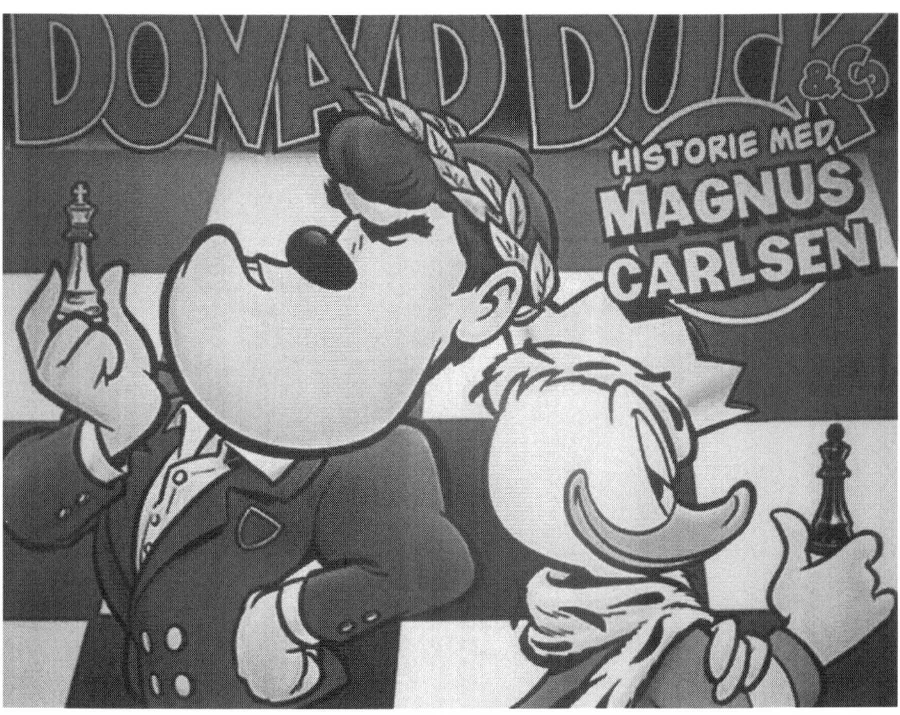

Das Schachspiel und seine spannenden Begleiterscheinungen, wie introvertierte Spieler, aufreibende Wettkämpfe und politische Großwetterlagen haben schon lange alle Kulturbereiche durchdrungen. Das Spiel ist herausgetreten aus dem Schatten von Kaffeehäusern und geschlossenen Clubs, in denen sich allein eine elitäre Gemeinschaft von älteren Männern im Zigarrenrauch dem Schach und seinen unzähligen Zügen widmete.

Das Schachspiel ist eingetreten in eine bunte Welt der popkulturellen Medien, die sich in allen Genres durch eine Vielzahl von Stilmitteln, experimentierfreudigen Erzählstrukturen, vielschichtigen Charakteren und verzweigten Handlungsfäden auszeichnen. Dazu zählen neben bunten Comics, Cartoons und tiefschürfenden Graphic Novels vor allem abendfüllende Filme sowie Serien, die Popmusik bekannter Bands, komplexe Romane, die Malerei aller Jahrhunderte, die Bühnen des Theaters, Gedichte, in denen die Schönheit des Spiels beschrieben wird, sowie die plakative Form kleiner Briefmarken und der etwas größeren Postkarten, die beide zu Sammelobjekten wurden. Schachmotive werden in der Werbung als Kaufanreiz genutzt, haben Einzug in die Architektur gehalten und mit dem Schachboxen wurde eine neue Sportart kreiert. All diese Medien sind einer großen Zahl von Menschen zugänglich. Sie sind bekannt, beinhalten Begriffe und auch Floskeln, die vielen vertraut sind.

Inzwischen hat sich das königliche Spiel zumindest einigen Mechanismen der Popkultur unterworfen. Von einem Spiel der Eliten ist Schach durchaus ein Spiel für die Massen geworden. 2019 zählte der Deutsche Schachbund 91.770 Mitglieder, 1959 waren es noch 37.800. Weltweit kann, rein statistisch gesehen, jeder zehnte Mensch Schach spielen, selbst im Weltall tragen Astronauten mit „Erdlingen" viel beachtete Partien aus.

In jedem Fall befriedigt Schach das Bedürfnis nach Spaß und emotional intensiven Erlebnissen, auch dies ist ein Mechanismus der Popkultur. Durch die kulturellen Medien, die eine breite Masse erreichen, wird Schach in den verschiedensten Formen in die Gesellschaft hineingetragen. Und jeder kann sich den Bereich herausgreifen, der ihn am meisten berührt.

Dieses Buch greift Verzahnungen auf und macht anhand von Beispielen deutlich, dass Schach mit seinen universellen Regeln, seiner universellen Sprache und seinen universellen Riten genauso leicht verständlich ist wie die universellen Elemente der Popkultur. Die Botschaften von Musik, Filmen und Romanen versteht man wie das Schachspiel auf der ganzen Welt – ohne die Sprache des anderen genauer kennen zu müssen.

So sind die Besucher eines Konzerts in New York und die Zuschauer eines Schachturniers in Peking in ihrem Verständnis, an einem einmaligen kulturellen Ereignis teilzunehmen, nicht weit voneinander entfernt. Trotz unterschiedlichem Rollenverhalten und individueller, landesspezifischer Vielfalt.

Wie sich ein Werk innerhalb der populären Kultur teilt und vervielfältigt zeigt sich an der Schachnovelle von Stefan Zweig, ein Buch, das zur Pflichtlektüre eines jeden Schachspielers zählen sollte. Eine limitierte Erstausgabe des Buches erschien am 7. Dezember 1942 in Buenos Aires. Am 2. September 1960 hatte der auf der Novelle basierende Film unter der Regie von Gerd Oswald und mit Curd Jürgens in der Hauptrolle im Wiener Forum-Kino mit seinen 1145 Plätzen Premiere, inzwischen gibt es eine Neuverfilmung. Und im Jahr 2016 erschien im Knesebeck-Verlag die bekannte Geschichte in Form eines 128-seitigen Farb-Comics im großen Hardcover-format – 74 Jahre nach ihrer Entstehung.

So trägt Schach nicht nur zur kulturellen Vielfalt bei. Das Spiel, seit Mitte der 1970er Jahre offiziell auch eine Sportart, ist ebenso Impulsgeber neuer Ausdrucksformen, die ein breites Publikum ansprechen, so unterschiedlich sie in Bezug auf Geschlecht, ethnische und soziale Herkunft, Religion und Weltanschauung sowie Alter und geistige Kapazitäten auch sein mögen.

König, Dame, Läufer, Springer, Turm und Bauer sind Grundlagen für Theaterstücke. Schachfiguren sind schon auf frühen Wandmalereien der Ägypter zu sehen, auf persischen Miniaturen, farblich üppig ausgestatteten Ölgemälden, sowie, entpersonalisiert, verfremdet und abstrakt, bei Marcel Duchamp. Dichter und Denker werden in ihrer Arbeit durch das Schachspiel beflügelt, Soulmusiker schmücken ihre Plattencover mit Schachbrettmustern genauso gerne wie Rockmusiker, und in der Literatur werden alle Facetten des Schachspiels beschrieben: Wahnsinn, Siegesfreuden, Gier, Niederlagen und Einsamkeit.

Hinzu kommen Filme, bei denen die Regisseure und Drehbuchautoren ihren Geschichten mit dem Thema Schach einen intellektuellen Touch verpassen oder nur für laute Lacher sorgen möchten. So gibt Bart Simpson in einem Zeichentrickfilm eine Simultanvorstellung, der zitronengelbe Revoluzzer im roten T-Shirt, stets rebellisch und respektlos gegenüber Autoritäten, spielt zwar wie Bobby Fischer – verliert aber ständig.

Schach ist ein Spiel, das nicht nur eine riesige Bibliothek mit Hunderttausenden Büchern zu den Standardthemen wie Eröffnungen, Mittelspiele und Endspiele hervorgebracht hat, sondern auch unzählige Werke und Betrachtungen zur Geistesgeschichte. Dabei genügt es, die Regeln zu kennen, ein Schachbrett sowie 32 Figuren zur Hand zu haben und einen Gegner zu finden, mit dem man sich auf ein spannendes Abenteuer einlassen kann. Und sei es, man spielt Schach zu viert oder beschäftigt sich mit Märchenschach. Der Leser wird auf den folgenden Seiten Menschen und Figuren begegnen, die dieses Abenteuer eingegangen sind.

Dieses Buch erhebt keinen Anspruch auf Vollständigkeit. Dies wäre ein sinnloses Unterfangen, weil die Ausdrucksformen des Schachspiels – keine Partie gleicht einer anderen – so zahlreich sind, wie die unergründete Anzahl von Zugmöglichkeiten, von denen die Sage der Reiskörner erzählt. Dieses Buch soll den Leser dazu anregen, vom Schachbrett mit seinen 64 Felder aufzublicken und das königliche Spiel von vielen anderen Seiten kennenzulernen.

Jörg Palitzsch

I. Teil

Lucky Luke setzt matt

Donnerwetter! Sie wagen es, mich zu besiegen!

General Alcazar in „Der Arumbaya-Fetisch“

Comics haben sich in ihrer mehr als 100-jährigen Geschichte jedem Genre und jeder Gattung zugewandt. Action, Romantik, Historie, Piraten, Tieren, Wahnsinn und Weltraum. In den bunten Strips wurden die Geschichten visuell ständig erweitert, so war es nur eine Frage der Zeit, bis auch das Schachspiel in den Blickpunkt der Zeichner rückte.

Serienheld Lucky Luke, stets in gelbem Hemd, schwarzer Weste, einem weißen Stetson und rotem Halstuch unterwegs, schießt bekanntlich schneller als sein Schatten. Aufmerksame Leser der Abenteuer der Wildwest-Figur, die von Maurice de Bevére (Morris) geschaffen wurde, wissen, dass er auch sehr gut Schach spielen kann.

Eine schöne Partie ist im Heft „Goldrausch“ (Band 64, 1992) zu sehen, wo der sympathische Westernheld gegen den Goldminenbesitzer Mister Powell ein Match austrägt. Die Szene geht über sieben Einzelbilder (Panels). Die beiden Spieler werden durch die Zwischenrufe des Falschspielers und Trickbetrügers Miles Denver gestört und sollen – um die Partie abzukürzen – um die Figuren pokern. Kurz danach setzt Lucky Luke Powell mit einem Springer Schach und matt. Powells Kommentar: „Lucky Luke, Sie sind unschlagbar im Umgang mit Pferden.“

Auch Jolly Jumper, das Pferd von Lucky Luke, kann Schach spielen. Ein Panel im Band „Schikane in Quebec“ (Band 77, 2004) zeigt allerdings eindrucksvoll, wer die Nase im Königlichen Spiel vorne hat. „Schachmatt in zwei Zügen, Jolly“, beendet der Comic-Held die Partie – zurück bleibt ein verzweifelter Vierbeiner.

Die zehnbändige Comic-Reihe „Rantanplan“, wie Lucky Luke aus der Feder des Zeichners Morris und Titelheld einer eigenen frankobelgischen Comicserie, zeigt auf dem Titel des Bandes „Die Genies“ (Band 7, 1996) den Gefängnishund und den einsitzenden Averell von den Daltons. Beide sind nicht die hellsten Köpfe in der Comic-Welt, spielen jedoch auf einer Kiste eine Partie Schach. Dabei hat man es nicht so genau genommen. Gespielt wird auf 14 x 4 Feldern, die Figuren sind gelb, schwarz und braun. Im Heft wird die Szene auf dem Titel vertieft. Ohne Brett stehen die Figuren wahllos auf der Kiste und Rantanplan setzt schachmatt, beobachtet von einem Wissenschaftler, der wie Albert Einstein aussieht. Echte Genies unter sich.

Harold (Hal) Rudolph Foster, der Schöpfer von Prinz Eisenherz, wurde 1892 in Halifax, Neuschottland (Kanada) geboren. Vor seinem ersten Illustrationsauftrag im Jahr 1910 arbeitete er als Bürobote, Preisboxer und Jagdführer. 1921 machte er sich per Fahrrad ins 1500 Kilometer entfernte Chicago auf. Seine erste eigene Serie war „Prinz Eisenherz", die ab dem 13. Februar 1937 gedruckt wurde, Foster war da bereits 45 Jahre alt. „Prinz Eisenherz" ist ein Epos aus den Tagen König Arthurs und zählt mit seinem detaillierten Zeichenstil zu den Klassikern der Comic-Geschichte. Band 54, der die seit 1937 wöchentlich erschienen Originalseiten 2388 bis 2431 beinhaltet, trägt den Titel „Königliches Spiel", auf dem Titel sind zwei Spieler zu sehen, die sich über ein Schachbrett beugen.

König Zog lässt in dem Heft auf einem Turnierplatz ein Schachspiel mit Menschen austragen, die die Spielfiguren symbolisieren. Der Grund: Der Sohn von König Ulf hat einen Zwillingsbruder namens Alp, im Königshaus sind Zwillinge jedoch untersagt. So zieht für Alp Prinz Eisenherz die weißen, für Ulf ein Maskierter die schwarzen Figuren auf einem Schachbrett am Rand des Turnierfeldes, analog zu den lebenden Figuren. Die Partie wird über vier Seiten und insgesamt 21 Panels gespielt. In der Partie geht es um ein Leben. Verliert Eisenherz, ist Alp des Todes, verliert der maskierte Gegner, ist Ulf das Opfer. Am Ende gibt es ein Patt, der König steht auf einem weißen Feld nicht im Schach, kann aber keinen Zug mehr machen.

In der Reihe „Lustiges Taschenbuch", eine deutschsprachige Comic-Publikation, die seit 1967 im Verlag Egmont Ehapa Media erscheint, drehen sich im Spezial-Band 18, 16 Abenteuer ebenfalls um die Ritterzeit. Schach gespielt wird in dem Sammelband in der Geschichte „Der unfehlbare Ritter", die ursprünglich aus Donald Duck Nummer 486 stammt. Ritter Micky tritt darin gegen einen Drachen im XXL-Format an, der seine spielerischen Künste in einem Fernkurs erworben hat. Dazu entpuppt er sich auch noch als Großmeister und setzt Micky schachmatt. In einem weiteren Panel tritt auch Schildknappe Goofy gegen den Drachen an. Goofy hat allerdings noch nie Schach gespielt und setzt den Drachen mit Schwarz trotzdem im ersten Zug schachmatt. Goofys lapidarer Kommentar: „Kleinigkeit für einen, der unfehlbar ist".

Die Schachspieler Goofy und Micky beherrschen auch das Titelbild des Micky-Maus-Heftes Nummer 12/1981. Im Heft selbst gibt es zwar keine Schachgeschichte, aber eine Beilage mit dem Titel „Lern-Schach, Teil 1". Auf einem Karton sind Schachfiguren eingestanzt, die man zusammenbauen kann. Onkel Dagobert als Turm, Donald Duck als König, Daisy als Dame und Micky als Bauer. Insgesamt gab es in den folgenden Heften nochmals drei Folgen „Lern-Schach" mit Figuren. So konnten die jungen Leser ganz praktisch und mit bekannten Comic-Figuren aus der Comic-Welt das Spiel der Könige kennenlernen.

Dagobert Duck ist bekannt dafür, dass er sein Geld beständig vermehrt und anhäuft. Im Donald Duck-Heft 160 sieht man den reichsten Mann der Welt vor einem Schachbrett sitzen. Onkel Dagobert kennt wohl die Regeln des Königlichen Spieles nicht so genau, deshalb muss er das Buch „Wie spiele ich Schach“ zu Rate ziehen. Dass sich bei ihm alles nur um das Anhäufen von Geld dreht, zeigt, dass auf dem Schachbrett keine Figuren, sondern Geldtürme in unterschiedlicher Höhe stehen. Jeweils sechs Münzen könnten für zwei Bauern stehen, die anderen Figuren lassen sich wegen der unterschiedlichen Anzahl der angehäuften Münzen nicht zuordnen. Im Heft selbst gibt es keine Schachszene.

Eines der schönsten Schach-Duelle mit überraschendem Ausgang findet sich im Band „Der Arumbaya-Fetisch“ aus der europaweit bekannten Comic-Serie „Tim und Struppi“. Der Belgier Georges Prosper Remi (Hergé) schrieb und zeichnete die humoristischen Abenteuercomics von 1929 bis zum Ende seines Lebens 1983. „Der Arumbaya-Fetisch“ ist der sechste Comicband der Serie.

Der junge Reporter Tim gerät darin in die Revolutionswirren der Republik San Theodoros, ein fiktiver Kleinstaat in Südamerika. Er wird von staatlichen Behörden an Land gelockt und soll von einem Erschießungskommando hingerichtet werden. Kurz vor der Exekution greift die Armee der Rebellen von General Alcazar nach der Macht. Tim hatte sich vor der geplanten Exekution stark betrunken und im Rausch den General hochleben lassen, was sein Leben rettet. Die Rebellen halten ihn für einen Helden, Alcazar ernennt Tim sofort zum Oberst und persönlichen Adjutanten. Beide spielen regelmäßig Schach gegeneinander. Eine erste Partie geht für Tim verloren, was er sechs Seiten weiter mit einem Matt wieder wettmacht. „Donnerwetter! Sie wagen es, mich zu

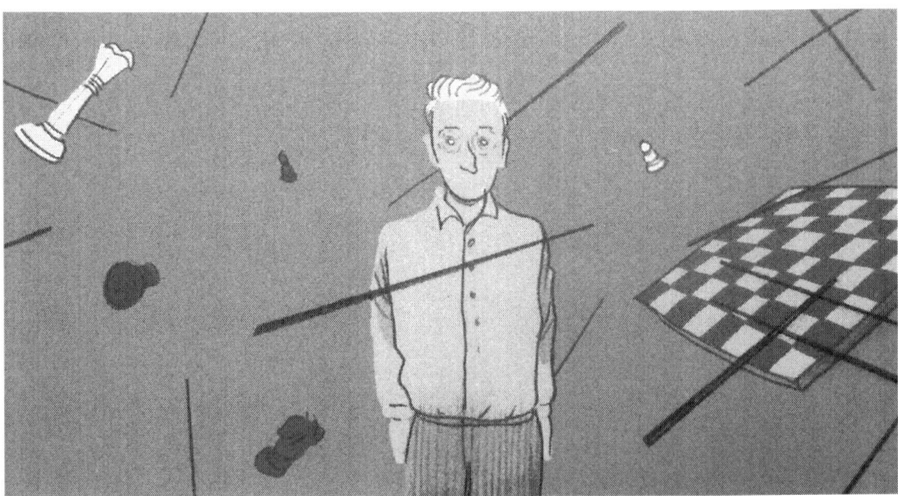

Die Schachnovelle im Comic

besiegen!?“ schimpft General Alcazar erzürnt – und schießt, am Schachbrett stehend, fünf Mal mit einem Revolver in die Luft.

Die „Schachnovelle“ von Stefan Zweig zählt zu den Büchern, die jeder Schachspieler kennt. Der in London lebende Grafiker und Illustrator Thomas Humeau hat im Knesebeck Verlag die „Schachnovelle“ neben der Verfilmung in eine weitere Kunstform umgearbeitet und das von Zweig zwischen 1938 und 1941 im brasilianischen Exil geschriebene Werk als Graphic Novel veröffentlicht. Eine Graphic Novel ist ein Comic im Buchformat, die allerdings wenig von der Trivialität der Geschichten um Donald Duck und Co. hat. Die Zeichner von Graphic Novels erheben den Anspruch, neben Literatur und Film, eine eigene Kunstgattung zu schaffen, und Humeau kommt diesem Anspruch sehr nahe. 1987 im französischen Angers geboren, war er von der Novelle Zweigs schon als Jugendlicher stark beeindruckt. Er taucht die Geschichte in rötlich-blaue und dunkle Farben, trotzdem wirken die Figuren lebensecht. Durch die Aufteilung der Panels entsteht ein mitreißender Rhythmus, die Farbwahl entfaltet dazu die passende Stimmung.

Die Partie zwischen Weltmeister Czentovic und Basil auf einem Schiff ist einer Begegnung zwischen Alexander Aljechins gegen Efim Bogoljubow aus dem Jahre 1922 entlehnt. Sie war Stefan Zweig wohl bekannt, ein entsprechendes Schachbuch befand sich in seinem Nachlass. Als Basil nach einer Siegpartie gedrängt wird, nochmals gegen Czentovic zu spielen, gerät Basil in einen Strudel des Irrsinns. Thomas Humeau setzt diesen Schritt in den Abgrund in spektakulären Formaten und Farben um.

Die illustrierte „Schachnovelle“ bietet dem Schachspieler eine bekannte Geschichte in neuer Form, ungewöhnlichen Bildern, regt den Leser an, Stefan Zweigs Klassiker wieder einmal zur Hand zu nehmen und sich mit dem Schachspiel zu beschäftigen. So wie es alle Comics tun, in denen die schwarzweißen Figuren auf einem Holzbrett vor farbigen Kulissen gezogen werden.

Zu den Comic-Superheldinnen der ersten Stunde zählt die von Clarence Matthew Baker gestaltete Phantom Lady. Die Crimefighterin ist in Wirklichkeit Sandra Knight, die Tochter des Senators, die der Polizei bei der Jagd nach Ganoven hilft. Baker war der erste bekannte afroamerikanische Zeichner und Illustrator, der auch Erfolge in der hart umkämpften Branche hatte, aber vermutlich aufgrund einer Herzschwäche bereits mit 37 Jahren verstarb.

Veröffentlicht wurde die starke Figur ursprünglich von Quality Comics, später dann von unterschiedlichen und nicht mehr existierenden Comic-Unternehmen. Die mit einer eng anliegenden kurzen Hose und freizügigem Oberteil sehr spärlich bekleidete Phantom Lady war ein Beispiel für die sogenannte „Good Girl Art“. Ein Stil der Comic-Kunst, der üppige weibliche Charaktere in provokativen Situationen und in Pin-up-Posen darstellte. Diese waren auch in billigen Pulp Magazinen zu finden, die bis Ende der 1950er Jahre veröffentlicht wurden. Die Freizügigkeit der Lady wurde kritisiert, weil man einen schlechten Einfluss auf Kinder befürchtete, unter den „100 Sexiest Women in Comics" ist sie auf Platz 49 zu finden, noch vor Little Annie Fanny. Der Bildschriftenverlag aus Hannover hat alle elf von Baker gestalteten Hefte auf Deutsch veröffentlicht und bietet damit eine geschlossene Sammel-Edition.

In Band 9 hat es Phantom Lady mit einem Schachmeister zu tun, der nicht nur Frauen ermordet, sondern die Münzprägeanstalt ausrauben will. In einer Szene wird der Leser in einen Schachclub geführt, wo der verkleidete Schachmeister mit seinem Schachbrett aus Gold und Elfenbein prahlt. Nur durch einen Trick kann Senatorentochter Sandra Knight ihren Verlobten Don Bordon, der ihre zweite Identität als Phantom Lady nicht kennt, davor bewahren, sich in den Fängen des Schachmeisters zu verstricken. Am Ende stellt die Superheldin den Verbrecher, ohne selbst eine Partie Schach gespielt zu haben.

Schach und Comic lassen sich auch auf einer ganz anderen Ebene zusammenführen. So sind findige Marketingstrategen immer auf der Suche nach neuen Ideen – und fündig geworden. Was bietet sich besser an, als die Serie Asterix und Obelix, deren Abenteuer Generationen von Lesern bis heute begeistern, auf das Schachbrett zu bringen? Einer der führenden Hersteller ist die französische

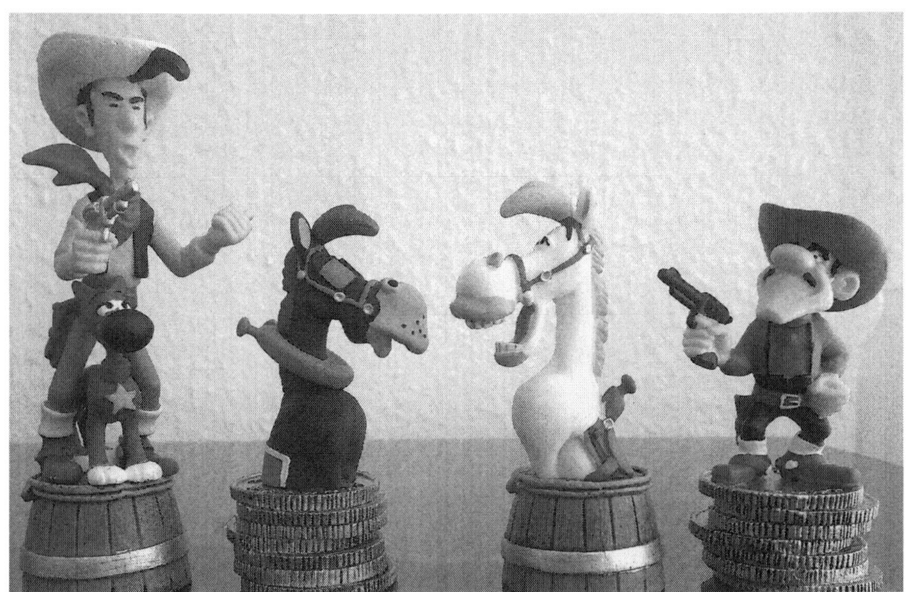

Bunte Schachfiguren der Firma Plastoy

Firma Plastoy, die schöne bunte Schachfiguren produziert, die nicht nur Kinder schwärmen lassen.

Der gallische Hahn, ein Wappentier, dient acht Mal als Bauer, Häuptling Majestix ist der König und seine Frau Gutemine die Königin. Ihnen zur Seite stehen als Läufer Asterix und Obelix, die Springer sind Wildschweine und die Türme Hinkelsteine, die leicht umkippen. Auf der Gegenseite stehen Cäsar und Kleopatra als König und Königin, römische Soldaten als Läufer, Löwen als Springer und Steinsäulen als Türme. Als Bauer dient der Römische Reichsadler. Ein Pluspunkt ist, dass die Figuren nicht nach billigem Plastik riechen, einen Minuspunkt gibt es für das Schachbrett aus Pappe.

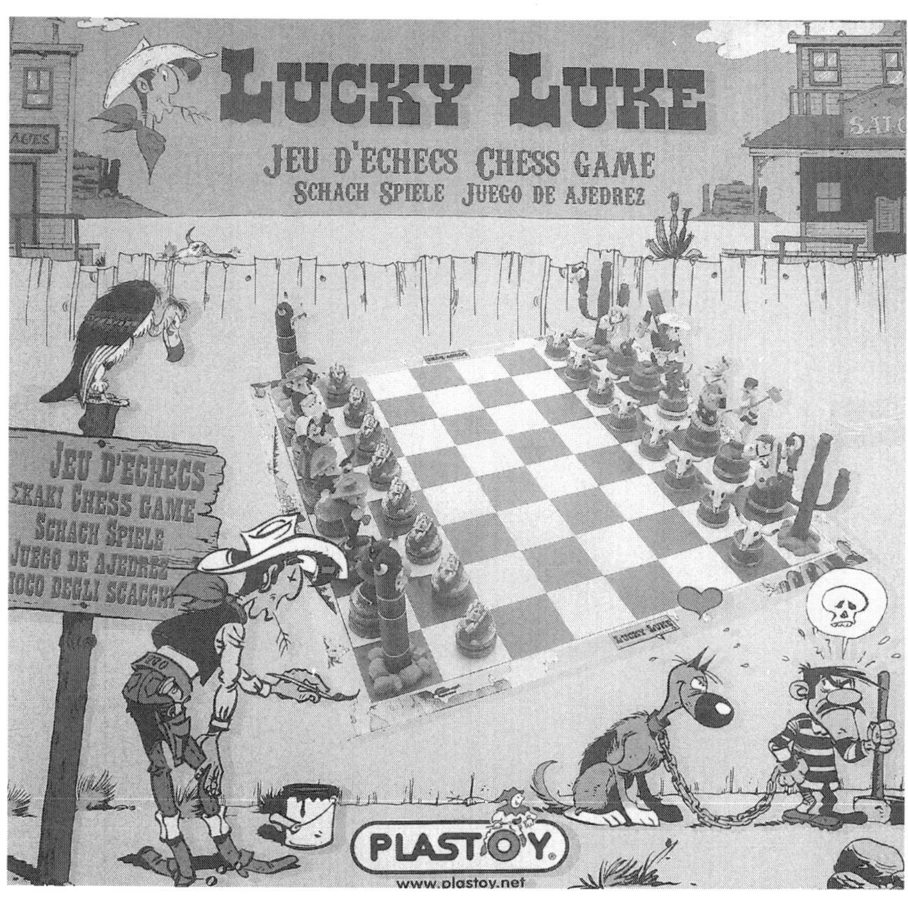

Eine weitere Serien-Comicfigur, die es in einer Schachvariante gibt, ist Lucky Luke. Die Ausgabe von Plastoy hat ein Schachbrett in einer Größe von 42 mal 42 Zentimetern, die Figuren sind zwischen 4 und 10 Zentimeter groß. Auf der einen Seite des Brettes steht Lucky Luke als König, ihm zu Füßen Rantanplan, an seiner Seite als Königin die Bardame Lulubelle mit Zigarre. Als Läufer agieren der Bestatter John Coffin und Averell Dalton, als Springer das Pferd von Lucky Luke, Jolly Jumper, als Türme ein mexikanischer Wüstenkaktus. Die acht Bauern werden als halbe Fässer dargestellt, auf denen ein Rinderschädel ruht.

Auf der Gegenseite stehen Joe Dalton und Ma Dalton als König und Königin, als Läufer Jack Dalton mit einer Kasse und sein Bruder William mit einem Postsack, als Springer ein Esel und als Turm ein Marterpfahl. Als Bauern spielt man mit Stößen von Geldmünzen, auf denen eine Tasche mit Geldbündeln und Kartenspielen thront. Die Gegenüberstellung der Daltons und der Figuren aus dem Dunstkreis von Lucky Luke symbolisieren den Kampf zwischen schwarzen und weißen Figuren, wenn auch der schusselige Averell Dalton nicht so ganz in diese Reihe passen will. Er muss als weißer Läufer gegen seine eigenen Brüder kämpfen.

Weitere Comics, in denen das Thema Schach vorkommt:

Catwoman – Schach dem Joker, Nummer 3

Clamps Wonderworld – Mit drei Schachfiguren, Nummer 3

DC Comic – Schachmatt, Nummer 1

Dragonball Z – Schach, mit Figur, Nummer 13

Dylan Dog – Spiel mit dem Tod, Nummer 10

Fix und Foxi – Schach, Jahrgang 39, Nummer 43

Lucky Luke – Jolly Jumper antwortet nicht, Hommage 2

Simpsons – Schachmatt für die Regentage, Nummer 58

Yps – Heft mit Gimmick, Das Schwimm-Schach, Nummer 297

Yps – Heft mit Gimmick, Das Original-Schachspiel mit Brett und Figuren, Nummer 349

Die Stones tanzen über das Schachbrett

Schach ist ein Reich, wo sich die Phantasie frei entfalten kann.

David Bronstein, Sowjetischer Schachgroßmeister

Musik und Schach ergänzten sich bei vielen Musikern oft auf eine ideale Weise. Robert Schumann, Ray Charles, Yehudi Menuhin und Miles Davis spielten gerne Schach. Die Beatles bringt man eigentlich nicht mit Schach in Verbindung, doch sie schrieben 1965 für ihr Album „Help“ einen Song über den *Knight b4* (Springer auf b4). Musik und Schach sind also nicht so weit voneinander entfernt, wie man denkt, sie sind ein Element der Popkultur und gehen zusätzlich auf unzähligen LP-Covers eine visuelle Verbindung ein. Die Verkaufsstrategen der Schallplattenfirmen legten dabei schon immer viel Wert auf eine ansprechende Verpackung, vor allem in Zeiten, als es in den Städten noch Plattenläden mit großen Schaufenstern gab.

Neben erotischen Motiven und grafisch aufwendigen Arbeiten dienen Schachszenen auf Platten-Covers dazu, das musikalische Konzept eines Albums zu unterstreichen, oder sie sind ein Hinweise auf ein einziges Lied – so wie bei dem irischen Sänger und Komponisten Chris de Burgh.

Auf dem Cover seines Albums „Best Moves“, einer Songsammlung aus dem Jahre 1981, spielt der in Argentinien geborene Diplomatensohn an einem endlos großen Schachbrett gegen sich selbst. Das Bild ist eine Anspielung auf den Song „Spanish Train“, in dem Gott und der Teufel gegeneinander antreten. Zunächst pokern die beiden und der Teufel spielt falsch. Dann spielen beide Schach und Chris de Burgh singt: „Und weit weg in einer Nische spielen der Herr und der Teufel jetzt Schach. Der Teufel betrügt noch immer und gewinnt mehr Seelen, Und der Herr... nun, er gibt sein Bestes.“ Das Lied wurde in Südafrika als blasphemisch eingestuft und mit einem Verbot belegt, die Plattenfirma A & M Records klagte erfolgreich dagegen. Während die Klage lief, wurde das Album ohne „Spanish Train“ veröffentlicht – es ist heute ein Sammlerstück.

Eine echte Cover-Rarität ist das Album „The Unreleased Chess Sessions“ der Rolling Stones aus dem Jahre 1964.

Das 10inch-Album hat einen Durchmesser von 25 Zentimetern und läuft mit 33 rpm. Auf dem Cover sieht man die Band auf einem Schachbrett und vor großen Schachfiguren spielen und tanzen, wobei der Name „Chess“ in die Irre führt. Dabei handelt es sich um die legendären Chess Studios in Chicago, die von den jüdischen Brüdern Leonard und Phil Chess gegründet wurden. Für die LP-Fassung wurde das Motiv des Covers aufgenommen und in einer Auflage als „Special Limited Edition“ mit 1000 Stück als Picture Disc veröffentlicht. Auf

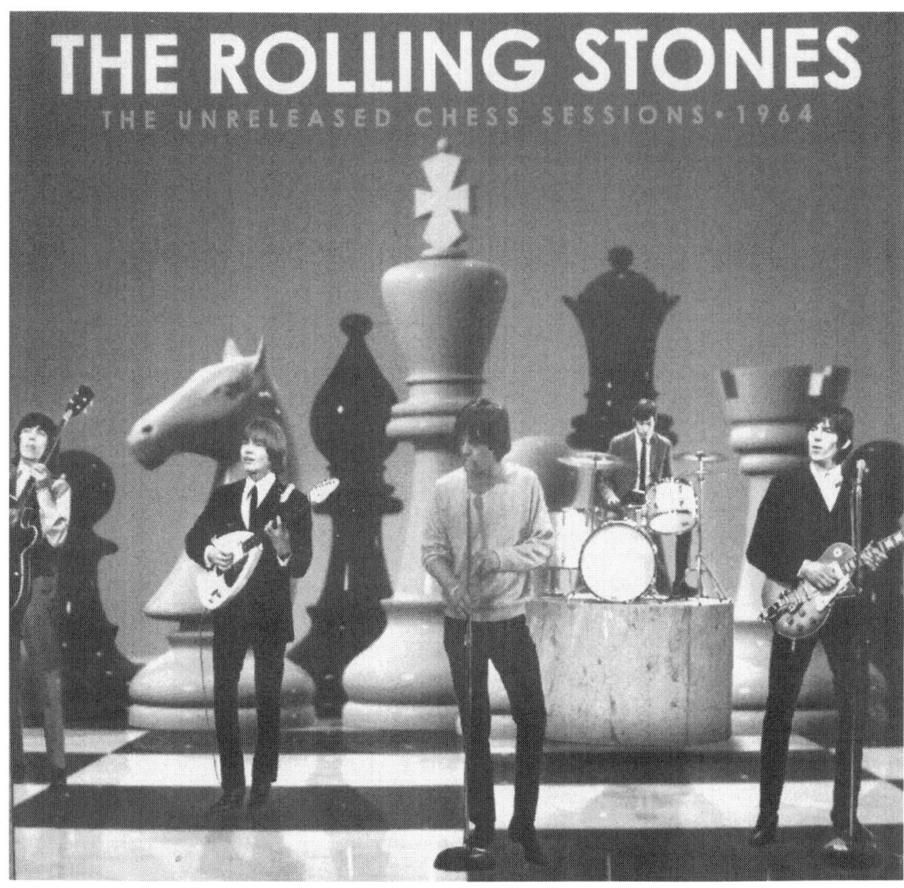

einer weiteren LP mit dem Titel „The Lost Chess Tapes“ stehen die Rolling Stones vor einem großen Tisch mit quadratischen schwarz-weißen Mustern.

Eines der schönsten Plattencover stammt von der 1972 gegründeten britischen Rockband Gryphon, die stark unter den Einflüssen von Folk und mittelalterlicher Musik stand. Ihr drittes Studioalbum „Red Queen To Gryphon Three“ mit den vier Songs „Opening Move“, „Second Spasm“, „Lament“ und „Checkmate“ basiert musikalisch auf einer Partie Schach, was sich auch auf dem Cover niederschlägt.

Man sieht einen alten Mann über ein Schachbrett gebeugt, ganz als ob er über eine Problemstellung nachdenkt. Beobachtet wird er von einer Katze, einem Vogel und einer Eule, während im Garten ein Ritter auf ein Fabelwesen zustürmt. Das Artwork des Covers stammt von Dan Pearce, Ann Sullivan und Vanessa East.

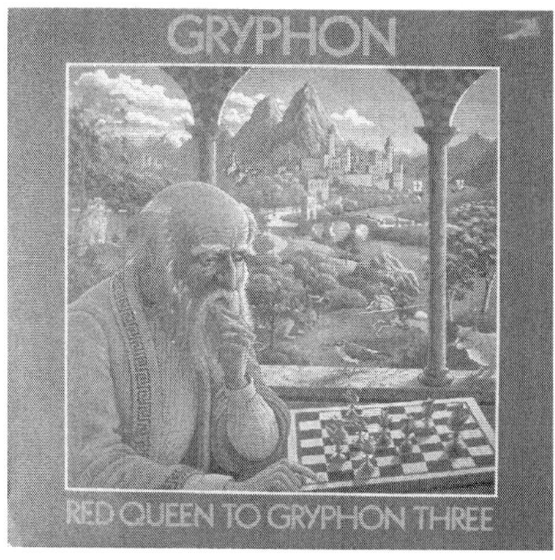

Einen märchenhaften Blick über ein Schachbrett bietet der Musiker Peter Hammill auf seinem ersten Soloalbum „Fool's Mate“ aus dem Jahre 1971. Zu sehen ist ein Schachbrett, das sich auf den Titel des Albums bezieht, „Fool's Mate“ ist ein „Narrenmatt“.

Diese Variante ist der kürzeste Weg, um ein Matt zu erreichen, etwa nach den Zügen 1. f2-f3 e7-e6 2. g2-g4 Dd8-h4#. Das auf dem LP-Cover aufgestellte Schachspiel deutet jedoch auf einen „Schäferzug“ hin, bei dem Weiß mit seinem vierten Zug auf f7 matt setzt. Der Läufer, der die Dame schützt, ist auf der Rückseite des Covers zu sehen. Auf dem Schachbrett selbst liegen, laufen und stehen allerlei Personen und aus dem Feld g6 kommt auf einem Stück Meer ein Surfer daher.

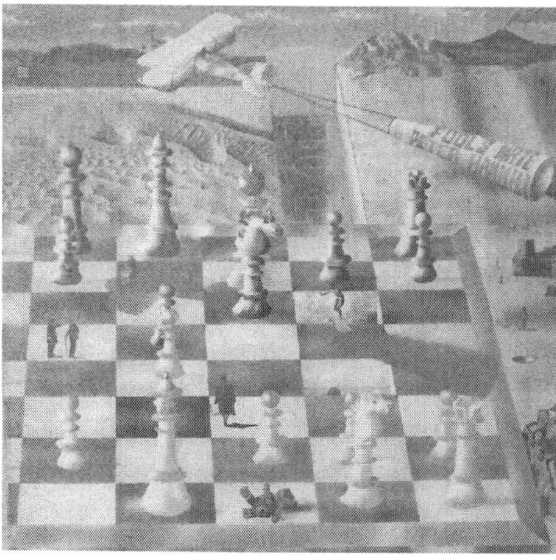

Die 2016 verstorbene US-amerikanische Jazz- und Bluessängerin Ernestine Anderson veröffentlichte 1981 eine Platte, die ein Foto von Bruce Burr schmückt. Der Name der LP und der Titelsong lauten „Never Make Your Move Too Soon“, sprich: Mache deinen Zug nie zu früh.

Das Frontcover setzt diesen Titel auf eindrucksvolle Weise um. Fotograf Burr hat seine Kamera über einem Schachbrett aufgebaut, so liegt ein Quadrat auf dem Quadrat der LP. Er hat eine Hand aufgenommen – wohl die von Sängerin Ernestine Anderson –, die eine weiße Dame führt. Zwei Bauern und ein Läufer sind bei Weiß schon ausgespielt, Schwarz hat einen Läufer auf d6, einen Bauern auf e6 und einen Springer auf c6 stehen. Weiß will die Dame auf das Feld d6 ziehen, um den Läufer zu schlagen. Ein grandioser Zugfehler, weil Schwarz im Anschluss mit dem Bauern auf c7 zuschlägt und Weiß damit die Dame verliert. „Never Make Your Move Too Soon“ heißt es, wobei es auf dem Cover ganz anders aussieht.

Die Figuren auf einem Schachbrett sind oft Synonyme für hilflose Menschen, die, etwa durch politische oder wirtschaftliche Entscheidungen, wie auf einem Schachbrett umhergeschoben werden, um so dunkle Interessen jeglicher Art durchzusetzen.

Auf dem Schachbrett, das auf der Platte „Playing To Win“ der Little River Band zu sehen ist, wird von einem Mann mit Anzug und Brille, in der sich das Brett spiegelt, statt mit Figuren mit Menschen gespielt. Das Szenario stammt von dem italienischen Künstler Dario Campanile. Er kreierte unter anderem auch das Jubiläumslogo für die Paramount Studios, seitdem ist das berühmte Bergsymbol auf jeder Paramount-Publikation zu sehen. Auf „Playing To Win“ sind die Menschen keinem Figurenwert zuzuordnen, die Interpretation bleibt somit jedem selbst überlassen.

Das Album „The Low Spark Of High Heeled Boys“ markierte 1971 nicht nur musikalisch einen künstlerischen Höhepunkt in der Karriere der englischen Rockband Traffic. Auch das eigenwillige Design und die Gestaltung des Hüllen-Formats der Langspielplatte fiel völlig aus dem Rahmen. Nicht nur, dass sowohl der Außen- als auch der Innenhülle zwei Ecken fehlen. Das Cover, gestaltet von dem Künstler Tony Wright, ist eine optische Täuschung. Dabei stehen auf einem Schachbrettmuster zwei Wände, die den Blick in einen blauen Himmel freigeben. Auf der Rückseite wurden die Musiker in diesen Hintergrund platziert. Das Design der LP zählt, obwohl schon über 45 Jahre alt, mit seinen Anleihen an das Schachspiel zu den einhundert besten Covers in der Musikgeschichte.

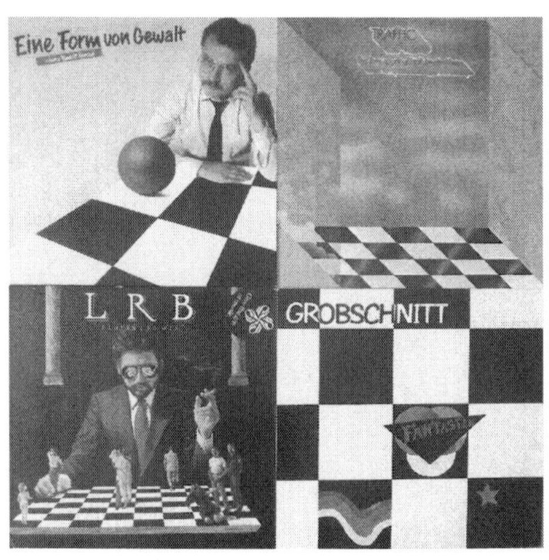

Auch deutsche Bands haben auf das Schachbrettmuster zurückgegriffen. Etwa die Band Grobschnitt für ihr Album „Fantasten“ aus dem Jahre 1987. Covervorder-, als auch Coverrückseite sind mit schwarz-weißen Feldern geschmückt, die zum Teil bunt ausgemalt wurden und Infos über die Platte wie Songtitel und ein Gruppenfoto zeigen.

Die zweite LP von Heinz Rudolf Kunze, „Eine Form von Gewalt“, 1982 erschienen, gilt vielen Fans immer noch als überaus gelungenes Frühwerk des Sängers, der bis heute über 25 Studioalben veröffentlicht hat. Kunze bietet gute Texte, die oft rätselhaft sind wie das Frontcover. Dort sitzt er mit nachdenklicher Mine vor einem riesigen Schachbrett, die einzige Figur, eine rote Kugel, ruht auf h1. Auf der Rückseite ist ebenfalls eine rote Kugel auf a2 zu sehen, die allerdings halbiert ist. Eine Interpretation bleibt offen.

Der 2003 verstorbene US-amerikanische Soulsänger Edwin Starr hat über zehn Langspielplatten veröffentlicht, im Jahre 1979 „Stronger Than You Think I Am“. Auf dem Frontcover, komplett ausgefüllt mit einem grau-blauen Schachmuster, ist der Künstler als schwarzer König zu sehen. Neben ihm liegt, geschlagen, die weiße Dame. Das Cover hat somit einen direkten Bezug zum Albumtitel, manchmal ist der schwarze König dann doch stärker als man denkt. Das Muster setzt sich auf der LP-Rückseite fort. Dort steht ein schwarzer Bauer, um den Starr einen Satz geschrieben hat: „Als die Bauern, die wir sind, muss jeder Schritt unser bester sein.“ In den einzelnen Feldern des Schachmusters sind die Musiker und weitere Hinweise zur Produktion nachzulesen.

Das Musikmagazin Rolling Stone hat Sängerin Dionne Warwick einmal als Pionier-Chanteuse des schwarzen Middle-of-the-Road- Pop bezeichnet. Auf ihrer LP „Very Dionne“ aus dem Jahre 1970, eine von über 30 Produktionen, steckt sie auf einem Foto des Promi-Fotografen Harry Langdon in einem Kleid mit Schachmuster. Sie steht neben einem Spiegel, deshalb gibt es die Sängerin zwei Mal. Diese Kleiderschau gab es auch schon bei ihren Alben „Dionne Warwick in Paris“ (1966) und „Make Way for Dionne Warwick“ (1964) – aber nicht in Schachbrettoptik.

Und nichts ist so interessant wie der Blick in andere Wohnzimmer. Der deutsche Liedermacher und Lyriker Wolf Biermann hat diesen Blick auf seiner Platte „Chausseestraße 131“ gewährt. Biermann hatte Auftrittsverbot in der DDR, so wurden die Lieder 1968 in einer Wohnung nebenan auf einem Tonband aufgenommen. Das schwarz-weiß-Foto zeigt den Liedermacher in einem alten Ohrenledersessel, seine Gitarre in Griffnähe im Sessel nebenan, auf einem Tisch eine Schreibmaschine. An einer Wand steht ein schmales Bücherregal und auf einer Malstaffelei ist ein Schachbrett eingeklemmt, Teil eines berühmten Plattencovers.

Weitere Schallplatten mit Schachmotiven:

Balduin – All In a Dream

Bay City Rollers – It's a Game

Blue Öyster Cult – Tyranny and Mutation

Change –Turn on Your Radio

Europe – War of Kings

Fahnenflucht – K.O. System

Ghost – Pope

Herrey´s – Diggi Loo, Diggi Ley
King Gizzard & The Lizard Wizard – Chunky Shrapnel
Kings of Convenience – Riot on an Empty Street
Manuel Göttsching – e2-e4
Modern Talking – Let's Talk About Love
Partout – ... A Feeling so Strange
Pure Magic – Soft Sounds (Sampler unter anderem mit Toto und Styx)
Slade – The Amazing Kamikaze Syndrome
Welle Erdball – Der Kalte Krieg

Bücher über Bücher

Das Leben ist eine Partie Schach.

Miguel de Cervantes, Schriftsteller

Die jährliche Messe „Antiquaria“ in der Ludwigsburger Musikhalle ist ein beliebter Treffpunkt für Büchersammler. Dort hatte der Münchner Antiquar Thomas Rezek das Buch „Salonmagie, Schach-Automat“ von David Brewster im Angebot. Das Werk schildert in 13 Briefen kuriose Naturerscheinungen und Trugbilder, vor allem auch optischer Art. Tafeln zeigen Phänomene und Automaten, darunter den berühmten Schach-Automaten von Hofrat und Erfinder Wolfgang von Kempelen. Der präsentierte 1770 am habsburgischen Hof seinen Schach spielenden Automaten, der als großartigste Errungenschaft des Jahrhunderts galt. Tatsächlich verbarg sich im Innern der Maschine ein Zwerg. Das Buch von Brewster zum Preis von 600 Euro kann ein Glanzstück einer Schachbibliothek sein – muss es aber nicht.

Wenn irgendwann der Augenblick gekommen ist, an dem ein passionierter Schachspieler so viele Bücher angesammelt hat und dann beginnt, eine Bibliothek aufzubauen, kann eine Spezialisierung helfen, wobei man bei solchen Händlern wie Thomas Rezek immer an der richtigen Stelle ist. Natürlich geht es bequemer über die Plattform www. zvab.com. Das zentrale Verzeichnis zeigt nach der Stichworteingabe „Schach“ immerhin rund 14.000 Treffer an, Bücher über Bücher. Mit diesem Angebot kann man sich mehrere schöne Abende machen – ohne wirklich etwas zu finden.

Jedes Sammeln – so auch das Sammeln von Schachbüchern – beginnt mit Leidenschaft, eine Spezialisierung kann mit dem Aufbau eines thematischen Grundstocks erfolgen. Schon an dieser Stelle kann es sich um antiquarische, seltene oder vergriffene Titel handeln.

Zur Grundausstattung einer Schachbibliothek gehören Biografien der ersten Schachweltmeister Wilhelm Steinitz, Emanuel Lasker, José Raúl Capablanca, Alexander Aljechin und Max Euwe. Bücher über die Weltmeister Boris Spasski, Bobby Fischer, Anatoli Karpow und Garri Kasparow sind eine interessante Lektüre, wobei sich bei den beiden jüngsten Weltmeistern Viswanathan Anand und Magnus Carlsen Partiensammlungen lohnen.

Dabei ist man schon bei einer weiteren Stütze einer Schachbibliothek. Kommentierte Partiensammlungen sind vor allem für Turnierspieler ein weites und willkommenes Übungsfeld. Dabei fällt auf, dass solche Sammlungen auch immer ein Spiegel ihrer Zeit und ein Gradmesser des Schachspiels sind. Anhand eines Buches eine Partie von François-André Danican Philidor (1726

– 1795), der zu Lebzeiten als bester Schachspieler der Welt galt, nachzuspielen, ist etwas anderes als eine Partie von Weltmeister Tigran Petrosjan (1929 – 1984).

Petrosan gilt bis heute als einer der größten Defensivspieler der Schachgeschichte und war nur schwer zu bezwingen. Philidor gilt als Wegweiser in der Führung der Bauern. Sein Werk „L'analyse du jeu des échecs" nimmt eine herausragende Stellung in der Schachliteratur ein und enthält das erste bekannte Beispiel für ein rein positionell begründetes Bauernopfer im Mittelspiel. Das Buch kostet im Original über 700 Euro und ziert jede Bibliothek. So kommt man an einer Spezialisierung kaum vorbei – zu groß ist die Themenvielfalt bei Schachbüchern.

Grob abgegrenzt werden Schachlehrbücher mit Einführungen für Anfänger und Fortgeschrittene. Schacheröffnungen mit allgemeinen Betrachtungen und Darstellung spezieller Eröffnungen und Eröffnungsvarianten füllen ebenso Bücherseiten wie die Behandlung des Mittelspiels und der Endspiele. Es gibt Turnierbücher mit Berichten von einzelnen Schachturnieren oder Schachwettkämpfen wie Weltmeisterschaften, Biographien mit Lebensbeschreibungen bekannter Schachmeister. Dazu unzählige Bücher über die Geschichte des Schachs, über Schachkomposition, Schachstudien und Schachtaktik. Außerdem über Computerschach, Schach und Mathematik, Schach und Psychologie sowie Kurioses. Es gibt also viele Möglichkeiten, sich eine ganz spezielle Sammlung zuzulegen.

Man sollte jedoch vorsichtig sein. Über das Schachspiel gibt es schätzungsweise rund 100.000 Veröffentlichungen. In Europa verfügt die Königliche Bibliothek der Niederlande mit über 40.000 Bänden über die größte Sammlung von Schachliteratur in Europa. Als bedeutendste Privatsammlung der Gegenwart gilt die des 2013 verstorbenen deutschen Großmeisters Lothar Schmid, insgesamt etwa 50.000 Exemplare.

Auch die Schachbibliothek Egbert Meissenburgs in Seevetal muss eine echte Fundgrube sein. In der Privatbibliothek ist eine Spezialsammlung für Schachliteratur integriert, Sammelgebiete sind Schachliteratur, Literatur zu Abarten des konventionellen Zweischachs (unter anderem chinesisches und japanisches Schach in Originalsprachen), sowie zu Brettspielen und Spielkarten. Die Privatbibliothek wurde ab 1962 kontinuierlich ausgebaut. Sie dient als Arbeitsgrundlage für private Forschungen, insbesondere zu schachgeschichtlichen und schachbibliographischen Themen.

Bei einem Gesamtumfang von rund 15.000 Titeln umfasst die Bibliothek circa 750 vor 1900 erschienene Titel. Zum Thema Schachautomat liegen allein 50 Titel vor, darunter Karl Gottlieb von Windischs „Nachricht von einer Maschine, welche das Schach spielet". Im Schachmagazin Karl (1/2004) berichten Dr.

Jean Mennerat und Harald E. Balló über den ersten Schachbuchsammler Frédéric Alliey (1755-1856). Er war ein „frühreifer" Sammler, sein erstes Buch erhielt er mit 13 Jahren – „Praktische Anweisung zum Schachspiel" – von Philidor. Alliey machte viele Reisen, um seine Bücherwünsche zu befriedigen, ein 1894 erschienener Katalog der Bibliothek Grenoble zählt 469 Nummern auf, von denen nur einige nicht zur Sammlung von Alliey gehören. Allein 369 sind Schachbücher. Im gleichen Heft erfährt man, dass Boris Spasski ein großer Sammler von Schachbüchern ist.

Eine weitere Fundgrube ist die Datenbank des Kieler Schachkataloges, in dem man selbst stöbern kann: www.shlb.de/abacus-cgi-schachkatalog.pl. Grundlage dieser umfassenden Sammlung waren die Schenkungen der beiden Schachsammler Wilhelm Maßmann (1895-1974) und Gerd Meyer (1929-1994). So erschien bereits im Jahre 1982 (Neubearbeitung 1995) ein Katalog, der vor allem den Buchbestand der Maßmann-Sammlung erschloss.

Im Jahre 2000 konnte dann der Kieler Schachkatalog erscheinen, der die sehr viel umfassendere Bibliothek Gerd Meyers umfasste, sowie die von der Landesbibliothek selbst als Geschenk, Pflichtexemplar, Tausch oder durch Kauf erworbenen Schachbücher und Zeitschriften. Verlegt wurde dieser Katalog von Winfried E. Kuhn und Godehard Murkisch im Rahmen der „Kuhn/Murkisch-Serie". In dieser Serie gibt es unter anderem das Problemschach-Jahrbuch, das Buch „Eigenartige Schachprobleme" von Werner Keym mit über 800 Schachdiagrammen, sowie „Meine besten Schachprobleme" von Herbert Ahues mit 750 ausgewählten Zweizügern und 4 Dreizügern.

Der online vorliegende Kieler Schachkatalog umfasst die zum Teil überarbeiteten Daten aus dem gedruckten Band sowie die seitdem erworbenen Titel. Er soll weiterhin durch neue Titel ergänzt werden, vor allem in den Bereichen Schachgeschichte, Problemschach und Schachzeitschriften. In der Datenbank lassen sich die Publikationen leicht über eine Suchmaske auffinden. So etwa über Titelstichwörter, Autor oder Schlagwörter, aber auch über das Feld Themen. Allein zum Thema Schachgeschichte gibt es über 400 Bücher mit Hinweisen, rund 360 Einträge über Schachverbände und Schachvereine, sowie 350 über Zeitschriften und Kalender.

Nachfolgend eine Auswahl von Büchern, die die Lust am Königlichen Spiel wecken sollen.

Mathematische Melodie

(Ingo Althöfer/Roland Voigt: Spiele, Rätsel, Zahlen, Springer Spektrum Verlag 2014, 316 Seiten, Taschenbuch, 14,99 Euro)

Um es vorauszuschicken – in dem 300-seitigen Sachbuch „Spiele, Rätsel, Zahlen" beschäftigen sich die Mathematiker Ingo Althöfer und Roland Voigt lediglich auf rund 50 Seiten mit Schach. Dies tut der Lektüre allerdings keinen Abbruch. Bekannt ist, dass Mathematik und Schach viele Gemeinsamkeiten haben. Die Lösung eines Schachproblems sei nichts anderes als eine mathematische Übung. Und ein Schachspieler pfeife während des Spiels so etwas wie eine mathematische Melodie vor sich hin, hat der britische Mathematiker Godfrey Harold Hardy einmal gesagt.

Dabei wird die Verbindung zwischen Mathematik und Schach vor allem bei der Entwicklung von Schachprogrammen deutlich. Ohne Zahlentheorie, Kombinatorik, Graphentheorie und anderen Teilgebieten der Mathematik wäre der Wettkampf zwischen Mensch und Maschine nicht möglich. Ausführlich wird in dem Buch das „3-Hirn-Konzept" vorgestellt. Dabei sind ein Mensch und zwei Computer mit verschiedenen Programmen beteiligt. Der Mensch lässt beide PC rechnen, dann stoppt er sie, wägt die Lösungsvorschläge ab und entscheidet sich für eine der Alternativen. Durch geeignetes Kombinieren der unterschiedlichen Gaben und Stärken von Mensch und Computern sind beeindruckende Erfolge möglich, so Althöfer.

Die schönsten Geschichten zum Thema Schach und Computer gibt es im Kapitel „Betrugsversuche". Herrlich zu lesen, wie Turnierspieler im Leistungsschach „eDoping" einsetzen, um Preisgelder zu erhalten. Rechenstarke Smartphones passen heute in jede Hosentasche, da ist die Verführung groß. So ergaben sich im Oktober 2012 Verdachtsmomente gegen einen deutschen Großmeister, der während eines Turniers „eDoping" einsetzte, versteckt auf der Toilette. Als der Schiedsrichter bat, er möge sein Handy und den Status des Schachprogramms zeigen, lehnte er ab. Die Folge: Eine Sperre und in der Bundesliga wurde der Großmeister nicht mehr eingesetzt. Inzwischen, so ist nachzulesen, spielt er in der dritten Liga. So bleibt Fernschach oder Freistil-Schach, um ungehemmt einen Computer einzusetzen. Bei Turnieren sind Smartphones verboten.

Anastasia und das Schachspiel

(Wilhelm Heinse, Jens-Erik Rudolph Verlag, Broschur, 198 Seiten)

Der Jens-Erik Rudolph Verlag legt ausgesuchte Schachklassiker wieder neu auf. Darunter Siegbert Tarraschs Lehrbuch „Das Schachspiel", ein Buch über Paul Morphy und, als Band 7, „Anastasia und das Schachspiel" von Wilhelm Heinse – ein Roman in der Form von sieben Briefen. Johann Jakob Wilhelm Heinse (1794 – 1803) war Schriftsteller und Bibliothekar. Er lernte Johann Wolfgang von Goethe kennen und war ein Bewunderer von François-André Danican Philidor, der Musik und des Schachspiels wegen.

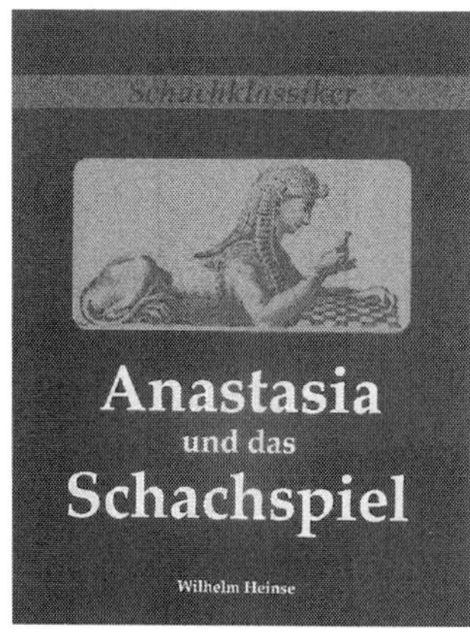

Das Titelbild des Buches von Johann Konrad Felsing zeigt eine das Schachbrett betrachtende Sphinx. Kern des Buches ist eine teilweise Übersetzung des italienischen Werkes von Giambatista Lolli. In seiner Einleitung vergleicht Heinse das Schachspiel mit Krieg. So hätte Napoleon mit seinen Generälen wegen ihrer herausragenden Schachkenntnisse manche Schlacht gewonnen. Im Verlauf des Romans wird diese These weiter ausgeführt und beleuchtet.

Heinse unterstreicht nach einem Ausflug in die Geschichte auch die grundlegende Bedeutung des Schachs. Es sei ein Spiel für Menschen mit großer Einbildungskraft. „Anastasia und das Schachspiel" ist eng mit dem bekannten „Matt der Anastasia" verknüpft. Heinse verbindet die italienische Schachlehre mit einer romantischen Erzählung, in der historische, philosophische und kulturelle Aspekte einfließen. Vor allem diese Betrachtungen machen einen besonderen Reiz dieser Lektüre aus.

Man trifft aber auch auf ungewohnte Schreibweisen, so wird der Läufer durchweg „Laufer" genannt. Der Originaltext wurde ungekürzt übernommen, inklusive der traditionellen Zeichensetzung und Rechtschreibung. Lediglich einige Fehler wurden korrigiert. Gegenüber dem Original wurden zahlreiche Schachdiagramme hinzugefügt. Außerdem wurde den Beschreibungen der Zugfolgen die heute übliche Partienotation der Figuren angefügt. Diese beiden Maßnahmen sollen die Lesbarkeit des Originaltextes verbessern.

Ratsam ist: Beim Lesen sollte man ein Schachspiel neben sich haben, um den Roman nachzuspielen. Es warten zahlreiche Partien, vor allem ab dem vierten Brief, die durchweg kommentiert sind. Es bleibt ein Verdienst von Wilhelm Heinse, dass er durch dieses Buch die Theorien der italienischen Schachschule, die zu dieser Zeit eine herausragende Stellung in Europa einnahm, im deutschsprachigen Raum bekannt gemacht hat. Das Anastasia-Matt ist eine dreizügige Opferkombination. Weiß: Kg1, Tc5, Th5, Sd5; Schwarz: Kg8, Tf8, h7, g7, f7. Weiß am Zuge spielt: 1.Se7+ Kh8 2.Txh7+ Kxh7 3.Th5 matt.

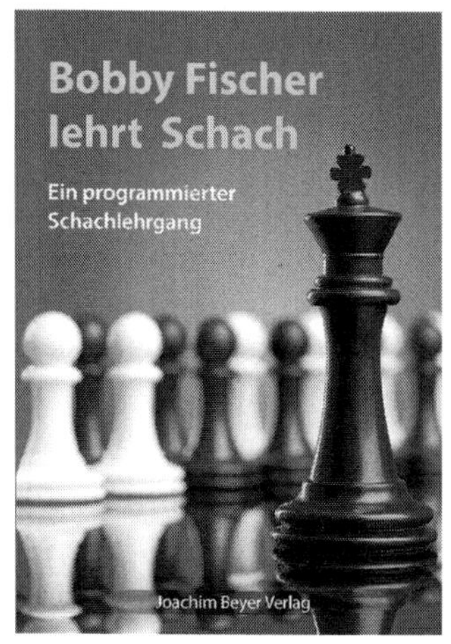

Bobby Fischer lehrt Schach, ein programmierter Schachlehrgang

Bobby Fischer, Joachim Beyer Verlag, 382 Seiten

Bobby Fischers Buch „Bobby Fischer lehrt Schach, ein programmierter Schachlehrgang“ ist eine Kombination von Lehrkonzeptionen des programmierten Unterrichts mit den erfolgreichen Taktiken des Schachgenies. Fischers Kurs bricht mit den herkömmlichen Methoden des Schachunterrichts, die den Lernenden zu passivem Auswendiglernen von Spielvarianten verleiten. Er schult vielmehr die entscheidende Fähigkeit für erfolgreiches Spiel, rasch das Wesentliche einer Stellung und den angemessenen Zug zu erfassen. Ein ganz ähnliches Lehrbuch ist das „Testbuch der Endspieltechnik“ von Jerzy Konikowski und Pit Schulenburg. Der Leser kann sich darin an insgesamt 140 Aufgaben erproben. Dazu werden Lösungsvorschläge angeboten und die richtigen Antworten im zweiten Teil des Buches mit umfangreichen Zugfolgen gegeben. Ein Lehrbuch, das ambitionierte Spieler fit für die Endspielproblematik macht.

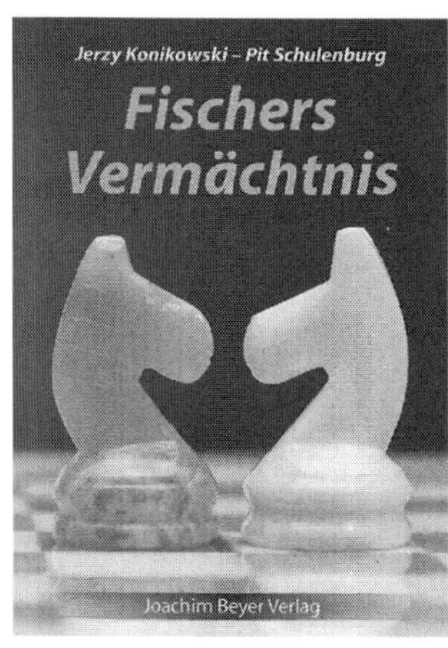

Fischers Vermächtnis

Jerzy Konikowski/Pit Schulenberg, Joachim Beyer Verlag, Broschur, 248 Seiten, sieben s/w-Fotos

„Schach ist Krieg auf dem Brett. Das Ziel ist es, die Gedanken des Gegners zu zerstören.“ Dieses Zitat stammt von Bobby Fischer, dem 11. Weltmeister in der Schachgeschichte, der wie kein anderer die Kriegskunst im Schach perfektioniert hat und heute noch als der beste Spieler aller Zeiten gilt. Das Autorenduo Jerzy Konikowski und Pit Schulenberg hat sich in einer aktuell erweiterten Ausgabe des Buches „Fischers Vermächtnis“ aus dem Joachim Beyer Verlag dem 2008 verstorbenen Ausnahmespieler auf eine ungewöhnliche Weise genähert. In rund 70 Fischer-Partien wird man an die Spielweise des Schach-Genies herangeführt. Dies reicht vom Angriff auf den König, dem Positionsspiel, den Spanischen Duellen bis hin zum Endspiel. Im letzten Kapitel hat der Leser die Möglichkeit, anhand von 28 Aufgaben in Fischers Kombinationen einzutauchen und selbst nach Lösungen zu suchen.

Bobby Fischer spielte zum größten Teil geniales Schach, die Auswahl der Partien zeigt dann auch die ganze Bandbreite: Vom unbändigen Willen zum Sieg, von kleinen Wendungen, die er zu seinem Vorteil nutzt, und das immerwährende Ziel, seinen Gegner zu zerbrechen. Zwei Beispiele. 1959 spielte der 16-jährige Fischer in Jugoslawien gegen Pal Benkö, der nach dem Zweiten Weltkrieg zu den 100 besten Schachspielern der Welt zählte. Mit Leichtigkeit treibt Fischer den mit Schwarz spielenden Benkö erst an den Abgrund, reißt dann dessen Königsflügel mit zwei Abtauschkombinationen weit auf, um seine Dame vor der zerstörten Festung in Position zu bringen. Benkö blieb nur die Aufgabe.

In einem Buch über Fischer ist es zwingend, auch Partien vom Schachmatch des Jahrhunderts in Reykjavik 1972 aufzuführen. In „Fischers Vermächtnis" ist es die 6. Partie. Bobby Fischer entfachte einen wahren Sturm auf die schwarze Stellung von Boris Spasski, der schließlich aufgab. Fischer leitete mit diesem Gewinn nicht nur seinen historischen Sieg ein, Spasski reichte seinem Herausforderer unter dem Applaus des Publikums auch die Hand.

„Fischers Vermächtnis" wird von den Autoren als Lehrbuch bezeichnet, einen biografischen Abriss Fischers gibt es dazu. Es ist auch eine Reise in eine Schachwelt voller Präzision, die dem fortgeschrittenen Spieler viele neue Anreize geben kann.

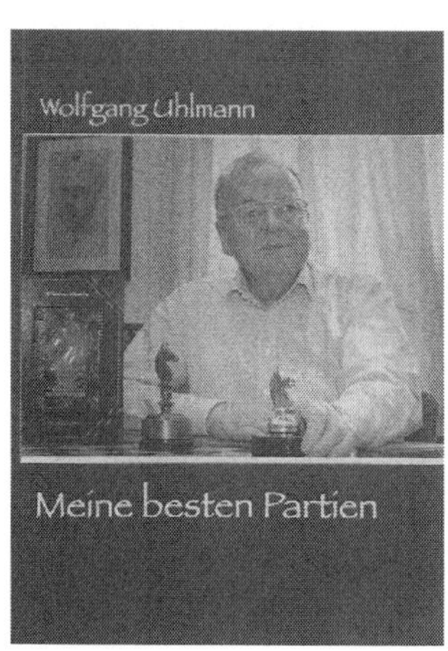

Meine besten Partien

(Wolfgang Uhlmann, Verlag Chess Coach, Paperback, 388 Seiten)

Akribisch, und für Novizen lehrreich, kommentiert der im August 2020 verstorbene Großmeister und Schachtheoretiker Wolfgang Uhlmann insgesamt 87 Partien. Gleichzeitig ist das Buch ein Beleg für die Spielstärke eines der besten deutschen Schachspieler aller Zeiten. Ein kurzer, wenn auch unvollständiger Blick auf die Karriere des in Dresden geborenen Schachspielers zeigt, dass Uhlmann theoretisches Grundwissen, die Fähigkeit zur tiefen Analyse und Kampfgeist in ungewöhnlicher Weise in seiner Laufbahn verknüpft hat. Und dies mit großem Erfolg.

Er war unter anderem Dresdener Jugendmeister, dann Sächsischer und im Jahre 1951 Deutscher Jugendmeister. Den ersten internationalen Erfolg feierte der Großmeister 1953 in Erfurt. 1956 wurde ihm der Titel „Internationaler Meister" verliehen, drei Jahre später „Internationaler Großmeister". Elf Mal war

Uhlmann Meister der DDR, elf Mal nahm er an Schacholympiaden teil, er errang 36 internationale Turniersiege und gewann gegen fünf Weltmeister – Bobby Fischer, Michail Botwinnik, Wassili Smyslow, Viswanathan Anand und Alexander Khalifman.

Zudem galt er weltweit als Experte für die Schach-Eröffnung „Französische Verteidigung“. In seinem Buch über die besten Partien sind alle Turniersiege verzeichnet. Auch die „wertvollen zweiten Plätze“, wie etwa 1961 in Stockholm nach Sieger Michail Tal, 1972 in Hastings nach Bent Larsen und 1976 in Skopje nach Sieger Anatoli Karpow. Wolfgang Uhlmanns Buch ist eine Reise durch ein langes Leben für das Schachspiel und somit auch eine Reise in die Vergangenheit. Kein Manko, da seine Partien durch die persönlich gefärbte Kommentierung dazu dienen können, ungeübten Spielern immer noch Richtung und Weisung zu geben.

Durch ergänzende private Anmerkungen erhält der Leser zudem einen Einblick in den internationalen Schachbetrieb, als die Welt politisch noch in Ost und West geteilt war. Schmunzelnd liest man etwa über Uhlmanns längste Einzelreise in puncto Schach, die ihn 1966 nach Argentinien führte, und die ihn sechs Wochen von seiner Frau trennte. Sie hörte in dieser Zeit übrigens kein einziges Lebenszeichen von ihm – im heutigen Handyzeitalter unmöglich.

In einem Interview bekannte sich Wolfgang Uhlmann zur Schönheit des Schachspiels, das unbestritten eine künstlerische Komponente habe. Diese gehe – sinngemäß – durch die Professionalität und getaktete Spielfolge der Eröffnungszüge in der Neuzeit mehr und mehr verloren. Uhlmann stellte sich damit nicht in die Ecke der Spieler aus der Vergangenheit, sondern profilierte sich vielmehr als wacher Beobachter der aktuellen Szene. Seine Partien sind oft von einer logischen Schönheit geprägt und der geneigte Schachfreund kann von dieser Schönheit etwas nachempfinden. So steht seine Siegpartie gegen Robert „Bobby“ Fischer, gespielt 1960 in Buenos Aires, richtigerweise an der ersten Stelle des Buches.

Über Bauernopfer, einen Fehlgriff und feine Zwischenzüge ringt Uhlmann Fischer einen Sieg ab. Mit jedem Zug, jeder Anmerkung, spürt der Leser den Stolz Uhlmanns über diese gewonnene Partie, ohne dass er dies, ganz Gentleman, marktschreierisch herausstreichen würde. Bei weiteren sieben Partien spielte Uhlmann gegen Fischer vier Mal remis und verlor drei Partien. Zwei Spiele gegen Fischer, das Remis 1962 in Stockholm, als auch das Remis 1966 in Havanna, sind mit ausführlicher Kommentierung Uhlmanns in dem Buch zu finden. Wer sie nachspielt bekommt Spannung und Unterhaltung zugleich geliefert. Allein die Tatsache, dass Uhlmann gegen Fischer gespielt hat, machte den Dresdner nicht nur zu einem Zeitzeugen der internationalen Schachgeschichte, sondern zu einer Person der Zeitgeschichte.

3400 Partien des Großmeisters sind im Internet zu finden, die Auswahl und Anordnung seiner 87 besten Partien im vorliegenden Buch sind wohl durchdacht. Den Siegpartien gegen die fünf Weltmeister folgen Partien aus der Französischen Eröffnung, dem Damengambit, der Indischen Eröffnung sowie andere Eröffnungen, die zeigen, dass Wolfgang Uhlmann überaus variabel auf dem Brett agieren konnte. So ist das Buch ein lesenswertes Lehrstück, dazu Schachgeschichte und Biografie zugleich.

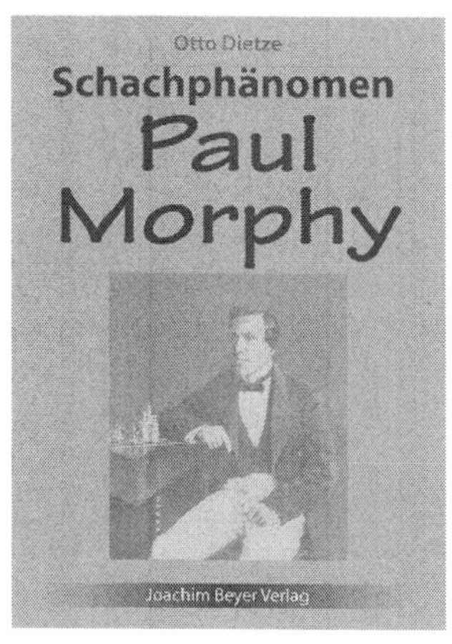

Schachphänomen Paul Morphy

Otto Dietze, Joachim Beyer Verlag, 148 Seiten

Der 1837 in New Orleans geborene und mit nur 47 Jahren an einem Schlaganfall gestorbene Paul Charles Morphy gilt als einer der größten Schachspieler. Er spielte in der kurzen Zeit seines Wirkens Partien, die zu den schönsten zählen.

Der Autor Otto Dietze hat mit „Schachphänomen Paul Morphy" ein stimmiges Bild über den Amerikaner geschrieben und einen Einblick in dessen Spielkunst gegeben. Im Februar 2019 verstarb Dietze kurz vor seinem 92. Geburtstag, er hat sich als Publizist und Übersetzer russischer und englischer Schachliteratur einen Namen gemacht. Im Speziellen hat er sich mit Forschungen über Paul Morphy beschäftigt, was in dem Buch kenntnisreich zutage tritt. Zwar ist der Text in verkürzter Form bereits 1996 in der Rochade Europa erschienen, wurde aber für die erste Buchauflage von dem Schachbuchautor Lothar Nikolaiczuk überarbeitet und ergänzt.

Herausgekommen ist eine Lebensbeschreibung Morphys, die sich nicht allein an den biografischen Daten abarbeitet. Dietze verknüpft Fakten des Amerikaners mit 100 kommentierten Partien. Ohne Effekthascherei, der man bei Paul Morphy schnell erliegen könnte, ist es eine spannende Erzählung über einen ungewöhnlichen Schachspieler, der als der „ungekrönte Weltmeister" gilt. Morphys internationale Schachkarriere währte kaum sechs Monate, als er ab Juni 1858 in England und Frankreich alles besiegte, was Rang und Namen hatte. Darunter Adolf Anderssen, der ebenfalls als „ungekrönter Weltmeister" galt. Das Ergebnis des Wettkampfes in Paris war deutlich. Morphy gewann mit 7:2 bei zwei Remis. Zu einem Duell mit Howard Staunton, der zwischen 1843 und 1851 als stärkster Schachspieler der Welt galt, kam es unterdessen nicht. Der Engländer ging ihm geschickt aus dem Weg.

So kehrte Paul Morphy im Mai 1859 nach New York zurück und ihm wurde ein triumphaler Empfang bereitet. Trotz allen Erfolges nahm er an keinen offiziellen

Wettkämpfen mehr teil. Bis zu seinem frühen Tod wurde er schwermütig und litt an Verfolgungswahn. Eine von Max Euwe kommentierte Partie Morphys gegen De Riviére, eine von Morphy kommentierte Partie zwischen McDonnell und Labourdonnais sowie 20 Aufgaben über Schlusskombinationen des weltmeisterlich spielenden Amerikaners runden den positiven Eindruck des Buches ab.

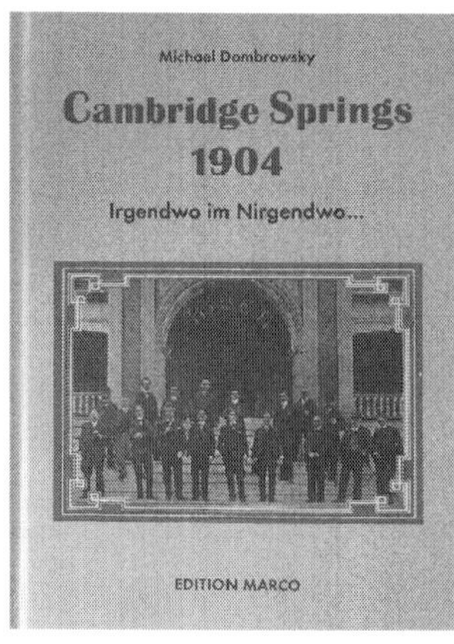

Cambridge Springs 1904

(Michael Dombrowsky, Edition Marco, 236 Seiten, zahlreiche Abbildungen und Diagramme, gebunden)

In Cambridge Springs trafen 1904 amerikanische Schachmeister, darunter Harry Pillsbury und Frank Marshall, auf ihre europäischen Kontrahenten wie Emanuel Lasker und Jacques Mieses. In seinem Buch „Cambridge Springs 1904, Irgendwo im Nirgendwo..." lässt Autor Michael Dombrowsky dieses Turnier mit vielen Geschichten wieder aufleben. Dabei geht es auf über 200 Seiten nicht allein um Partien, Notationen, Siege und Niederlagen. Das Turnier in der aufstrebenden amerikanischen Kleinstadt wird von Dombrowsky in einen historischen Kontext gestellt, zeigt Beziehungen auf und endet mit einer aktuellen Bestandsaufnahme. Streckenweise liest sich das Buch wie ein spannender Abenteuerroman, es ist auch ein Abbild der Schachgesellschaft zur Jahrhundertwende und zugleich eine chronologische Erzählung.

Dabei war es ein Zufall, dass Autor Dombrowsky überhaupt auf diese Geschichte gestoßen ist, wie er in seinem Vorwort schreibt. Im „Hamburger Fremdenblatt" fand er einen Beitrag über das Turnier im Ballsaal des Luxushotels Rider in Cambridge Springs, Ansporn genug, sich näher darüber zu informieren. Es gibt nur ein Turnierbuch aus dem Jahre 1935, Dombrowsky erkannte die Faszination hinter den trockenen Daten. Cambridge Springs bedeutete nicht nur Marshalls Eintritt in die Weltklasse, nach langer Abstinenz wagte sich auch Lasker wieder ans Schachbrett. Und es war ein Abgesang auf Pillsbury, der nach seinem Triumph in Hastings 1895 und elf weiteren Weltklasseturnieren in Cambridge Springs sein schlechtestes und letztes Turnier spielte. „Die Neugier war geweckt", schreibt Dombrowsky – welch ein Glück für den Leser.

Im Vorfeld des Turniers war Jacques Mieses schon 1903 aktiv, er folgte einer Einladung amerikanischer Vereine zu Simultanveranstaltungen. Nach einem erfolgreichen kleinen Turnier in Boston, Blind-Simultanvorstellungen und einem

Vergleichskampf führte er Gespräche mit Hartwig Cassel und Hermann Helms, den erfolgreichsten Organisatoren von Turnieren in den USA. Es gab jedoch Probleme mit der Besetzung des Turniers in Cambridge Springs, an dem der Autor den Leser hautnah teilnehmen lässt. Als die besten acht Europäer waren Lasker, Tarrasch, Maróczy, Janowski, Schlechter, Tschigorin, Burn und Teichmann gesetzt. Nur: Tarrasch und Burn sagten ab – und wurden durch Marco und Lawrence ersetzt. Maróczys Absage folgte ebenfalls, für ihn sprang schließlich Mieses ein.

Ausführlich werden in dem Buch die Macher des Turniers vorgestellt und es wird ein Blick auf den wundersamen Aufstieg von Cambridge Springs mit seinen prächtigen Bauten geworfen. Die Atlantikfahrt der Meister von Hamburg nach New York auf dem Dampfer „Pretoria“ schlug sich in Briefen und einem langen Zeitungsartikel nieder, in dem man sich Gedanken darüber machte, wie diese „verkörperten Rechenmaschinen“ eigentlich beschaffen seien. Vor allem Teichmann würde unablässig vor sich hinsingen und hinbrummen.

Am 22. April fuhr der Zug mit den Schachmeistern in Cambridge Springs ein. Eine Blaskapelle der Schüler und viele Bewohner des Kurortes säumten die Straßen, als sich der Konvoi mit den schicken Autos in Richtung Hotel Rider in Bewegung setzte. Auch für diese Beschreibungen konnte Dombrowsky auf historische Quellen zurückgreifen.

Nach der Vorstellung aller Teilnehmer, auf amerikanischer Seite waren dies neben Marshall, der das Turnier gewann, Showalter, Pillsbury, Fox, Napier, Barry, Hodges und Delmar, werden dem Leser alle 15 Runden auf 160 Seiten mit 248 Diagramme näher gebracht. Ebenso gibt es eine ausführliche Kommentierung der Partien. Kommentatoren sind unter anderem Hübner, Tarrasch und Lasker, was dem Nachspielen der Partien einen besonderen Reiz verleiht.

Das Ende des Turniers ist für Dombrowsky jedoch nicht das Ende seines Buches. Nach dem Turnier begann die Bewertung. In Zeitungen in Nordamerika aber auch in den Blättern in Europa war viel Lob und Anerkennung zu finden. Zitiert wird unter anderem aus der Bohemia aus Prag, den Leipziger Neuesten Nachrichten und aus den Hamburger Nachrichten. Das British Chess Magazine bejubelte Turniergewinner Frank Marshall und titelte: „Der Adler von Brooklyn in Cambridge Springs“. Zur Ergänzung gibt es Anmerkungen des Autors darüber, was die anderen Meister nach dem Turnier machten. Lasker wollte eine Schachzeitung herausbringen, die erste Ausgabe erschien im November 1904. Interessant ist auch der Blick auf das heutige Cambridge Springs, der Autor war dazu vor Ort. Auf dem Grund des einstigen Hotels Rider steht heute ein Frauengefängnis.

Michael Dombrowsky hat es geschafft, dem Turnier in Cambridge Springs, diesem Irgendwo im Nirgendwo, auf halbem Wege zwischen New York und

Chicago, neuen Glanz zu verleihen. Ein bemerkenswertes Buch, an dem nicht nur die Liebhaber des Königlichen Spiels viel Spaß haben, sondern auch Leser, die sich für fundierte historische Schachgeschichten interessieren.

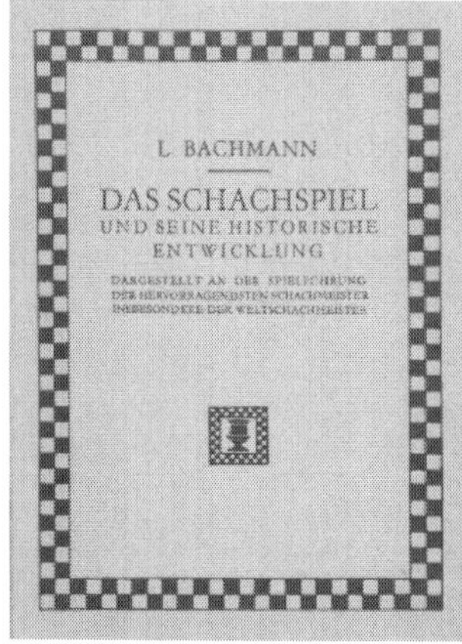

Das Schachspiel und seine historische Entwicklung

Ludwig Bachmann, Fourier Verlag, Berlin 1924. Nachdruck: Leipzig 1980.

„Das Schachspiel und seine historische Entwicklung" aus dem Jahre 1924 von Ludwig Bachmann zählt zu einer Perle in jeder Schachbuch-Sammlung. Der 1856 in Kulmbach geborene und 1937 in München verstorbene Schachhistoriker hat zahlreiche Bücher hinterlassen, die bis heute nichts an ihrer Spannung verloren haben. Dazu zählen vier Bände über Schachmeister Steinitz aus den Jahren 1920 und 1921, sowie ein Buch über Schachmeister Pillsbury aus dem Jahre 1930.

Seine Publikation „Das Schachspiel und seine historische Entwicklung" trägt den Charakter einer Überblicksdarstellung, die durch umfangreiches Partienmaterial aufgelockert wird. Bachmann gibt einen Überblick über die verwendete Literatur und arbeitet sich chronologisch von der Blütezeit des arabischen Schachs des 9. Jahrhunderts bis zur westeuropäischen Schachgeschichte des 19. Jahrhunderts durch. Im zweiten Teil des Buches werden die „Weltschachmeister" von 1750 bis 1921 vorgestellt, jene Spieler, die in ihrer Zeit das Spiel besonders prägten: Philidor, Labourdonnais, Staunton, Anderssen, Morphy, Steinitz, Lasker und Capablanca. Selbstverständlich mit ausführlichen Partiensammlungen.

Lehrbuch des Schachspiels

Emanuel Lasker, Joachim Beyer Verlag, 254 Seiten, 284 Diagramme, gebunden

2018 war das Jahr von Emanuel Laser, sein Geburtstag am 24. Dezember 1868 jährte sich zum 150. Mal. Dazu hat Lasker das Privileg, von 1894 bis 1921 der einzige deutsche Weltmeister zu sein – bis heute. Sein Lehrbuch des Schach erschien 1924 zum ersten Mal, inzwischen gibt es die zehnte Auflage.

Mit seinem Lehrbuch hat der Weltmeister erstmals Einblicke in seine Gedankenwelt zugelassen. Wenn dieses Buch im Ton auch etwas antiquiert und schulmeisterlich beim Leser ankommt, vermittelt es elementares Schach-Wissen. Ein geübter Spieler wird zwar verführt, die Kapitel im Ersten Buch, in

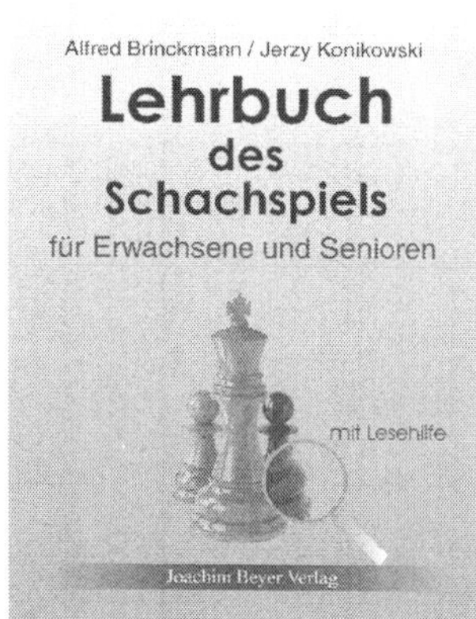

dem es hauptsächlich um die Regeln geht, zu überspringen. Er würde dann aber die spitzen Anmerkungen des Weltmeisters über das, was sich auf dem „Zabel“ (Schachbrett) tut, gar nicht kennenlernen. Laskers präzise Anmerkungen, etwa zum Vorteil eines Mehrbesitzes an Steinen, über den Königsangriff oder über deren Tauschwert, haben bis heute Gültigkeit.

Anders ist es im Zweiten Buch bei der Lehre der Eröffnungen, die (im Hinblick auf die Möglichkeiten des Schachspiels im Internet) ständig neuen Betrachtungsweisen unterworfen werden. Im Grundsatz hat sich allerdings nicht verändert: „Das Problem lautet: Wie sollen die Steine aus der Anfangsstellung, wo sie ungeordnet und einander hemmend stehen, zum Kampfe aufmarschieren?“, schreibt Lasker. So sind seine Lehrsätze verständlich bis heute, auch wenn sie tausendfach verfeinert wurden. Die Hauptsache sei, die gehemmten Steine hinauszuführen, also zu entwickeln, und die Springer solle man eher ziehen als die Läufer, natürlich „ceteres paribus“ – unter sonst gleichen Bedingungen. Lasker führt dazu eine umfangreiche Sammlung von Varianten an.

Im Dritten und Vierten Buch werden die Themen Kombination und Positionsspiel behandelt, im Fünften Buch beschäftigt sich Lasker, nach der Zweckmäßigkeit, mit der ästhetischen Wirksamkeit im Schachspiel. Die kann nur zustande kommen, wenn ihr eine Leistung anhaftet. Nach Beispielen und Mustern, gibt es Schlussbetrachtungen. Zum einen über Steinitz, zum anderen über die Erziehung zum Schach. Emanuel Lasker empfiehlt, man solle Methoden und nicht Ergebnisse im Gedächtnis bewahren.

Géza Maróczy – Leben und Lehren

Walter Árpád Földeák, Joachim Beyer Verlag, 176 Seiten, Paperback, 24 Abbildungen

Der deutsche Schachmeister Richard Teichmann hatte eine hohe Meinung über den ungarischen Großmeister Géza Maróczy. „Maróczy ist ein profunder Spieler und er spielt das Endspiel sehr gut. In seiner besten Form ist er ein sehr gefährlicher Gegner in dieser Art von Turnier“, sagte er 1911 am Rande des Internationalen Turniers in San Sebastián. Und José Raúl Capablanca, Schachweltmeister von 1921 bis 1927, erinnerte sich in einem Radiobeitrag mit dem Titel „Lecciones elementales de ajedrez“: „Sein (Maróczys) positionelles Urteil, die höchste Qualität des wahren Meisters, war ausgezeichnet. Als sehr präziser Spieler und ausgezeichneter Endspielkünstler wurde er als Experte für

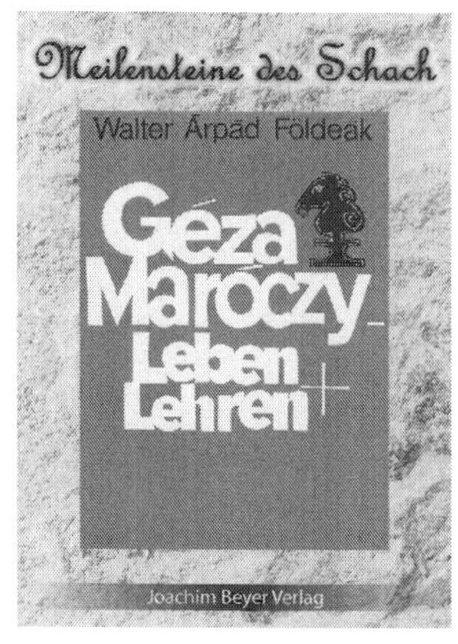

Königinnenspiele berühmt.“ In der Serie „Meilensteine des Schach“ ist jetzt das 1971 erschienene Buch von Walter Árpád Földeák über den ungarischen Schachspieler Géza Maróczy in einer zweiten und überarbeiteten Auflage erschienen.

Géza Maróczy betrat 1895 in Hastings die internationale Schachbühne, er war damals 25 Jahre alt. Dieses Turnier dokumentiert bis heute in vielerlei Hinsicht einen Wandel im Schach. Weltmeister Wilhelm Steinitz hatte einige Zeit davor seinen Titel an den jungen Emanuel Lasker verloren. Hastings war auch der Beginn von Kur- und Hafenstädten als Austragungsort von Turnieren, die bis dahin zumeist im Großstädten stattfanden. Auch die romantische Schachauffassung war in den Hintergrund gerückt, Strategie und Positionsspiel hielten Einzug.

Dies kam der schachlichen Rezeptur von Géza Maróczy sehr entgegen. Ihm war es möglich, Schwächen zu überspielen, sie in eine Verteidigung zu drehen, die Initiative zu ergreifen und das Spiel so zu gewinnen. Er vertrat die Ansicht, eine solide Verteidigung könne dazu führen, dass der Gegner zu viele Risiken eingeht. Und Maróczy setzte auf Endspiele mit einer starken Dame, die ihm zeigte, welche Schwächen der Gegner hat. Als er 1905 das Turnier in Ostende gegen den Amerikaner Frank Marshall gewann, gaben ihm seine Zeitgenossen den Titel „Der Kaiser der Damenendspiele“.

In vielen Partien des Buches, die Autor Földeák zusammengetragen hat, lässt sich dieser Spielstil nachvollziehen. Géza Maróczy, so schreibt der slowenische Schach-Großmeister Milan Vidmar in seinen Schacherinnerungen, habe jedes Turnier mit dem Aufgebot all seiner Kräfte ohne zu wanken durchgekämpft und nur auf das Ziel, den ersten Preis, ausgerichtet.

So war es auch 1895 in Hastings: Für das Turnier wurden 22 Schachmeister zugelassen, um es zeitlich nicht zu lang werden zu lassen. Spielern, denen abgesagt wurde, spielten in einem parallel ausgetragenen Hauptturnier, das von Maróczy gewonnen wurde. 1924 setzte er sich in Hastings dann „regulär“ an die Spitze. Es wurde in zwei Gruppen gespielt. Mit Savielly Tartakower, der den Begriff der „Hypermodernen Schule“ prägte und Sieger der anderen Gruppe war, spielte Maróczy noch eine Partie, die remis endete.

Walter Árpád Földeák, der unter anderem 1952 das Buch „Hundert preisgekrönte Schachpartien“ vorgelegt hat, zeichnet in „Géza Maróczy – Leben und Lehren“ den schwierigen Lebensweg des Ungarn auf, der für kurze Zeit als ernstzunehmender Herausforderer des deutschen Weltmeisters Emmanuel

Lasker galt. Nur war Maróczy, im Gegensatz zu Lasker, beruflich stark eingebunden und auch nicht mit den nötigen finanziellen Mitteln ausgestattet, die es ihm erlaubt hätten, sich ausschließlich auf das Schachspiel zu konzentrieren. Materielle Sorgen zwangen ihn, 1920 Ungarn zu verlassen, unter anderem verbrachte er die Zeit bis 1928 in Holland, Deutschland und Amerika. Inzwischen 50 Jahre nahm er immer noch an Turnieren teil, musste aber oft genug den jüngeren Spielern die ersten Plätze überlassen.

1928 kehrte er in seine Heimat zurück und unterstützte die ungarischen Meister bei den FIDE-Olympiaden und der Münchner Olympiade 1936. Danach zog sich Maróczy vom aktiven Spiel zurück und widmete sich seinen literarischen Tätigkeiten. Er führte Schachspalten in Zeitungen und analysierte dafür über 2000 Partien. Er veröffentlichte Schachbücher, darunter eine der besten Sammlungen der Spiele des amerikanischen Meisters Paul Morphy. Maróczy, Ikone des ungarischen Schachs und unermüdlicher Lehrmeister, starb 1951 mit 81 Jahren in Budapest. „Ich sterbe gern, denn die Welt ist so häßlich geworden", soll er am Ende gesagt haben.

Der Beschreibung des Lebensweges schließt sich im Buch ein 73-seitiger Lehrteil mit rund 35 Partien an. Sie zeigen nicht nur die präzise Spielweise Maróczys, sondern auch seine analytische Urteilskraft über Partien, die er für die Zeitschriften Pesti Hirlap (Pester Journal) und Békés geschrieben hat.

Géza Maroczy war um 1900 einer der besten Spieler der Welt. Das Buch von Walter Árpád Földeák beleuchtet die spielerische als auch menschliche Seite des großen Ungarn mit allem Respekt und wahrt so das Andenken an eine große Persönlichkeit.

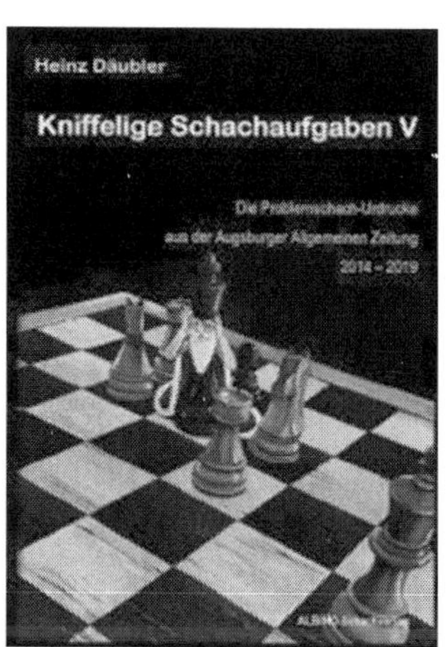

Kniffelige Schachaufgaben V

Heinz Däubler, Albino Schachverlag, gebunden, 390 Seiten, Begleit-CD

„Erstaunlich, dass ich die Welt vom Indus im Osten bis Andalusien im Westen regiere und nicht der 32 Schachfiguren auf 2 mal 2 Ellen Fläche Herr werde", wunderte sich einst Kalif Al-Mamun. Würde er in der heutigen Zeit leben, hätte er noch viel mehr Schach-Rätsel vor sich. Darunter vielleicht auch das Buch „Kniffelige Schachaufgaben V" von Heinz Däubler. Däubler ist seit 1979 Problemschachkomponist und hat bis heute rund 700 Schachaufgaben publiziert. Seit 1989 ist er unter anderem Leiter der Schachecke der Augsburger Allgemeinen Zeitung, er war dreifacher Stadtmeister von Amberg, Oberpfälzer

Seniorenmeister sowie viele Jahre Schachspieler in der II. Bundesliga und vieles mehr.

Er hat alle Schachaufgaben des vorliegenden Bandes, die zwischen 2014 und 2019 in der Augsburger Allgemeinen erschienen sind, darunter auch zahlreiche eigene, ausführlich besprochen und gründlich gelöst. So können auch mit dem Problemschach weniger vertraute Personen in die Geheimnisse der Schachaufgaben eingeführt werden, die oft die verblüffenden Ideen und überraschenden Gedanken der Problemschachkomponisten zeigen. Obwohl Heinz Däubler seine Sammlung ein Stück weit als Lehrbuch sieht, ist jede Schachaufgabe für ihn ein kleines Kunstwerk. Mit großer Hingabe und einem tiefen Verständnis für die verborgenen Rätsel des Schachspiels werden im über 250-seitigen Lösungsteil alle Geheimnisse eines Problems ergründet – und offengelegt.

Däubler bietet oft gleich mehrere beabsichtigte Lösungen für ein Problem an, geht in die Tiefe der Möglichkeiten und bleibt bei allem ein wertender Kommentator. „Nett, doch nicht schwierig", „Eine wahrlich agile Dame", „Eine variantenreiche harte Nuss!" heißt es da. Dabei sind die „Lösetipps" nie Universalrezepte, sonder dienen als Anregung zur Ausbildung einer eigenen Lösetechnik. Die 316 Diagramme sind auf 76 Seiten verteilt, die Lösungen erfordern Geduld zur Analyse und Kombination. Das Buch von Heinz Däubler weckt das Interesse für Schachprobleme, es bedarf jedoch einiger Übungen. Wer sich in das Thema vertieft, kann es mit diesem Buch zum Lösungs-Routinier bringen.

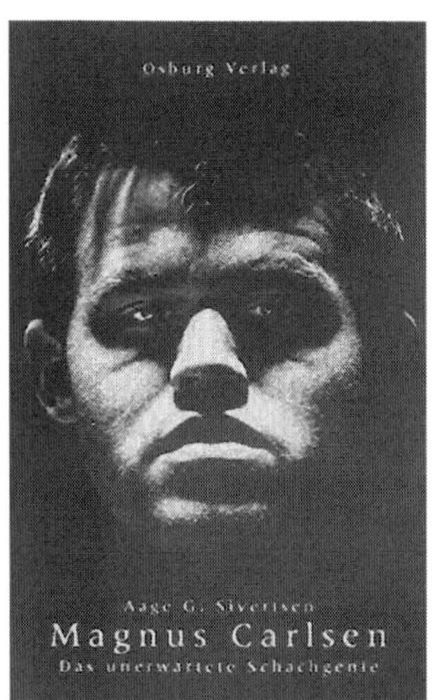

Magnus Carlsen –
Das unerwartete Schachgenie

Aage G. Sivertsen, Osburg Verlag, gebunden, 286 Seiten

Dem Leser blickt auf dem Buchcover ein düsterer, zu allem entschlossener Schachweltmeister entgegen. Ein Blick, vor dem sich Schachgroßmeister Hikaru Nakamura fürchtete. Er behauptete, Carlsen würde ihn mit seinen Augen paralysieren und hypnotisieren – und griff zu einer Sonnenbrille. Nakamura hat trotzdem meist verloren. Das düstere Bild Carlsens steht allerdings im Widerspruch zum Inhalt des Buches. Autor Aage G. Sivertsen beschreibt die Erfolgsgeschichte eines jungen Mannes, der wie kaum ein Schachweltmeister vor ihm seine Gegner überrascht und deklassiert hat. Sivertsen stellt den 26-jährigen Norweger folgerichtig in eine Reihe mit Bobby Fischer und Garri

Kasparow. Mit beiden verbindet Carlsen die Besessenheit zum Schachspiel, die sich bereits in der Kindheit entwickelt hat. Sivertsen zieht auch eine Parallele zu Mozart, der sehr früh, wie Carlsen auch, vom Vater gefördert wurde. Der Autor zeigt ebenso den Hintergrund der Familie Carlsen. Der Stammbaum verzeichnet väterlicherseits ein gehobenes Bildungsniveau, das mehrere Generationen zurückreicht, wobei Mathematik einen hohen Stellenwert hat. Nur – Magnus Carlsen hatte in Mathe meistens eine Vier, das Fach war ihm zu langweilig.

Sivertsen kann sich ein solches, bis ins Private hineingehende Urteil erlauben, weil er zum Dunstkreis des Weltmeisters zählt und vor allem mit Henrik Carlsen, dem Vater von Magnus Carlsen, engen Kontakt hatte. Sivertsen hat die großen Turniere besucht, mit vielen Spielern der Weltelite gesprochen und die Partien von Carlsen Zug um Zug verfolgt. Der ausgebildete Historiker und Kriminologe war für den staatlichen norwegischen Fernsehsender NRK 2 tätig und hat 2012 mit talentierten jungen Schachspielern das „Dream Team" gegründet, das auch von Magnus Carlsen trainiert wurde.

So bietet der Autor keine Partieanalysen, sondern beschreibt die rasante Entwicklung eines jungen Menschen, der reifer und dabei, fast nebenbei, zur Mode-Ikone geworden ist, der nicht mehr jeder Stimmung nachgibt und ein wichtiges Turnier, wie etwa das WM-Match in New York, drehen und zum Erfolg führen kann. Der Weg zu dieser zweiten Titelverteidigung von Magnus Carlsen bilden den Schwerpunkt des Buches. Dazu zählt der Eintritt in den Kreis der zehn weltbesten Schachspieler, der sich am ersten Septemberwochenende 2008 in Bilbao vollzogen hat. Am Ende des Turniers lag Carlsen einen halben Punkt vor Weltmeister Viswanathan Anand.

Um dem „Tiger aus Madras" allerdings die Schachkrone entreißen zu können, musste Carlsen im März 2013 durch das Kandidatenturnier in London. Sivertsen beschreibt dies als gnadenlosen Psychokrieg, den Carlsen, der gegen Peter Svidler den Kürzeren zog, am Ende nur gewinnen konnte, weil sein schärfster Gegner, Wladimir Kramnik, gegen Wassili Iwantschuk verloren hat. „Ich ging durch die Hölle" zitiert Sivertsen den Weltmeister. Nicht weniger spannend wird Carlsens erster Kampf um die Weltmeisterschaft in Chennai beschrieben. Nach vier Remis-Partien und drei Siegen hatte der Norweger die nötigen 6,5 Punkte auf dem Konto und wurde am 22. November 2013 erstmals Schachweltmeister. Rastlos eilte er zum nächsten Erfolg und wurde 2014 in Dubai auch gleich noch Weltmeister im Schnell- und Blitzschach.

Doch der „Tiger aus Madras" ruhte nicht, im November 2014 musste Carlsen seinen Titel gegen Anand verteidigen, der sich vorher durch das Kandidatenturnier Chanty-Mansijsk 2014 geschlagen hatte. Auch dieses „Drama von Sotschi" konnte Carlsen deutlich für sich entscheiden. Nicht ganz so ausführlich beschreibt Sivertsen die jüngste Titelverteidigung des Weltmeisters gegen Sergei Karjakin. Dies war wohl dem frühen Erscheinungstermin des Buches geschuldet. So ist „Magnus Carlsen – Das unerwartete Schachgenie" auch keine Biografie sondern die spannende Standortbestimmung eines Weltmeisters, in dem sich Siegeswille, Taktik, Konzentration und das positionelle Verständnis zur Durchdringung einer Stellung auf bemerkenswerte Weise verbinden. Auch die wichtigste Frage, wie oft Magnus Carlsen den Titel noch verteidigen will, beantwortet Aage G. Sivertsen mit einem Zitat des Norwegers: „Two down. Five to go."

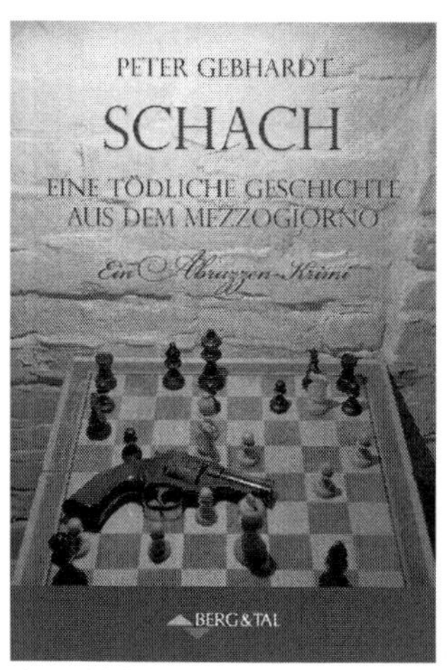

Schach

Peter Gebhardt, Verlag Berg & Tal, Taschenbuch, 224 Seiten

Auf dem Frontcover des Buches ist ein Revolver zu sehen, der auf einem Schachbrett liegt. Zwei Dinge, die man zunächst nur schwer zusammenbringt, wenn man seinen Gegner nach einer verlorenen Partie nicht erschießen will. Autor Peter Gebhardt, der in Italien lebt, gelingt es, beides zu verschränken – das Spiel und den Tod. Auch wenn es in seinem Krimi „Schach" eine gewisse Zeit braucht, bis sich alle Protagonisten, Handlungsstränge und die Vorliebe zum königlichen Spiel herausschälen. Der Roman ist zeitlich zu Beginn der 1980er Jahren in Italien angesiedelt, als sich die Mafia in blutige Kriege verwickelt hat. Außerdem stellt Gebhardt eine Verknüpfung zu „Propaganda due" (PS) her, einst eine Freimaurerloge, die sich zu einer politischen Geheimorganisation entwickelte, bei der das Militär seine Finger im Spiel hatte und auch der spätere Ministerpräsident Silvio Berlusconi Mitglied war.

Hauptfigur in dem Buch ist der Journalist Sandro Carotenuto, der von seinem Freund Ciro Rucco, Sohn eines Mafiabosses, bis zu dessen Tod in einer Zelle Dinge erfahren hat, die alle Erwartungen sprengen. Carotenuto trägt diese Geheimnisse mit sich und muss aus Neapel in die Abruzzen flüchten. Dort taucht er unter dem Namen Vittorio Gallieri in einem kleinen Dorf unter, wo ihn schon der Sizilianer Michele Pierini erwartet. Auf den ersten Blick ein Handlungsreisender in Sachen Olivenöl, in Wahrheit aber ein Killer. Er verwickelt den Journalisten in ein Schachspiel, das man täglich weiterspielen will, so nimmt die Tragödie ihren Lauf.

Spannend erzählt Gebhardt eine für viele Figuren tödlich verlaufende Geschichte, in der Schach nicht die tragende, aber vor allem am Ende die entscheidende

Rolle spielt. Bis dahin muss etwa Oberstaatsanwalt Ferrara sein Leben lassen, er wird von Ciro Ruccos bildhübschen Schwester im Auto mit einer Beretta hingerichtet. Carotenuto lässt eine Hütte mit Benzin hochgehen, bevor er beim Showdown seine Schachpartie zwar gewinnt, aber dem Schicksal nicht entrinnen kann. Ein Schachspiel wird oft als Abbild eines ganzen Lebens gesehen. Nachdem man sich in „Schach" zurechtgefunden hat, gelingt es Peter Gebhardt, wie in einer Parabel, das Mysterium des Spiels mit dem Mysterium des Todes zu verbinden.

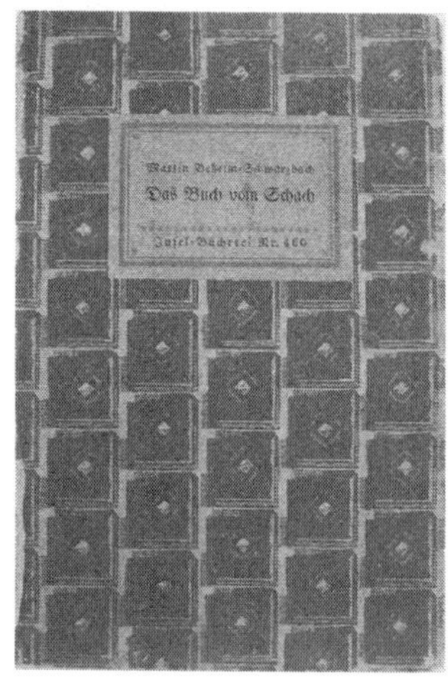

Das Buch vom Schach

Martin Schwarzbach, Hans Dulk Verlag, 98 Seiten

Am 27. April 1900 in London geboren, wuchs Martin Beheim-Schwarzbach im Hamburger Stadtteil Harvestehude auf. Er arbeitete als Filmjournalist, freier Schriftsteller und Übersetzter, bevor er nach London emigrierte. Als starker Schachspieler lernt er dort im London Chess Club die englischen Spitzenspieler, darunter C.H.O.D. Alexander, kennen. 1946 kehrte er zunächst als „Controller" nach Hamburg zurück. Neben seiner Tätigkeit als Journalist und Redakteur verfasste er zahlreiche Romane, Erzählungen und Biografien und wird mehrfach ausgezeichnet. Zu seinen Brieffreunden zählte Thomas Mann. Am 7. Mai 1985 starb Martin Beheim-Schwarzbach in Hamburg.

Obwohl er ein großes schriftstellerisches Werk hinterließ, ist sein Name heute fast vergessen. Unter Schachfreunden ist jedoch eines seiner Bücher bestens bekannt. Das von Beheim-Schwarzbach verfasste „Knaurs Schachbuch" ist das meist übersetzte Schachbuch der Welt. Sein „Buch vom Schach" erschien 1934 in der renommierten Insel-Bücherei, ein Jahr später wurde eine zweite Auflage nötig. „Das Buch will die Sinne der Liebhaber schärfen, es will aus Schülern Kenner machen", heißt es zum Auftakt. Neben Themen wie über List und Humor sowie Zeitnot und Nervenkrieg sind rund 30 Meisterpartien abgedruckt. Jeweils mit einer Einleitung versehen und kommentiert. Die Partien selbst reichen von Rousseau-Prinz Conti aus dem Jahre 1759 bis hin zum Spiel Euwe-Kerec 1939. Mehr als nur ein Lesebuch durch die interessante Partienauswahl und auch mehr als ein Übungsbuch durch die kurzen Texte vor den Partien.

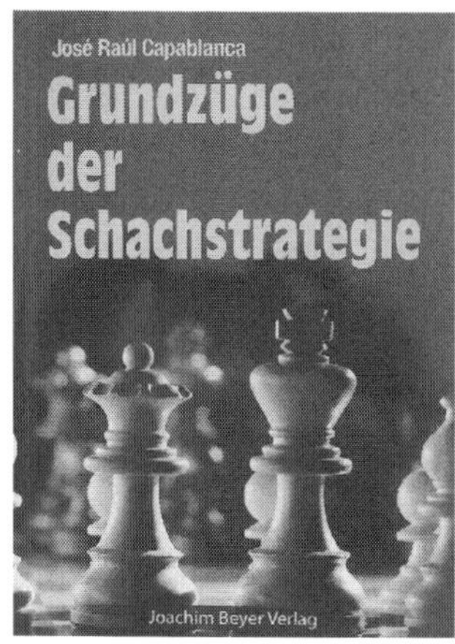

Grundzüge der Schachstrategie

José Raúl Capablanca, Joachim Beyer Verlag, 144 Seiten, kartoniert

„Die meisten Schachspieler verlieren nicht gern und halten den Verlust für etwas Beschämendes. Das ist eine falsche Ansicht. Wer nach Vervollständigung trachtet, muss seine verlorenen Partien genau unter die Lupe nehmen und aus ihnen lernen, was künftig zu vermeiden ist." José Raúl Capablanca, Schachweltmeister aus Kuba von 1921 bis 1927, hat viele kluge Dinge gesagt, in seinem Buch „Grundzüge der Schachstrategie" kann man die Denkweise eines perfekten Strategen durchdringen. Und Strategie ist dringend nötig. Denn wer in einer Partie immer nur von Zug zu Zug denkt, kann zwar taktische Drohungen abwehren oder selbst Drohungen aufstellen. Er verliert nicht so schnell Material, aber damit ist er noch keinen Schritt näher an seinem Ziel, dem Partiegewinn. Das gilt vor allem, wenn man einem Spieler gegenübersitzt, der nach der Beurteilung der eigenen Stellung einen strategischen Kampfplan aufstellt und dabei auch die taktischen Dinge auf dem Brett berücksichtigt.

Capablanca gibt in seinem Grundlagenwerk mehr als allgemeine Hinweise. Er zeichnet Problemlösungen auf, die von einfachen Mattführungen über Gewinnwege im Mittelspiel bis hin zu ausgefuchsten Strategien im Endspiel reichen. Capablanca rät etwa, von Anfang an die Initiative zu übernehmen, Drohungen nur aufzubauen, wenn es wirklich etwas zu holen gibt, warnt aber auch vor sicheren Stellungen. „Unbesiegbarkeit gibt es im Leben wie im Schachspiel nicht. Auch unser Tagewerk ist ein dauernder Kampf gegen Irrtum und Fehler", so der Weltmeister, der 1942 gestorben ist.

Bemerkenswert an dem Buch ist, dass auch eine ganze Reihe von Verlustpartien Capablancas, der den Beinamen „Schachmaschine" trug, aufgeführt sind. In den Kommentaren dazu kommt eine Selbstkritik zum Vorschein, die vielen Schachspielern fremd ist. Vielleicht war José Raúl Capablanca auch deshalb so erfolgreich. Mit wenigen Mitteln, aber ausgefeilter Strategie, den Gegner zu schlagen. Seine Bilanz belegt dies: Von 1914 bis 1927 verlor er nur fünf Turnierpartien, von 578 ernsten Partien nur 35. Capablancas Buch „Grundzüge der Schachstrategie" ist 1927 erstmals in deutscher Sprache erschienen und hat an seinem Reiz nichts verloren. Für die eigene Spielstärke kann man einen großen Nutzen daraus ziehen.

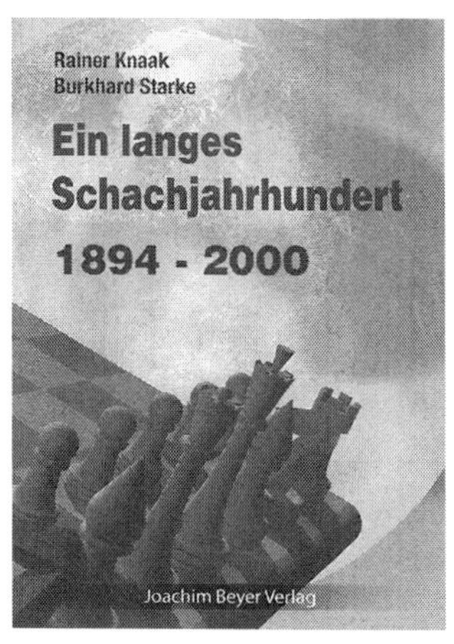

Ein langes Schachjahrhundert, 1894 – 2000

Rainer Knaak, Burkhard Starke, Joachim Beyer Verlag, gebunden, 572 Seiten

Das 20. Jahrhundert war eine Zeit der politischen Umwälzungen, gesellschaftlicher Veränderungen, aber vor allem ein Jahrhundert der Kriege. Wer dieses Jahrhundert mit den Epochen der Schachgeschichte verschränken will, steht vor einer Mammutaufgabe. Die Autoren Rainer Knaak (Großmeister) und Burkhard Starke, bis 1971 Spieler der Leipziger Oberliga, haben sich dieser Aufgabe gestellt und mit „Ein langes Schachjahrhundert 1894 – 2000" ein umfassendes Nachschlagewerk niedergeschrieben.

Mit Beginn des 20. Jahrhundert starb 1900 in London Ex-Schachweltmeister Wilhelm Steinitz. Er wurde 1894 von Emanuel Lasker vom Thron gestoßen, der diesen Titel anschließend 27 Jahre lang bis 1921 behauptete. Während die Welt langsam aus den Fugen geriet, etwa durch den Burenkrieg, den Boxeraufstand und den Ersten Weltkrieg, prägten das Schachspiel in den Anfangsjahren des Jahrhunderts große Persönlichkeiten. José Raúl Capablanca betrat 1901 die Bühne und wurde mit 13 Jahren Landesmeister von Kuba. 20 Jahre später durfte Alexander Aljechin – den Wirren der Oktoberrevolution entkommen – aus Russland ausreisen, und siegte 1921 in Turnieren in Budapest und Den Haag.

Das Buch „Ein langes Schachjahrhundert" nimmt den Leser auf vielen Seiten mit durch die Epochen. Für jedes Jahr von 1894 bis 2000 gibt es zwischen zwei und fünf Seiten, einige wenige Jahre, wie etwa 1914, 1941 oder 1958 werden mit sechs Seiten abgedeckt, reichlich Lesestoff allemal. Aufgearbeitet werden, wie in einer Enzyklopädie, die wichtigsten politischen und sportlichen Aspekte aus weltweit ganz unterschiedlichen Ländern, ebenso die Nobelpreise und Todestage. Hinzu kommen 100 Turniertabellen von allen Weltmeisterschaften, Olympiaden und hochkarätigen Turnieren, Elolisten und die Top-Ten der besten Schachspieler, gelistet ab dem Jahre 1971. Schon allein aus diesen Gründen ist das Buch ein Gewinn, weil es dem Leser zu unterschiedlichen Themen einen schnellen Überblick verschafft.

Der eindeutige Schwerpunkt liegt auf der Schachhistorie. Beim Blick in die Geschichte sind die Jahre der Nazi-Diktatur von 1933 von besonderer Bedeutung. Mit der Umbildung zum totalitären Einheitsstaat wurden die Rechte der Juden immer weiter eingeschränkt, was sich nachhaltig und negativ auf das Schachleben in Deutschland ausgewirkt hat. Detailliert wird in dem Buch auf die Opfer der Rassenpolitik hingewiesen. Auf Lasker, der aus dem Land vertrieben wurde, ebenso wie auf Rudolf Spielmann und Jacques Mieses. Die Arbeiterschachvereine wurden aufgelöst und nach und nach ging die einst große Schachnation im Terror der Nazis unter. Die Beschreibungen des Schachgeschehens der Jahre von 1933 bis 1945 zählen zu den interessantesten Beiträgen in dem Buch und regen zu einer weiteren Beschäftigung mit dem Thema an.

Geschichtsinteressierte Schachspieler werden ebenso im Jahr 1972 tiefer einsteigen, als sich Bobby Fischer, ausgestattet mit einer unglaublichen Elozahl von 2785 aufmachte, die sowjetische Vormachtstellung im Schach mit seinem Sieg gegen Weltmeister Boris Spasski im isländischen Reykjavik zu brechen. Dieser Nervenkrieg, politisch von beiden Seiten ausgeschlachtet, wird in diesem Buch dicht gedrängt und kenntnisreich erzählt. Auch hier gilt: Die komprimierte Form kann Anregung sein, sich weiter mit den spannenden Schachgeschichten dieses Jahrhunderts auseinanderzusetzen. Dazu dient eine vierseitige Literaturliste mit Buchempfehlungen, wobei auf eine Auflistung der ausgewerteten Schachliteratur verzichtet wurde, da sie, so die Autoren, zu umfangreich ausgefallen und dennoch unvollständig geblieben wäre. Dies ist kein Manko, weil das Buch dem Schachspieler noch viele andere Dinge bietet.

Zum Beispiel, über alle Jahre verteilt, 150 herausragende Partien dieses Jahrhunderts mit mehr als 700 Diagrammen. Die Kommentierung dieser Partien sind auf einer DVD mit dem Titel „Mega Database 2018“ von ChessBase zu finden, die man im Fachhandel beziehen kann. Lesenswert sind zudem insgesamt 95 alphabetisch geordnete Kurzbiografien von Alexander Aljechin bis Johann Hermann Zukertort, die sich, jeweils mit einem Porträtfoto versehen, über rund 50 Seiten erstrecken.

„Ein langes Schachjahrhundert 1894 – 2000“ ist kein Lesebuch, sondern ein opulentes Nachschlagewerk mit vielen Facetten. Die kompakten Verflechtungen der Schachgeschichte mit den politischen Ereignissen eines ganzen Jahrhunderts entwerfen ein lebendiges Bild, zeigen viele Zusammenhänge und gehen in ihrer Fülle weit über ähnlich aufgemachte Bücher hinaus. Das Buch zeigt, wenn auch verkürzt, wie sich Schach verändert hat. Von der individuellen menschlichen Denkleistung hin zum Schachspiel gegen unbestechliche Computerprogramme.

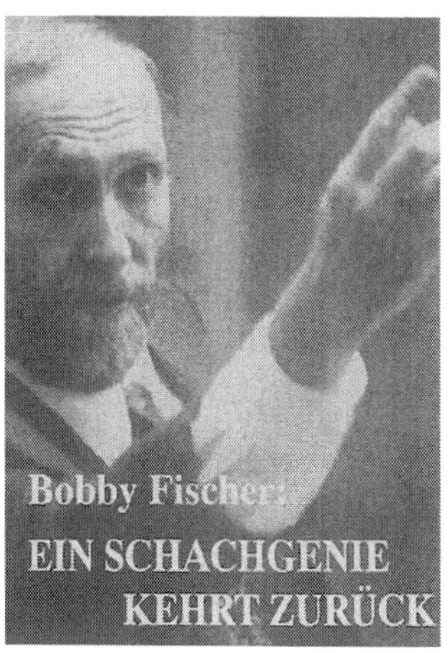

**Bobby Fischer –
Ein Schachgenie kehrt zurück**

Dagobert Kohlmeyer, Joachim Beyer Verlag, 160 Seiten, zahlreiche Fotos

Im Jahre 1972 wurde Bobby Fischer durch einen Finalkampf gegen Boris Spasski Schachweltmeister. In den nächsten 20 Jahren sah man das einstige Wunderkind nicht mehr. 1992 kam es durch ein millionenschweres Angebot in Jugoslawien – das Land vom Bürgerkrieg zerrüttet – zu einer Revanche. Dieses Match beschreibt Dagobert Kohlmeyer in diesem Buch, die Partien wurden unter anderem von Großmeister Wolfgang Uhlmann kommentiert.

Während des Wettkampfes zwischen Spasski und Fischer, der 1992 auf der jugoslawischen Insel Sveti Sefan und in Belgrad stattfand, war Kohlmeyer an beiden Spielorten anwesend. Bei einem Spaziergang am Strand von Sveti Stefan wurde er von Wachleuten gefangen genommen, festgehalten, verhört und mit dem Tode bedroht. Nach seiner Freilassung erschien eine Entschuldigung im Turnierbulletin. Seit diesem Wettkampf war Kohlmeyer Korrespondent der dpa für Schach.

Das Buch ist folgendermaßen aufgebaut. Zunächst wird Bobby Fischer vom Autor vorgestellt, es sind jedoch auch andere lustige Ereignisse beschrieben (allein deshalb ist das Buch schon lesenswert). Im Anschluß werden einige Turnierpartien aus den Glanzzeiten des Robert J. Fischer gezeigt. Es folgt die Vorgeschichte (wie es zum Comeback kam) und im Anschluss das Duell in Jugoslawien Fischer – Spasski, wobei die Erzählung von Dagobert Kohlmeyer über das Randgeschehen (Krieg und die „Fischermanie“) im Vordergrund stehen. Zum guten Schluß und zwischen der Dokumentation findet man die analysierten Partien des „WM-Matchs“. Wer wissen will, wie Fischer „getickt“ und gespielt hat, muss dieses Buch lesen.

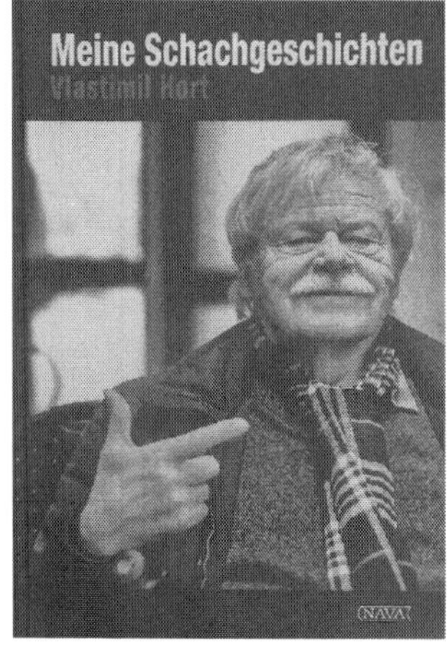

Meine Schachgeschichten

Vlastimil Hort, Nava Verlag, gebunden, 180 Seiten

Schach muss nicht immer tiefgehende Analyse, umfangreiche Diagrammsammlung oder die seitenlange Darstellung von Zügen – plus unzähligen Nebenvarianten – sein. Ein solches Buch hätte Großmeister Vlastimil Hort sicherlich auch vorlegen können, er hat sich aber anders entschieden. „Das ernste Spiel verdient ab und an ein wenig Leichtigkeit", schreibt Hort zu seinen Beweggründen und bezeichnet sich selbst als Schachhumorist. Dies ist natürlich untertrieben, denn der gebürtige Tscheche ist weit mehr, wie in seinem Buch „Meine Schachgeschichten" nachzulesen ist. Hort zählte in den 1970er Jahren zu den besten Schachspielern der Welt. Die tschechische Landesmeisterschaft gewann er insgesamt sechs Mal. Ein Höhepunkt seiner Laufbahn war das Viertelfinale des Qualifikationswettkampfes zur Schachweltmeisterschaft, bei der Hort gegen Boris Spasski knapp unterlag. Die andere Seite zeigt, dass Hort ein freundlicher und vor allem ein „knitziger Mensch" ist, wie man im Schwäbischen sagt, den eine gewisse Schlitzohrigkeit auszeichnet. Er sieht sich dann auch in der Nähe des braven Soldaten Schwejk, der sich mit List und Witz durch das Leben schlägt.

Das Besondere an diesem Buch ist, dass man es mit seinen 64 kurzen Geschichten von hinten nach vorne, sprich von der Aktualität in die Vergangenheit oder auch andersherum wie eine Chronologie lesen kann. Man kann aber auch einfach irgendwo einsteigen – und wieder aussteigen. Hort macht es dem Leser mit seinem lockeren Schreibstil leicht und an jeder Stelle trifft man auf weniger bekannte und bekannte Personen der Schachgeschichte. Capablanca, Bogoljubow, Aljechin, Keres, Reshevsky und Tal. In den Schilderungen Horts werden die Protagonisten wieder lebendig und der Autor, der 1979 aus der Tschechoslowakei in die Bundesrepublik Deutschland übersiedelte, zeigt sich als aufmerksamer Beobachter.

Mit Bobby Fischer war Hort näher befreundet, einige der Geschichten erzählen von den Begegnungen. Etwa als Hort und Fischer „in den Pilzen" waren und der Weltmeister verblüfft zusehen musste, wie Hort die giftigen Pilze aussortierte. Es spielt auch ein wenig Wehmut mit, als Hort Fischer, den „Mann mit Baseballmütze", in Budapest wieder trifft. Am Ende des Treffens in einem japanischen Luxusrestaurant verfolgen den Autor trübe Gedanken. Nicht nur weil Fischer wohl mit Autogrammen bezahlte, sondern weil er einen psychisch kranken Mann angetroffen habe. „Genialität und Wahnsinn waren, sind und werden wohl immer Nachbarn sein. Leider...", schreibt Vlastimil Hort.

Politik, wie sollte es anders sein, spielt in dem Buch zwar keine herausragende, aber doch eine gewisse Rolle. So erinnert Hort an die Schacholympiade 1982 in Luzern, genauer an den 10. November. An dem Tag endete der Wettkampf zwischen der CSSR und Polen 3:1. An dem Tag starb aber auch Breschnjew, der über den Einmarsch der Warschauer-Pakt-Staaten entschieden hatte. „Die bedrohlichen Panzer im August 1968 in Prag und die Folgen", so Hort in seinem Buch, „sind für uns Tschechen unvergessen." Zu Ehren Breschnjews sollte dann die Nationalhymne der Sowjets erklingen. Als Weltmeister Karpow schon bittere Tränen vergoss, wollte Hort nicht den Narren spielen – und machte sich auf den Weg zur Toilette, ein sicherer Rückzugsort. Dort traf er überraschend auf seinen früheren Mannschaftskollegen Lubomir Kavalek, der nach der sowjetischen Invasion in die USA emigriert war. „Zwei Tschechen – eine Idee", so Hort.

In „Meine Schachgeschichten" bringt Vlastimil Hort dem Leser auch ungewöhnliche Menschen näher, denen er begegnet ist. Darunter IGM Milan Matulovic, „kein Heiliger", so der Autor. So nahm Matulovic beim Interzonenturnier in Sousse 1966 gegen IGM Istvan Bilek einen Zug zurück, hoffnungslos verlorene Partien spielte der Jugoslawe bis zum bitteren Ende oder bis sie abgebrochen wurden. Bis tief in die Nacht habe sich Matulovic im Rotlichtmilieu vergnügt, verrät Hort. Die Damen beeindruckte er mit einer Visitenkarte, darauf stand: Dr. Milan Matulovic, Berater des äthiopischen Kaisers Haile Selassie.

Es ist exakt diese Mischung aus Anekdoten, Politik, skurrilen Typen und erinnerungswürdigen Begegnungen, die Vlastimil Hort mit wenigen Worten, aber doch eindrucksvoll erzählt. Bei ihm kommen Good News und Bad News zusammen, er blickt weit über die Grenzen eines Schachbrettes hinaus und bewegt sich doch ganz in der Welt von Schachgöttin Caissa. Hinzu kommen Karikaturen von Otokar Masek sowie Fotos, die zu einer gelungenen Illustration des Buches beitragen. Die Kürze der Schachgeschichten kommen dem aktuellen Gefühl, für nichts mehr Zeit zu haben, entgegen. Oberflächlich ist das Buch jedoch nicht. Vlastimil Hort versteht es, in die erzählerische Tiefe zu gehen. Auch weil er mit persönlichen Einsichten und Anmerkungen nicht spart. Ein Lesespaß sind seine Aufzeichnungen allemal.

Deutsche Schachzeitung

Dr. Friedrich Palitzsch, Blümich, Ranneforth, 406 Seiten, 86. Jahrgang, 1931

Es ist etwas besonderes, in einem ganzen Jahrgang der „Deutschen Schachzeitung“, zumal aus dem Jahre 1931, blättern zu können. Da zeigt sich auf 406 Seiten ein reiches Schachleben mit zahlreichen Partien, Berichten von Turnieren, Problemschach-Aufgaben und Mitteilungen aus dem Schachleben. Drei Beispiele: Im Januar 1931 gibt es eine Notation aus dem Turnier von Hastings, Mir Sultan Khan gegen J.R. Capablanca – der nach dem 65. Zug aufgibt. Im April 1931 schreibt Herausgeber Dr. F. Palitzsch, von 1922 bis 1931 Redakteur der „Deutschen Schachzeitung“, über das Thema „Brettspiele in vorgeschichtlichen Zeiten“. Und in der September-Ausgabe 1931 der „Deutschen Schachzeitung“ sind gleich zehn Partien des Wettkampfes zwischen Capablanca und Euwe aufgeführt. Ein umfangreiches Sach- und Namensregister rundet diese gebundene Jahrgangs-Sammlung ab. Gegründet wurde die „Deutsche Schachzeitung“ im Jahre 1846 von Ludwig Bledow, der seit 1836 die Berliner Schachgesellschaft leitete. Das Exemplar war über Ebay zu bekommen. Spätere Jahrgänge und Einzelhefte ab den 1960er-Jahren gibt es bei ZVAB. Ausgaben der „Deutschen Schachzeitung“ vor 1950 sind selten, gebundene Ausgaben noch seltener.

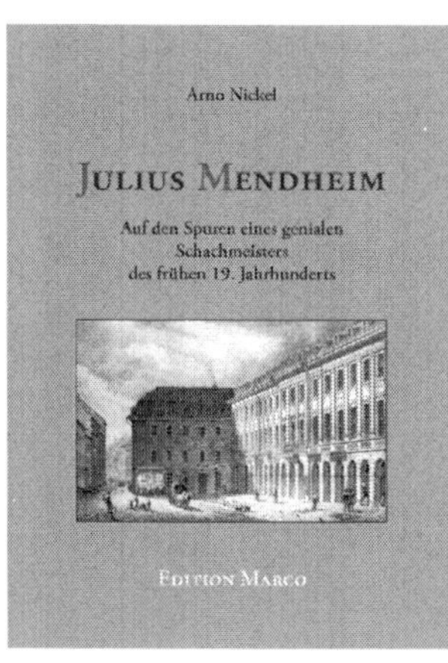

Julius Mendheim

Arno Nickel, Edition Marco, gebunden, 216 Seiten

In der „Jüdischen Rundschau“ vom 20. November 1936 erinnerte man sich voller Ehrfurcht an Julius Mendheim, Anlass war sein Todesjahr 1836. Im Geburtsjahr des späteren Weltmeisters Wilhelm Steinitz sei mit Mendheim der damals größte jüdische Schachmeister der Welt und zweifellos der stärkste Schachspieler Deutschlands gestorben. Obwohl Mendheim in Berliner Schachkreisen eine führende Rolle gespielt und zwei Schachbücher geschrieben hat, ließen sich sein genauer Todestag und auch das genaue Jahr seiner Geburt nicht feststellen.

Dank der akribischen und detaillierten Arbeit von Arno Nickel, die in sein Buch über Julius Mendheim mündete, weiß man nun, dass Mendheim 1780 oder 1781 in einer reichen Kaufmannsfamilie in Königsberg geboren wurde, wohl bei Immanuel Kant studiert hat, finanziell unabhängig war und mit 55 Jahren an einer „Blasenschwindsucht“ am 25. August 1836 gestorben ist. Es sind aber nicht nur die biografischen Daten, die Nickel zusammengetragen hat, was dieses Buch lesenswert macht. Julius Mendheim lebt in seinen eigenen Büchern auf, in den Bewertungen seiner Mitmenschen, in Ausrissen aus der Vossischen Zeitung und den Berlinischen Nachrichten, in Bildern von Spielstätten wie „Volpi's Caffee-Haus", in einem langen Gedicht, das am 7. April 1831 bei einem Festmahl vorgetragen wurde, und vielem mehr.

Mit der Zusammenführung all dieser Fakten gelingt es Autor Arno Nickel, Mendheim eine persönliche Statur zu geben, er zeichnet in seinem Buch ein starkes Charakterbild, auch ein Gesicht, obwohl es kein Bildnis des genialen Schachmeisters des frühen 19. Jahrhunderts gibt. Gleichwohl bleibt die Figur von Julius Mendheim stets hinter einem hellen, aber doch undurchsichtigen Vorhang verborgen. Der Schachmeister kann aufgrund der dürren Datenlage nicht ins grelle Licht unzähliger Biografien gezogen, kann nicht in allen Lebenslagen beschrieben werden und gibt als Problemkomponist immer noch viele Rätsel auf. Vielleicht macht gerade dies den besonderen Reiz des Buches aus. Arno Nickels Buch gibt viele Anregungen. Es kann Ausgangspunkt eigener Erkundungen über die Berliner Schachgesellschaft sein. Es kann auch ein Lehrbuch über das Bauernspiel sein. In allem spiegelt sich Julius Mendheim.

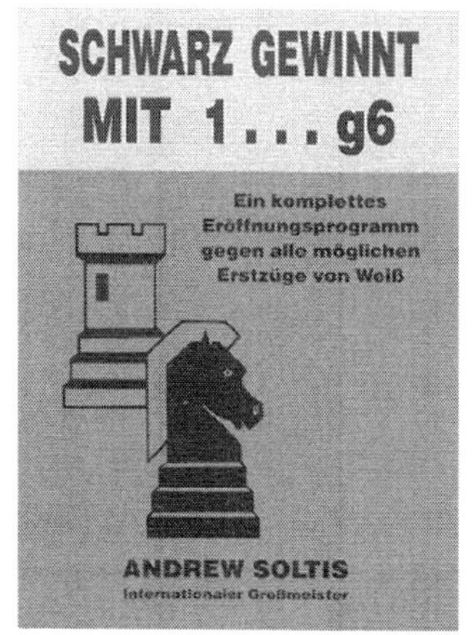

Schwarz gewinnt mit 1...g6

Andrew Soltis, Verlag: Das Schacharchiv Rattmann, Hamburg, 128 Seiten

„Schwarz gewinnt mit 1...g6" ist eines der wenigen Bücher, die es von dem internationalen Großmeister in deutscher Sprache gibt. Dieses Buch liefert ein vollständiges Eröffnungssystem für den Schwarz-Spieler; ein Beispiel ist: 1.e4 g6 2.d4 Lg7 3.Sc3 c6!?. Weitere interessante Varianten erlauben eine für den Weißspieler verblüffende Eröffnungsbehandlung. Das Schachmagazin 64 rügte allerdings in einer Buch-Besprechung:

„Der Haupttitel dieses Buches ist schlichtweg unseriös. Dabei hat das Buch des USA-Großmeisters Andrew Soltis diese marktschreiende Überschrift gar nicht nötig. ... Es hätte der deutschen Ausgabe jedoch gut getan, wenn jemand ordentlich Korrektur gelesen hätte. Namen der Spieler werden in englischer Schreibweise übernommen, ohne Rücksicht auf die deutsche Transkription (lautgerechte Übertragung in eine andere Schrift), zwischen An- und Abführungsstrichen wird nicht differenziert. Störend wirken die vielen Fehler. ... Jeder Rezensent sitzt im Glashaus, denn Satzfehler lassen sich auch bei seinen Beiträgen nie ganz vermeiden. Doch im vorliegenden Werk ist die Fehlerquote ein bißchen zu hoch.

Diese Kritik richtet sich jedoch ausschließlich gegen die deutsche Bearbeitung, die die Freude an diesem empfehlenswerten Werk nur ein wenig trübt."

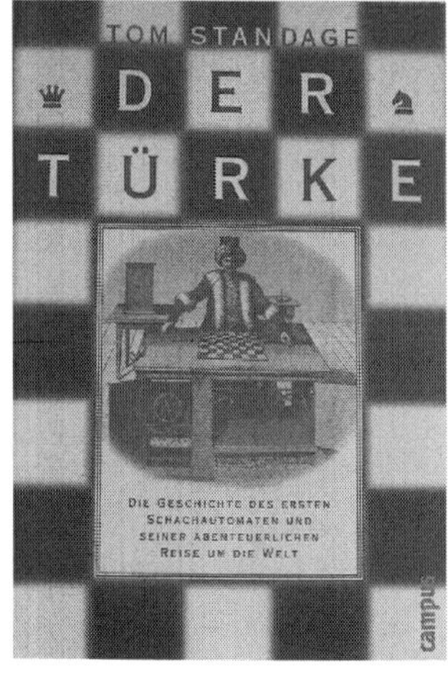

Der Türke

Tom Standage, Campus Verlag, 224 Seiten

„Der Türke", wie der uhrwerkbetriebene Automat genannt wurde, sollte Europa und Amerika erobern. Er besiegte im Schachspiel illustre Persönlichkeiten der Weltgeschichte wie Benjamin Franklin, Napoleon und Katharina die Große. Wo er auftauchte, versuchte man sein Geheimnis zu lüften, unter anderem von Edgar Allan Poe und Charles Babbage: War es ein mechanisches Wunderwerk oder doch fauler Zauber? Künstliche Intelligenz oder nur eine Illusion? Spannend wie ein Krimi rekonstruiert Tom Standage die Abenteuer des Türken. Der Schachautomat beeinflusste die Entwicklung wegweisender Vorläufer des Computers. Heute, mitten im digitalen Zeitalter, wissen wir, wie weit der Türke seiner Zeit voraus war. Sein Mythos ist ein schillernder Teil der Technologiegeschichte.

Schachmeisterpartien von 1960 bis 1985

Teschner, Rudolf, Reclam Verlag, fünf Ausgaben, jeweils über 200 Seiten

Der Berliner Rudolf Teschner war Internationaler Meister, Großmeister ehrenhalber und von Beruf Schachautor. Lange Jahre gab er die Deutsche Schachzeitung heraus und verfasste zahlreiche Schachbücher, von denen viele äußerst populär waren. 2006 starb Teschner mit 84 Jahren in Berlin. Die von ihm herausgegebenen Schachmeisterpartien von 1960 bis 1985 sind in fünf kleinen Büchern bei Reclam erschienen. „Der Freund glänzender Kombinationen wird ebenso auf seine Rechnung kommen wie der Stratege und Anhänger feinziselierter Endspielkunst", schrieb Teschner im ersten der fünf Bände. Dies stimmt, zudem lassen sich die kleinen Bücher bequem in die Tasche stecken.

Die längste Partie

Jan Timman, New in Chess, gebunden, 400 Seiten

Der niederländische Großmeister, Historiker und Autor Jan Timman hat sich für sein Buch „Die längste Partie" an einer wahrlich großen Aufgabe abgearbeitet. Er beschreibt in fünf umfangreichen Kapiteln die Wettkämpfe um die Schachkrone, die Anatoli Karpow und Garri Kasparow in der Zeit von 1984 bis 1990 gegeneinander

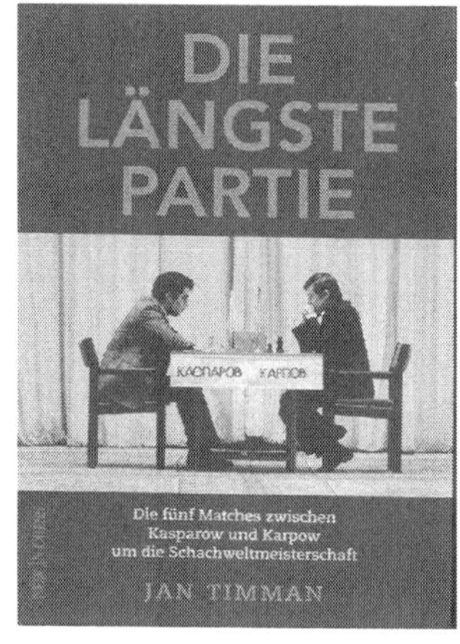

ausgetragen haben. Insgesamt waren dies 144 Partien mit 5540 Zügen. Kasparow siegte 21 Mal, Karpov 19 Mal, 104 Partien endeten remis, ein nahezu ausgeglichenes Gesamtresultat. So schreibt Timman in seinem Epilog auch, es könne nur allzu fair sein, daraus zu schließen, dass die beiden Spieler ziemlich gleichstark waren.

Über die Wettkämpfe wurden unzählige Bücher geschrieben, auch von Kasparow. Timman bemängelt allerdings, dass dessen Analysen oft den roten Faden verlieren würden und es noch viel Raum für Anekdoten und Geschichten geben würde. Darüberhinaus würde eine etwas leichtere Form der Anmerkungen die Partieverläufe verständlicher machen. Ein hoch gestecktes Ziel, wenn man einen Zeitraum von sechs Jahren abdecken will, und eine große Aufgabe, die Timman durch die Art seiner Aufarbeitung allerdings mit Bravour löst. Dazu hat er 50 Partien und weitere 17 Partiefragmente ausgesucht und kommentiert, um die fünf Wettkämpfe wieder zum Leben zu erwecken.

Zwischen den Partien schildert Timman unzählige Begebenheiten, zitiert aus Gedichten, Artikeln und Büchern, gibt Analysen ab, bewertet Stimmungen und Stellungen, die an den Spielorten Moskau, London, Leningrad, Sevilla, New York und Lyon im Dunstkreis der Kontrahenten entstanden sind. Mit Texten, die sich nach 400 Seiten zu einem großen Ganzen verdichten, geht „Die längste Partie“ weit über ein Lehrbuch hinaus.

Es ist ein Lesebuch, dass das Schachspiel als nie enden wollender Epos beschreibt. Ein Lesebuch, in dem Kasparow und Karpow wie Titanen aus einer anderen Welt dargestellt werden. Ein Lesebuch, in dem neben der Beherrschtheit der Spieler auch ihre Gefühle sichtbar werden, die Jan Timman mit dem nötigen Respekt schildert. „Die längste Partie“ fesselt von der ersten bis zur letzten Seite. Ein kurzweiliges Buch, das Schachspieler und Schachhistoriker gleichermaßen in den Bann zieht.

Aljechin, Leben und Sterben eines Schachgenies

Ulrich Geilmann, Joachim Beyer Verlag, 2017, Paperback, elf s/w-Fotos, 17 Partiekombinationen Aljechins, 112 Seiten

Über die tatsächlichen Todesumstände von Alexander Aljechin gibt es einige Theorien. Erstickte der zweifache Schachweltmeister am Abend des 24. März 1946 in einem Hotel im portugiesischen Estoril tatsächlich an einem Fleischstück, wurde er von einem KGB-Agenten umgebracht oder stand er auf der Todesliste der französischen Résistance?

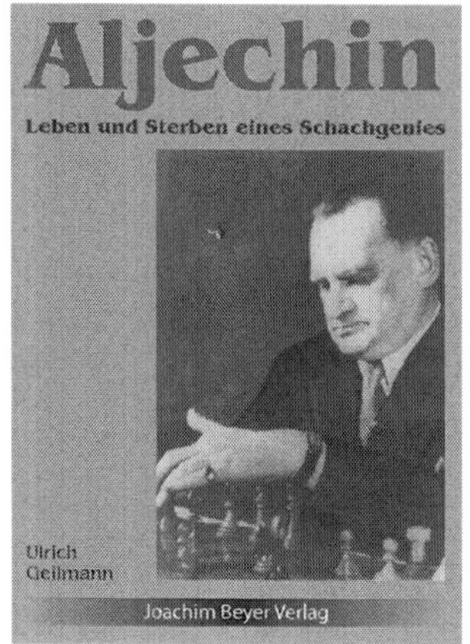

Autor Ulrich Geilmann, Vizepräsident der Schachbundesliga, gibt in seinem biografischen Roman „Aljechin, Leben und Sterben eines Schachgenies“ eine Antwort. Gegen Ende seines Buches kommt, literarisch verpackt, der russische Agenten Pjotr Smirnow ins Spiel, der den körperlich geschwächten Aljechin im Hotelzimmer mit der bloßen Hand erstickt. Eine fiktive Szene, weil der echte Pjotr Smirnow, ab Mitte 1937 Chef der Politischen Verwaltung der Roten Armee, im Zuge von Stalins Säuberungsaktionen bereits im Februar 1939 hingerichtet wurde.

Geilmann beschreibt Aljechins Leben als dichtgedrängte Zeitreise und weist gleich zu Beginn darauf hin, dass es sich bei seinem Buch um einen Unterhaltungsroman handle, in dem sich Historie und Fiktion verbinden. Zu den Fakten: Vor 125 Jahren, 1892, wurde Alexander Aljechin als Sohn eines wohlhabenden Adeligen in Moskau geboren. Nachdem er hinter Emanuel Lasker und Jóse Raúl Capablanca 1914 in St. Petersburg den dritten Platz belegte, ernannte ihn Zar Nikolaus II zum „Großmeister“. 1921 verließ Aljechin Sowjetrussland, wurde 1925 französischer Staatsbürger und es folgten Jahre als ruheloser, aber erfolgreicher Profischachspieler. In dem Buch sind 17 Partiefragmente Aljechins verstreut, die seinen genialen Spielstil dokumentieren und deren Auflösung am Ende dargestellt werden.

Die Schachkrone setzte sich Aljechin schließlich 1927 auf, als er den Kubaner und amtierenden Weltmeister Capablanca nach 73 Tagen und 34 Partien besiegt hatte. Der neue Schachkönig hatte aber auch seine dunklen Seiten. Aljechin trank Unmengen Alkohol, rauchte wie ein Schlot und fühlte sich Zeit seines Lebens von den Russen verfolgt und bedrängt. Geilmann streut dies immer wieder in seine Geschichte ein und zeichnet so das zwiespältige Bild eines getrieben Menschen. Die erfolgreichen Jahre Aljechins blättert Geilmann allerdings nicht ganz so umfangreich auf, wie es etwa Isaak und Wladimir Lindner in ihrer Aljechin-Biografie tun. Der ehemalige Teamchef einer Schachbundesligamannschaft räumt den letzten Jahren des Schachgenies dafür mehr Raum ein.

Aljechins endgültiger Niedergang wurde mit seiner Veröffentlichung einer „psychologischen Studie“ zum Thema „Jüdisches und arisches Schach“ eingeläutet. Er ließ sich in die Propagandamaschinerie der Nazis einbinden und brandmarkte das jüdische Schach als allein auf materiellen Gewinn ausgerichtet und als eine Haltung, nur das zu tun, was dem eigenen Vorteil nütze.

Aljechin, so schreibt Geilmann über dessen Kollaboration mit den Nazis, habe geglaubt, die richtige Entscheidung getroffen zu haben. „Seine Zukunft war jetzt an der Seite der Gewinner und er wurde gebraucht.“ Aljechin sei im Dritten Reich willkommen gewesen. Dessen Verhalten führte in der internationalen Schachwelt jedoch zur Ächtung seiner Person, Aljechins Renommee war kurz nach Kriegende vollkommen zerstört. So hätten die Russen 1946 allen Grund gehabt, den amtierenden Schachweltmeister aus dem Weg zu räumen – Geilmann liefert zwei Gründe.

Zum einen Aljechins Verrat am sowjetischen Volk und dessen Zusammenarbeit mit den Naziverbrechern. Weitergehende Spekulationen unterstellen dem russischen Geheimdienst gar, den Tod Aljechins herbeigeführt zu haben, weil dieser vor einer Herausforderung mit Michail Botwinnik stand. Tatsächlich fiel Botwinnik der Titel aber nicht kampflos in den Schoß. Bevor der Russe sechster Weltmeister wurde, kämpfte er 1947 erfolgreich im Moskauer Tschigorin-Gedenkturnier und ein Jahr später in Den Haag und Moskau beim FIDE-Weltmeisterschaftsturnier. Und trotzdem: Sein Sieg war der Auftakt für die folgende russische Allmacht im internationalen Schachbetrieb.

Im Epilog kommt es zu einem Zeitsprung ins Jahr 1967. Der Autor lässt Dr. Antonio Ferreira auftreten, der dem spanischen Schachmeister Arturo Pomar Salamanca, der als knapp 15-Jähriger nach dem Zweiten Weltkrieg von Aljechin unterrichtet wurde, erklärt, es habe beim Tode seines früheren Lehrers keinen Hinweis auf einen Mord gegeben. Ulrich Geilmann zerstreut damit die Zweifel nicht. Ihm ist damit nicht nur dieWürdigung eines außergewöhnlichen Menschen in einem außergewöhnlichen Stil gelungen, sein Buch regt auch an, sich weiter mit Alexander Aljechin zu beschäftigen.

Vidmar – Goldene Schachzeiten

Milan Vidmar, Editon Mädler im Joachim Beyer Verlag, 280 Seiten

„Wo sind meine Gefährten jener herrlichen Zeit der Schachgeschichte: Capablanca, Aljechin, Reti...?“ fragt sich der 1962 verstorbene jugoslawische Großmeister Milan Vidmar in seinem Buch „Goldene Schachzeiten“, eine unterhaltsame Reise in die Schach-Vergangenheit. Mit Milan Vidmars Erinnerungen taucht der Leser in ein längst vergangenes, „goldenes“ Zeitalter des Schachs, das einen noch heute in seinen Bann zieht.

In seinen Schilderungen werden die alten Schachlegenden wieder lebendig, die die großen Turniere im Zeitraum 1900 bis 1940 dominiert haben und mit denen er sich am Brett so manchen Kampf geliefert hat. 35 Partien und Partiefragmen-

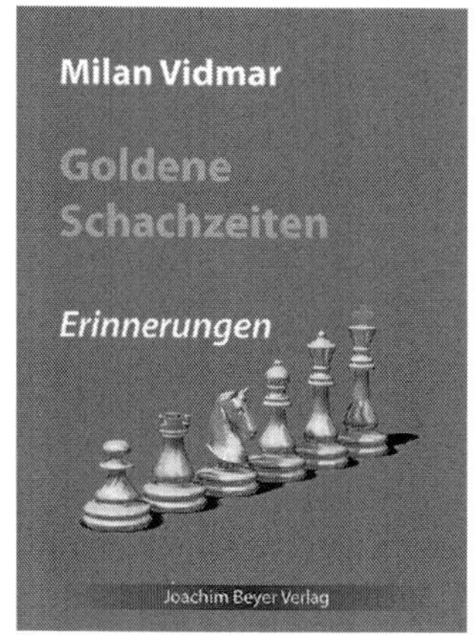

te, meist mit eigener Beteiligung und von ihm selbst mit Kommentaren versehen, sind eingebettet in Erzählungen, die die faszinierende Atmosphäre in den Turniersälen und Schachcafés jener Tage widerspiegeln. Es sind nostalgisch anmutende Memoiren, die aber keineswegs frei sind von kritischen Gedanken, etwa wenn Vidmar über Auswüchse und Entartungen des Spitzenschachs in der Nachkriegszeit sinniert.

Seine Ausführungen sind von bemerkenswerter Weitsicht, und manche seiner Befürchtungen und Klagen haben bis heute ihre Berechtigung nicht verloren. Dieses fesselnde Alterswerk Milan Vidmars, ein gutes Jahr vor seinem Tod erschienen, ist ein unvergänglicher Klassiker der Schachliteratur und eine unverzichtbare Lektüre für den historisch interessierten Schachfreund.

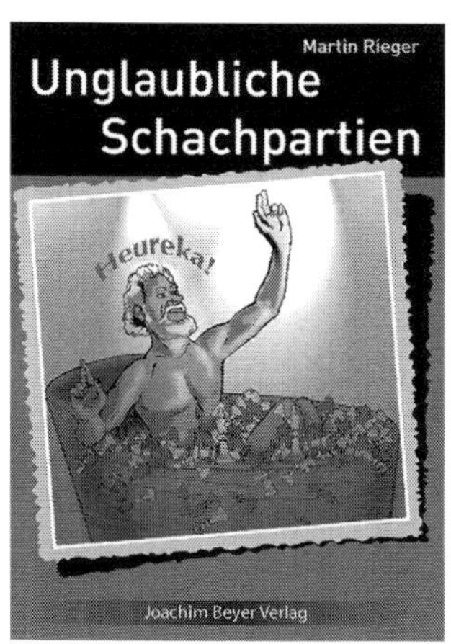

Unglaubliche Schachpartien

Martin Rieger, Joachim Beyer Verlag, 172 Seiten, kartoniert

Schach muss nicht unbedingt eine ernste Sache sein. Martin Rieger, langjähriger Landesligaspieler beim SK Schwandorf, vermittelt in seinem Buch „Unglaubliche Schachpartien“ anhand von 60 Partien beste Unterhaltung und Spielwitz. Dabei sind es nicht nur die kommentierten Partien, die durch zahlreiche Diagramme ergänzt werden, sondern die facettenreichen Geschichten zu den einzelnen Wettkämpfen, die der Autor kurzweilig zu erzählen weiß. Rieger hat sich für seine Auswahl in der gesamten Schachgeschichte bedient, dafür bekannte, weniger bekannte und unbekannte Partien herausgesucht.

Schon auf dem Titelbild wird man auf das Thema eingestimmt. „Heureka“ („Ich habe es gefunden“) ruft Archimedes von Syrakus in einer Badewanne voller Schachfiguren. In der ersten Partie wird der Leser anschließend auf den „Planet Iwantschuck“ entführt. Weltmeister Viswanathan Anand wird darin zitiert, wie Iwantschuk völlig betrunken ukrainische Reime gesungen und am nächsten Tag eine beindruckende Rede gehalten habe. Beeindruckend auch die Partie, die „Big Chuck“ gegen Weltmeister Garri Kasparow in Linares 1991 gespielt – und gewonnen hat.

Eine weitere unglaubliche Partie trug sich im Dezember 2008 in Marienbad zu, als die 26-jährige Tschechin Jana Jackowa gegen den langjährigen Weltmeister Anatoli Karpow gewann, der zum Ende hin sein Heil in einer zerstörerischen Verteidigung suchte. Eine denkwürdige Partie fand 1992 auf der serbischen Insel Sveti Stefan statt. Dort trafen Bobby Fischer und Boris Spasski nochmals aufeinander, gelockt von den Dollars des Millionärs Jezdimir Vasiljevic. Fischer gewann mit 17,5:12,5 und kassierte 5,5 Millionen Dollar. Zahlen musste er einen politischen Preis. Weil Fischer mit dem Wettkampf gegen das Wirtschaftsembargo der USA gegen Serbien-Montenegro verstieß, durfte sich einer der besten Schachspieler der Welt in seinem Geburtsland nicht mehr blicken lassen.

Martin Rieger hat eine Reihe von Partien zusammengetragen, die zum Schmunzeln, Staunen und Schmökern anregen, die nicht immer perfekt sind, aber auch Schachhistorie vermitteln. Ein kleines Manko ist, dass alle Kapitel mit englischen Kurzüberschriften versehen sind. Die reiche deutsche Sprache hätte hier auch viele Möglichkeiten geboten.

Zehn weitere Bücher der Belletristik in einem Satz, die jeder Schachspieler gelesen haben sollte:

Stefan Zweig: Schachnovelle

Zweigs berühmte Novelle ist ein Zeugnis von den Gräueln, denen die Gegner des Nationalsozialismus ausgesetzt waren.

Vladimir Nabokov: Lushins Verteidigung

In leichter Eleganz geschrieben, ist dieser Roman eine der besten Darstellungen des Wahnsinns.

Thomas Glavinic: Carl Haffners Liebe zum Unentschieden

Carl Haffner ist ein Genie und Besessener, der über das Schachspiel buchstäblich zu leben vergisst.

Fernado Arrabal: Hohe Türme trifft der Blitz

Ein wortgewaltiges Prosastück, in dem der spanische Autor sein anarchistisches Herz für das Schachspiel entdeckt hat.

Paolo Maurensieg: Die Lüneburg-Variante

Garri Kasparow hat einmal gesagt, Schach sei der gewalttätigste Sport, den es gibt – in diesem Roman hat das Inferno die Gestalt eines Schachbretts.

Bertina Henrichs: Die Schachspielerin

Eine Fabel über die Emanzipation, die in einer aufregenden Geschichte erzählt wird.

Ronan Bennett: Zugzwang

Am Vorabend des Ersten Weltkrieges fordert der geniale Awrom Rozental den amtierenden Schachweltmeister Emanuel Lasker heraus, jeder Schachzug muss gut überlegt sein.

Lewis Carroll: Alice hinter den Spiegeln

Beim Spielen gerät die kleine Alice in eine geträumte Spiegelwelt und begegnet in einer eigentümlichen Schachbrettlandschaft allerlei merkwürdigen Gestalten.

Fabion Stassi: Die letzte Partie

Ein Roman über José Raúl Capablanca und Alexander Aljechin, die Autor Stassi in ihren extremen Zügen porträtiert.

Andrew Soltis: Los Voraces 2019

Ein Schachgroßmeister als Romanautor, der detailliert und kenntnisreich die Geschichte eines Turniers erzählt.

Vermessen in Vers und Reim

Im Untergang sind wir gleich.

Jacobus Balde, Jesuit und Dichter

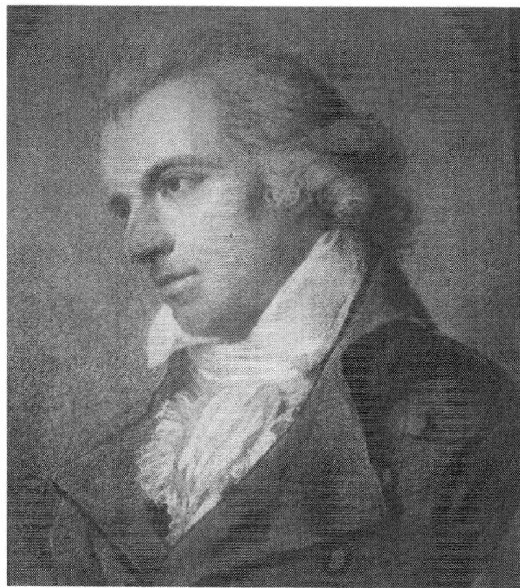

Friedrich Schiller

Der große Dichterfürst Friedrich Schiller (1759 – 1805) hat der Nachwelt einen Beweis seiner Schachleidenschaft hinterlassen. Im Oktober 2005 war im Schiller-Nationalmuseum seiner Geburtsstadt Marbach eine Ausstellung mit dem Titel „Götterpläne & Mäusegeschäfte“ zu sehen. Neben Alltagsgegenständen, Kleidungsstücken, seiner letzten Schreibfeder und der Schnupftabakdose des Dichters waren auch seine bis zwölf Zentimeter hohen Schachfiguren aus Elfenbein, hergestellt um das Jahr 1800, und sein 36,5 x 46 Zentimeter großes Schachbrett ausgestellt. Das Brett ist auf der Rückseite mit Leder bezogen, besetzt mit grünen und weißen Lederintarsien, geprägten Goldlinien und in der Mitte zusammenklappbar.

Der Dichter hatte eine tiefsinnige Beziehung zum Spiel allgemein. „Denn, um es endlich auf einmal herauszusagen, der Mensch spielt nur, wo er in voller Bedeutung des Worts Mensch ist, und er ist nur da ganz Mensch, wo er spielt“, so Schiller, der Spiele damit grundsätzlich würdigte. Wobei er in seinen Werken besonders dem Schachspiel huldigte.

Im Frühjahr 1783 war sein Stück „Die Verschwörung des Fiesco zu Genua. Ein republikanisches Trauerspiel“ gedruckt, in dem das Schachspiel erwähnt wird (4. Aufzug, 12. Auftritt): Julia: „...dass alle unsre weiblichen Künste einzig für dieses wehrlose Stichblatt fechten, wie auf dem Schach alle Offiziere den wehrlosen König bedecken? Überrumpelst du diesen – Matt! und wirf getrost das ganze Brett durcheinander.“

In Schillers Trauerspiel „Kabale und Liebe“ sagt Luise (5. Akt, 7. Szene): „Sie sind mir auch noch Revanche auf dem Schachbrett schuldig. Wollen wir eine Partie, Herr von Walter?“

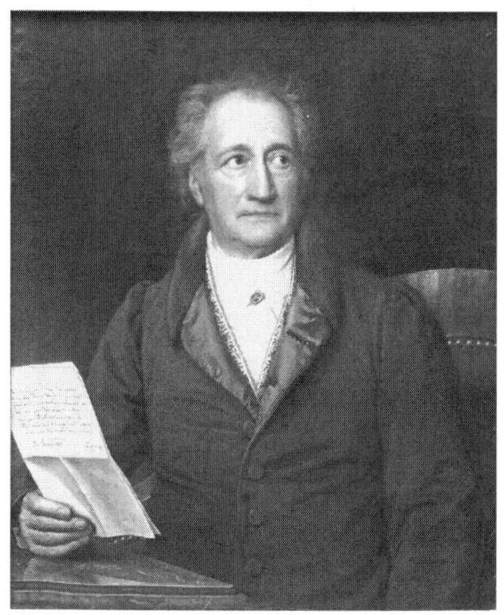

Johann Wolfgang von Goethe

Die unglückliche Liebe Schillers zu Charlotte von Wolzogen, schlägt sich in der Bitte in einem Brief an deren Mutter vom 23. April 1783 nieder: „Sie schreiben mir nicht, ob Ihr Wilhelm aus der herzoglichen Karls-Akademie gekommen und wo er gegenwärtig ist. Empfehlen Sie mich ihm sehr, wie auch Fräulein Lotten, die mir doch schreiben möge, ob sie bald Schach gelernt hat?" Und wenige Wochen vor Schillers Tod, er starb am 9. Mai 1805 in Weimar, berichtete der Dichter Johann Heinrich Voß am 24. Februar 1805 über die Schachleidenschaft: „Heute Nachmittag war Schiller unbeschreiblich wohl und kräftig, wiewohl es ihm noch mit dem Arbeiten nicht recht hat gehn wollen. Wir spielen jeden Tag Schach zusammen, und das macht ihm Freude; er meinte, auf diese Weise käme er wohl zuerst wieder in seine gewöhnliche Thätigkeit hinein."

Johann Wolfgang von Goethe (1749 – 1832) hatte wie Schiller eine Beziehung zum Schachspiel, das ihn zu philosophischen Betrachtungen anregte. „Die Natur hat uns das Schachbrett gegeben, aus dem wir nicht hinauswirken können, noch wollen, sie hat uns Steine geschnitzt, deren Wert, Bewegung und Vermögen nach und nach bekannt werden; nun ist es an uns, Züge zu tun, von denen wir uns Gewinn versprechen."

Der aus dem Elsass stammende Jesuit Jacobus Balde (1604 – 1668), in München unter anderem als Gymnasiallehrer, Hofprediger und Hofhistoriograph tätig, war der wohl europaweit bekannteste deutsche Dichter im 17. Jahrhundert. Noch heute gilt sein umfangreiches, von dem Dichter und Übersetzer Johann Gottfried Herder (1744 – 1803) wiederentdecktes und auch von Goethe bewundertes Werk, als eine der herausragenden Leistungen auf dem Gebiet der neulateinischen Literatur. Seine Ansichten über das Schachspiel waren tiefgründig: „Die ernste Wahrheit über alle Nichtigkeiten der Menschen entfaltet sich auf einem einzigen Brett. Weh! Wir spielen und wir werden gespielt! Ungleich sind unsere Abzeichen, im Untergang sind wir gleich. Ein Spiel ist unser Leben, und sind wir."

Balde schuf eine Ode in lateinischer Sprach an das Schachspiel, die Herder unter der Überschrift „Das Schachspiel" entsprechend nachdichtete. „Warum schlagen wir noch Bücher und Blätter auf? Alle Lehre Sokrats über die Nichtigkeit unsres Erdegedrängs lehret im Spiel uns hier ein mit Puppen besetztes Brett. Siehst du, Freund, wie das Glück Würden und Ämter teilt? Wie's die Plätze bestimmt? Wie sie im Wechsel sind? Freund, so spielen auch wir selber ein Spiel des Glücks, Ungleich, aber im Ausgang gleich. Mächtig stehet ein Heer gegen das andere auf; Hier Trojaner und hier tapferer Griechen Reih'n, Stark mit Türmen verwacht. Mutige Ritter stehn bei den Türmen. Es schweigt das Heer", heißt es in den ersten drei von insgesamt zwölf Versen.

Der älteste europäische Text, in dem die Regeln des Schachspiels enthalten sind, ist das frühmittelalterliche lateinische Schachgedicht „Versus de Scachis" eines unbekannten Verfassers des 10. Jahrhunderts. Der Lobgesang mit 98 lateinischen Versen auf einem einzigen Pergamentblatt entstand vermutlich zwischen 900 und 950 in Oberitalien. Das „Einsiedler Schachgedicht", wie „Versus de Scachis" auch bezeichnet wird, gilt als das erste schriftliche abendländische Zeugnis des Schachspiels. Eine freie deutsche Übertragung gibt es aus dem Jahre 1876. „Ists Dir vergönnt, die Sorgen wegzuthun, Am Spiel Dich zu ergötzen, nun, da ist Eins wohl, das Deinen Sinn erfreuen mag. Willst Dus vernehmen, ei, so lenk hieher Des Herzens Schritt: dann wird gewiss von dem, Was Dir gefällt, dies Spiel das erste sein. Kein Trug ist da, kein ränkevoller Meineid, Nicht Faust und Stahl befürchtet da Dein Leib", lobte der unbekannte Dichter.

In einem Artikel für die Schweizer Schachzeitung berichtet IM Richard Forster, das Pergamentblatt sei als Spiegelblatt in den Deckel einer anderen Handschrift geklebt gewesen, so dass viele Jahrhunderte nur die Rückseite mit 34 Zeilen des Gedichts sichtbar war. Erst um 1839 wurde das Blatt herausgelöst. „Hier brauchst Du nichts zu zahlen und auch Keinen Zwingst Du dazu: auch kein verschlagner Gegner Belauert Dich aus finsterm Hinterhalt. Denn was an Fehl des Würfels Fall verschuldet, Fern ist es diesem einfach schlichten Spiel", ist in der Hymne auf das königliche Spiel zu lesen.

Wortspieler, Poet, Sprachkünstler: Der in München geborene Dichter Christian Morgenstern (1871-1914), berühmt geworden durch seine „Galgenlieder", schrieb viele Reime über das Schachspiel. Er ergründete den Sinn, seine Wirkung und vermaß es mit Reim und Wort. „Du bist nicht nur ein Spiel, von Leben schwer, du bist sein Kampf selbst, formuliert als Spiel. In dir erflog der Geist den großen Stil. Noch mehr: Du bist des Geistes großer Stil", schrieb er über Schach. In seinem „Schachsonett" verglich er das Spiel zum Auftakt mit der Musik: „Dem edlen Schach vergleich ich das Sonett. Eröffnung, Aufbau, Mittel- Endspiel – traun, das alles ist so hier wie dort zu schauen, und auch selbst hier sitzt oft ein – Paar am Brett. Vier Züge schon vorbei!...Und auch dem Endspiel darf ich noch vertraun."

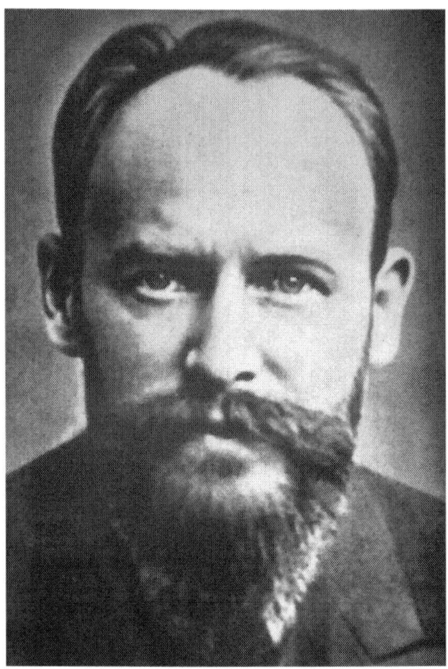

Christian Morgenstern

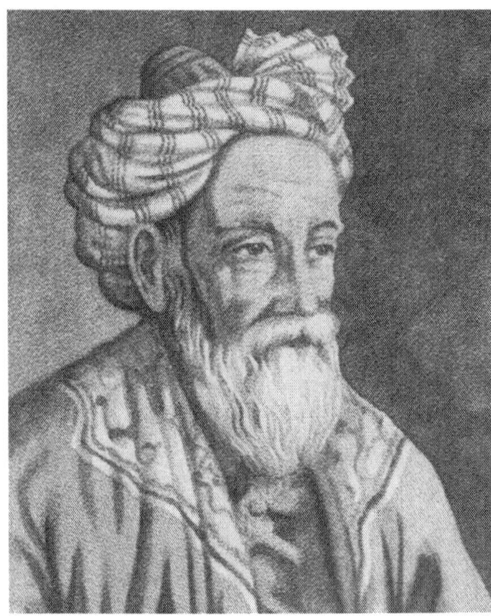

Omar Khayman

Morgenstern blickte in der Mitte seines Gedichts schon auf das Endspiel und gab sich siegessicher: „Jetzt brenn ich erst; und spür mich Brust an Brust; und greife nicht mehr fehl im strengen Kriege; und lege meisternd Hand auf Brett und Blatt. Noch einmal blitzt das feindliche Florett – doch ich parier's – und nun auch schon: Schachmatt! (Ich muss erst immer fallen, eh ich siege.)." Seine Schachbegeisterung beflügelte den Dichter immer wieder und spornte ihn zu großen Hymnen an. „Du bist nicht nur ein Spiel, vom Leben schwer, du bist sein Kampf selbst, formuliert als Spiel. In dir erflog der Geist den großen Stil. Noch mehr: Du bist des Geistes großer Stil."

Nicht minder begeistert war Omar Khayam, ein persischer Mathematiker, Astronom, Astrologe, Kalenderreformer, Philosoph und weltweit vor allem durch seine Vierzeiler ein berühmter Dichter. „Die Welt ist ein Schachbrett, Tag und Nacht geschrägt. Wo Schicksal Mensch hin und her bewegt. Sie durcheinanderschiebt, Schach bietet, schlägt und nacheinander in die Schachtel legt".

Khayam machte sich, wie viele Dichter vor und nach ihm, tiefgründige Gedanken über die Zusammenhänge zwischen Menschsein, dem Leben, dem Tod und Schach: „Das Leben ist ein Schachbrett von Nächten und Tagen, auf dem das Schicksal mit menschlichen Figuren spielt: es schiebt sie nach dort über das Brett, vereint und vernichtet und nimmt Figuren eine nach der anderen wieder aus dem Spiel."

Fünf Verse, die Schach mit der Vergänglichkeit gleichsetzen:

Der Mensch, das Spiel der Zeit, spielt weil er allhier lebt,
Im Schauplatz dieser Welt; er sitzt, und doch nicht feste.
Der steigt und jener fällt, der suchte die Paläste
Und der ein schlechtes Dach, der herrscht und jener webt.

Andreas Gryphius

Am Tag, des nachts.
Zu unbekannter Stunde
erscheint er –
fordert Dich zum Spiel,
zum nächsten Zug.
Er setzt den letzten.

Gerhard Stübner

Der Bauer, Läufer, Turm und Pferd selbst Dame auch und König
sind wichtig auch im Lebensschach und gar nicht mal so wenig.
Verlierst Du eine der Figur´n, warst Du zu unbedacht,
Dann wird es schwer für jeden hier, weils Leben ist wie Schach.

Horst Fleitmann

Wie im wahren Leben gelingt es auch
Einem kleinen Bauern, ganz selten,
Den König zu erlegen.

Martin Vieth

Ein jeder auf der Lauer bebt,
wie lang ihm Turm und Bauer lebt,
kühn kämpft er wie die Rothaut;
bis vis-à-vis der starke Held
ihm zeigt, wie man ‘ne Harke stellt
und auf dem Brett ihn tothaut!

Curt Peiser

...und ab die Post

Ich besitze etwa 700 Briefmarken, alles Schachmotive. Schach fasziniert mich, obgleich ich ein schlechter Spieler bin.

Andrej Tschesnokow, Tennisspieler

Bei einem Aufenthalt in Kuala Lumpur wurde im Beisein von Anatoli Karpow bei einem Abendessen über das Thema der britischen Kolonien gesprochen. Dabei konnte der russische Schachweltmeister fast alle aufzählen. Die Runde zeigte sich verblüfft und als er gefragt wurde, woher er das alles wisse, antwortete er: „Ich habe eine Sammlung mit Briefmarken aller britischen Kolonien". Dies war allerdings eine komplette Untertreibung.

Karpows Briefmarkensammlung soll inzwischen Millionen wert sein, wobei er die Marken nicht als Geldanlage sieht, sondern als reine Sammelobjekte. Er habe nur Spaß daran zu sehen, wie seine Sammlung immer weiter wachse. Die Begeisterung für das Schachspiel wurde bei Karpow, der 1966 im Alter von 15 Jahren jüngster Schachmeister der UdSSR wurde, bereits in der Jugendzeit geweckt – wie die Begeisterung für Briefmarken. Die Schachkunst mit ihren vielfältigen Facetten wie Figuren, Brettern und Spielsätzen hätten ihn genauso fasziniert und gefangen genommen wie das Sammeln von Briefmarken. Ein Hobby, das er bis heute pflegt.

In Kuala Lumpur mag der ehemalige Weltmeister mit Sicherheit sein phänomenales Gedächtnis eingesetzt haben, tatsächlich ist er tief mit seinem Hobby Briefmarken verbunden und zieht Parallelen zum Schachspiel. Schachmotive spielten von Anfang an auch bei der Philatelie eine besondere Rolle. In einem Grußwort für das Projekt „Lust auf Briefmarken" verweist Karpow auf die erste, am 29. September 1947 in Bulgarien erschienene Schachbriefmarke, die als Motiv ein Pferd als Verkörperung des Springers zeige. Später habe man festgestellt, dass sich die Schachphilatelie bestens dazu eigne, um die schier unerschöpflichen Aspekte der Schachkunst darzustellen – und zu interpretieren. Sowohl beim Briefmarkensammeln als auch beim Schach müsse man denken, analysieren, überlegen und entscheiden. Dies sei eine gute Grundlage für das Leben, bringt Karpow seine Hobby und seine Schach-Berufung zusammen.

Dabei ist sein Konterfei selbst auf mehr als 200 Briefmarken aus aller Herren Länder und Kontinente abgebildet. Von Nordkorea über Brasilien bis Afrika. Anatoli Karpow sieht allerdings selten aus wie Anatoli Karpow, seine Gesichtszüge werden dem jeweiligen Land einfach angepasst oder verfremdet. Auf einer Briefmarke der Republik Niger sieht er wie ein verträumter ehemaliger Kolonialist aus Frankreich aus, das westafrikanische Liberia würdigt ihn auf Briefmarken mit einer Serie zahlreicher öffentlicher und privater Szenen. Inklusive einer

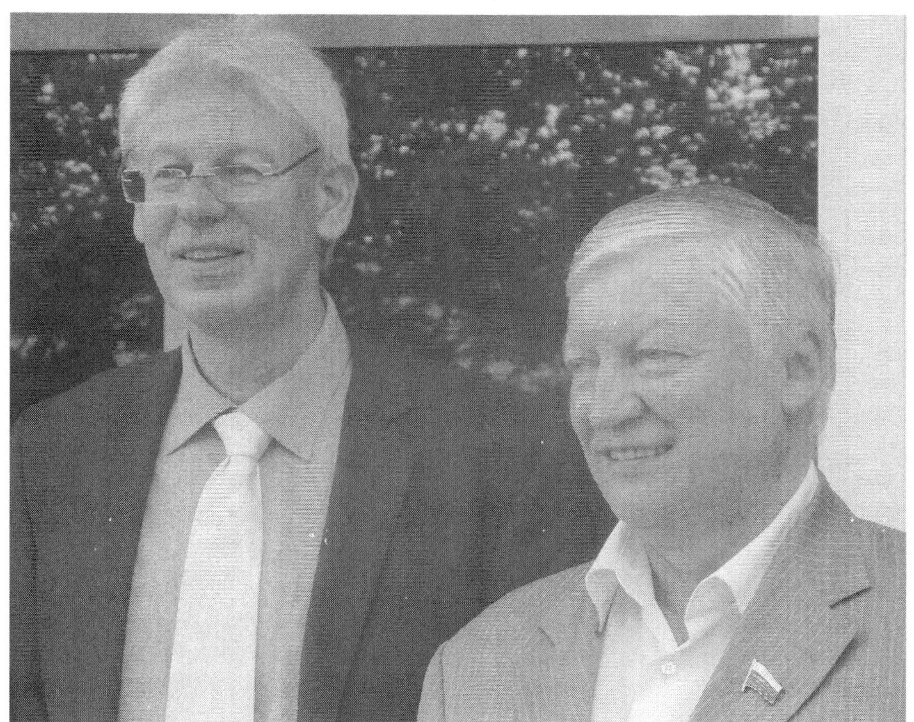

Christoph Gärtner und Anatoli Karpow

Marke, die ihn in einer Adidas-Jacke als strahlenden Sonnyboy vor einem Strohhaufen zeigt.

Als Glanzstück seiner eigenen Sammlung bezeichnet er kubanische Schach-Marken einer Serie, die 1952 anlässlich des Weltmeisterkampfes 1921 in Havanna herausgegeben wurden. Emanuel Lasker, von 1894 an amtierender Weltmeister, gab bei dem Wettkampf gegen José Raúl Capablanca beim Stand von 5:9 auf, der Kubaner wurde neuer Weltmeister. Karpow besitzt zwei Varianten dieser Marken-Serie, mit Zähnen und glatt beschnitten. Nicht trennen will er sich von den Serien *Schach* und *Olympia*. Für ihn „die besten Sammlungen der ganzen Welt" und einmalige Sammlungen müssten in der Familie bleiben. So sieht er in Schachfiguren und Schachbriefmarken gleichermaßen stilvoll Schönes. Wenn man die Ästhetik solcher Kollektionen vor Augen habe, könne man sehen, dass Schachfiguren viel mehr sein können, als nur Spielsteine auf dem Brett, die nach festen Regeln bewegt werden.

Im Jahr 2011 wurde der frühere Schachweltmeister dann von Christoph Gärtner angesprochen. Gärtner ist Philatelist, Auktionator, Gründer und Geschäftsführer des europaweit größten Auktionshauses mit Sitz im schwäbischen Bietigheim-Bissingen, dort ist auch das Zentrum der Unternehmensgruppe C.G. Collectors World. Gärtner wollte Karpow als Schirmherr für sein Projekt „Lust auf Briefmarken – mit coolen Marken voll auf Zack“ engagieren. Und dieser erklärte sich spontan dazu bereit. Von Vorteil war dabei sicherlich auch die Nähe zum nordwestlichen Baden-Württemberg, Karpow ist seit 1994 Mitglied der Schachvereinigung 1930 Hockenheim.

Bei Gärtners Projekt werden Schulen und andere pädagogische Einrichtungen mit Briefmarken-Startersets ausgestattet. Auf Wunsch wird auch eine philatelistisch-didaktische Betreuung vermittelt, die die Projektpaten Bund Deutscher Philatelisten (BdpH), Deutsche Philatelisten-Jugend (DPhJ) und der Landesverband Südwestdeutscher Briefmarkensammler (LV Südwest) übernehmen. Über 30 Millionen Briefmarken (Katalogwert 20 Millionen Euro) hat das Auktionshaus Gärtner nach eigenen Angaben bereits für das Projekt gespendet. Weit mehr als 4000 Starter-Sets mit Briefmarken aus aller Welt zu Themen wie Tiere, Olympia, Fußball, Sport und Weltraumphilatelie wurden mit Katalogen, Einsteckbüchern, Lupen und Pinzetten inzwischen gepackt und verschickt.

Für Anatoli Karpow gab und gibt es viele Gründe, Christoph Gärtners Vorhaben zu unterstützen, hat er doch selbst weltweit bereits 100 Schachschulen mit begründet, die, wie beim schwäbischen Auktionshaus, Kinder und Jugendliche in den Mittelpunkt stellen. Gewissermaßen „en passant“ könne die Jugend über die Philatelie Völker, Nationen und die ganze Welt kennen lernen, so der Schachspieler, der mit Gärtner freundschaftlich verbunden ist.

So ist es die eigene Briefmarkensammlung, die den ehemaligen Schachweltmeister mit dem Auktionator und begeisterten Philatelisten zusammenschmiedet. Im Stammhaus in Bietigheim-Bissingen konnte das Publikum, wenn auch nur einen kleinen Teil der Karpowschen-Sammlung hinter Glasrahmen bewundern. Es sind Briefmarken, die die ganze Geschichte des Schachspiels in vielen kleinen bunten Bilden erzählen. Es sind Briefmarken, die das königliche Spiel aus vielen unterschiedlichen Perspektiven zeigt. Und es sind Briefmarken, auf denen es unzählige Stellungsbilder zum Entdecken gibt, die man auch nach- und weiterspielen kann. Hinzu kommen Karpows Schach-Sondermarken, die Sonderstempel zieren, und große Sammlungen, die mit Brief, Marke und Stempel bei weltweiten Turnieren herausgegeben wurden, und Marken, auf denen allein Schachfiguren abgebildet sind. Ganz klassisch, futuristisch, märchenhaft, auf Weltkugeln stehend. Figuren, mit denen in Indien und Vietnam gespielt wurden, Figuren aus Gold, Silber und Bernstein, verziert mit Edelsteinen – auf Marken, die allesamt kleine Kunstwerke sind.

Die Eröffnung des neuen 5000 Quadratmeter großen Handelshauses von Christoph Gärtner 2019 in Bietigheim-Bissingen wurde dann auch vom Besuch von

Anatoli Karpow gekrönt, der in einer Simultanvorstellung gegen vier Schach-Amateure antrat. Der Ex-Schachweltmeister wurde von Filmteams, Fotografen und Fans umrundet, er gab bereitwillig Autogramme und signierte Bücher. Der Schachweltmeister war unumstritten die Attraktion des Tages. Am frühen Mittag war er schon beim Gruppenfoto von Fotografen umringt und als ein Filmteam ihn bat, bei einsetzendem Regen doch nochmals vor die große gläserne Eingangstür des Handelshaues zu treten, ließ er sich nicht zwei Mal bitten.

Wobei man nicht sagen kann, es dränge ihn zu Kameras. Ganz Gentleman, aufmerksam und zurückhaltend, unterschrieb er jedes ihm hingehaltene Papierstück und wechselte auch einige private Worte. Dann zog sich Karpow auch zurück, während in das Handelshaus nach und nach immer mehr lokale Schachspieler drängten. Anatoli Karpow tauchte nach einer Pause mit seiner Entourage dann wieder im Eingangsbereich auf – und nahm sich Zeit, die aufgebaute Ausstellungen im Handelshaus unter die Lupe zu nehmen. Besonders lange nahm er russische Orden in Augenschein und erklärte einiges dazu. Auch bei diesem Rundgang wurde der frühere Schachweltmeister immer wieder von seinen Fans umringt und gebeten, Autogramme zu geben und Schachbücher von ihm zu signieren. Auch hier zeigte er sich geduldig und erfüllte alle Wünsche. Besonders häufig setzte er seine Unterschrift unter einen quadratischen Briefmarkenblock, auf dem ein Foto von ihm in 3D-Optik zu sehen war. Diesen Block bekam jeder Gast in einer schützenden Hülle geschenkt, außerdem gab es kostenlose Briefmarkenalben in Schachoptik.

Nach einer Verlosung fand im Turniersaal eine Simultanvorstellung statt. Da die Schachuhren auf 30 Minuten Spielzeit eingestellt waren, gab es zunächst eine Diskussion, noch mehr Gesprächsbedarf war dann nötig, als Karpow offenbar signalisierte, er wolle vier Blitzpartien spielen. Nach weiteren Diskussionen einigte man sich auf Partien ohne Uhren, sprich, ohne Zeitlimit.

Als er dann an die Schachbretter trat, kurz vorher hatte er sein Jackett nach hinten gereicht, wurde es still im vollbesetzten Raum und die Briefmarken waren vergessen. Hochkonzentriert der Ex-Schachweltmeister, hochkonzentriert seine Gegner, hochkonzentriert das Publikum. Am Ende war es dann Karpows Läufer, der nach gut 45 Minuten ein glanzvolle Ende setzte. Für seine vier Kontrahenten unterschrieb er jeweils einen Briefmarkenblock und auch den Händedruck des Ex-Schachweltmeisters nach jeder Partie werden die Amateure so schnell nicht vergessen.

Aber wer sammelt, wie der Weltmeister, schon Briefmarken? Niemand – könnte man glauben. Dabei gibt es nach Angaben des Online Journals „Sammeln Spezial" mehr als 970 Briefmarkenvereine in Deutschland, deren Mitglieder hinsichtlich ihrer Sammelthematiken keine Grenzen kennen. So sind in den vergangenen Jahren zahlreiche Sammelgebiete entstanden.

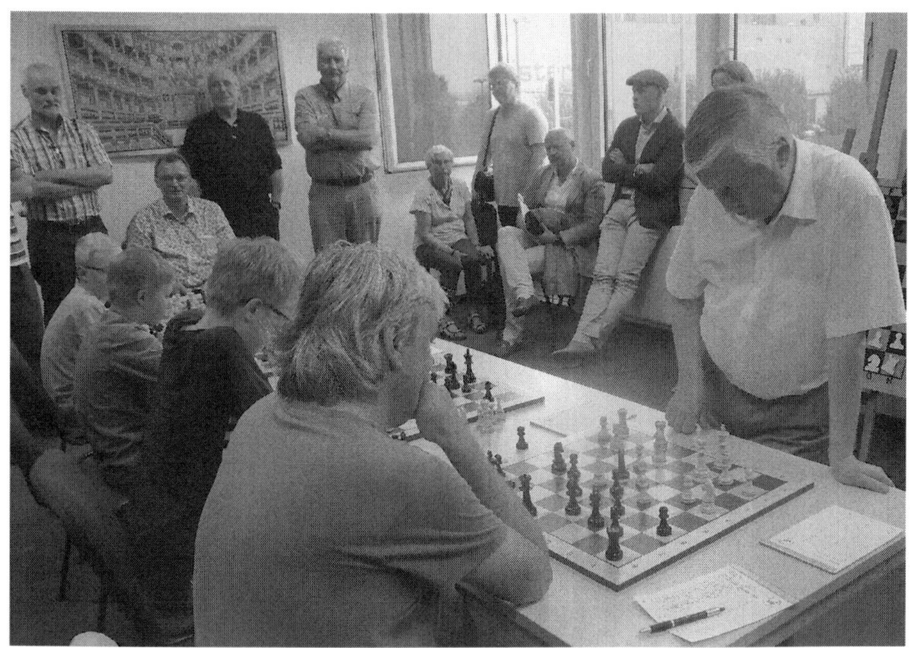

Anatoli Karpow am Schachbrett

Bei vielen Sammlern ist es die ästhetische Qualität, die sie entweder nach Briefmarken eines Landes oder nach einem bestimmten Motiv suchen lässt. Bei vielen anderen ist es die (potentiell nicht erreichbare) Vollständigkeit, die ebenfalls zu verschiedenartigen Sammlungen führt, schreibt Hans W. Hohenester, Geschäftsführer der Schwaneberger Verlags GmbH, im Editorial zum Gesamtprogramm der Michel-Kataloge, die vielen Sammlern als Bibeln gelten. Motivsammlungen machen Spaß, aber auch Mühe, denn es ist nicht leicht, die richtigen Marken zu finden. Deshalb gibt es bei Michel inzwischen kompakte Übersichten, die eine umständliche Suche in den mittlerweile 28 Michel-Bänden ersparen. So hat neben zahlreichen Motiv-Katalogen, etwa zu Katzen, Leuchttürmen, Eisenbahnen, Schmetterlingen, Fußball und Weihnachten, nun auch der Motiv-Katalog zum Thema Schach seinen Platz im Programm gefunden.

Der Katalog „Schach – Ganze Welt" gibt in seiner ersten Auflage mit 3000 Abbildungen einen aktuellen Überblick über die weltweiten Briefmarkenausgaben der Postverwaltungen seit 1947 rund um das Thema Schach. Der Katalog selbst ist nach Ländern geordnet, beginnend mit Afghanistan bis zur Zentralafrikanischen Republik. Wichtig für den Sammler von Schachbriefmarken sind die rund 12.000 Preisbewertungen. In diesem neuen Werk finden sich nicht nur

Motive mit dem Schachspiel, wie es überwiegend im europäischen Raum bekannt ist. Auch einige Abbildungen der in Ostasien verbreiteten Variante „Xiangqi“ wurden in die Auswahl aufgenommen.

Schach gilt längst auch als Sportart. Dementsprechend prominent vertreten sind bei den Briefmarkenausgaben die weltweit besten Spieler und Spielerinnen, von Wilhelm Steinitz über Garri Kasparow, Xie Jun bis hin zu Magnus Carlsen. Aber auch Schachbretter und -figuren tauchen als schöne Briefmarkenmotive auf.

Wie vielfältig Schach als Motiv ist, zeigen Abbildungen historischer Ereignisse, ebenso gilt das Spiel der Könige immer auch als Inspiration für Künstler. So widmete William Caxton, der erste englische Drucker, bereits sein zweites ausgegebenes Buch „The Game and Playe of the Chesse“ dem berühmten Brettspiel. Den Kodex von 1476 zierte unter anderem ein Holzschnitt, das einen Schachspieler zeigt. Das Bild wurde von Großbritannien anlässlich des 500. Jubiläums des Buchdrucks als Markenmotiv ausgewählt und verdeutlicht eindrucksvoll, wie tief das ursprünglich persische Brettspiel mit der westlichen Kultur verbunden ist. Ein Motivsammler dieses Gebiets wird auf viel Geschichte und auf noch mehr Geschichten stoßen.

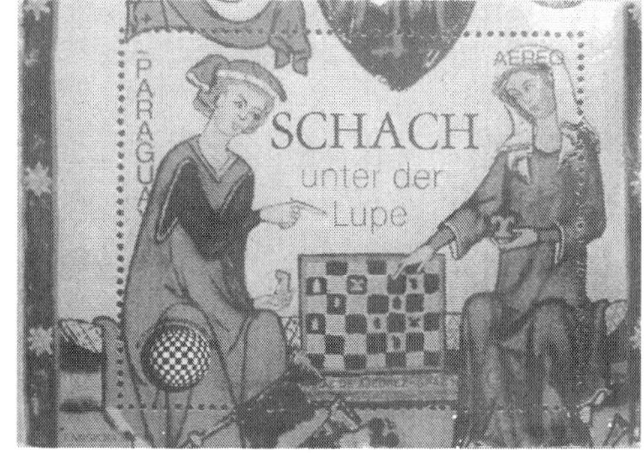

Ein weiteres Buch, das sich dem Thema widmet, heißt „Schach unter der Lupe“. Die Fibel für Schachspieler und Philatelisten hat 151 Seiten mit zahlreichen Abbildungen und Diagrammen. Erschienen ist es im Jahr 1987 im Berliner Sportverlag. Anatoli Karpow, Ehrenmitglied des Bundes der Philatelie der UdSSR, weist in seinem Vorwort darauf hin, dass die noch junge Schachphilatelie sofort die Sympathien von Liebhabern des Schachspiels und von Briefmarkensammlern gleichermaßen gewonnen habe. So hätten sich sehr schnell verschiedene Richtungen entwickelt: Marken, Blocks, Ersttagsbriefe und -karten, Ganzsachen, spezielle Poststempel und auch Begleitetiketten zur Registratur. Alles gezackte Objekte für den passionierten Sammler.

Das schmale gebundene Buch im Querformat (15 mal 10,5 Zentimeter), das sich der Hauptrichtung der Schachphilatelie, den Marken, widmet, erwähnt zum Auftakt im Klappentext ebenfalls die von Karpow hervorgehobene bulgarische Briefmarke, die ein Pferd zeigt. Im Michel-Katalog ist diese Marke zu sehen, die zu einem Satz mit einer Auflage von 172.000 Stück gehörte und neben Schach auch die Sportarten Basketball, Radrennen, Fußball und Fanfaren mit Wimpeln zeigte. Gültig waren die Marken bis zum 1. März 1950, der Preis pro Satz liegt heute bei 9,50 Euro, postfrisch, 5,50 Euro, wenn die Marken mit einem Poststempel entwertet wurden.

„Schach unter der Lupe" ist in zwei Teile gesplittet. Auf den ersten 63 Seiten erfährt der Leser viel über den Ursprung, die Legende und die Geschichte des Spiels. Alles was thematisch unter die Lupe genommen wurde, präsentiert sich dem Schachspieler sowie dem Briefmarkenfreund gleichermaßen unterhaltsam, informativ und anregend. Im zweiten Teil sind dann insgesamt 236 Marken in chronologischer Reihenfolge zu sehen. Dabei alle bis zum Weltmeisterschaftskampf Karpow-Kasparow editierten Marken. Dies gibt dem kleinen Buch durchaus einen enzyklopädischen Charakter, bei dem auf eine farbechte Wiedergabe großen Wert gelegt wurde. Jede Marke ist mit dem Ausgabedatum und Ausgabeland versehen. Zu vielen dieser Abbildungen gibt es zusätzlich editorische Anmerkungen, die durchaus zu einer tiefergehenden Beschäftigung mit den Briefmarken anregt.

Besonders hervorzuheben sind die ganzseitigen Abbildungen, wie etwa ein Markenblock aus Nicaragua aus dem Jahre 1976. Auf einer 2er-Marke ist Bobby Fischer im Kampf gegen Boris Spasski zu sehen, daneben auf einer 5er-Marke zwei Schachspieler auf einem historischen Gemälde. Dies setzt sich elegant mit acht Marken aus dem Jahre 1978 aus Paraguay fort, auf denen ebenfalls Schachgemälde abgebildet sind. Bemerkenswert auch ein Luftpostgedenkblock zur Schacholympiade in Argentinien, ebenfalls aus dem Jahre 1978. Es zeigt das Gemälde „Illustration des Spiels", eine persische Miniatur. Auf einem Gedenkblock von 1984, der zu „60 Jahre FIDE" in Laos erschienen ist, sieht man eine Schachpartie mit Menschen in einem spanischen Schloss. So kann man auf kleinen Briefmarken nicht nur die Größe des Schachspiels erkunden und länderübergreifend kennenlernen, sondern auch viel über die ganze Welt erfahren. Dazu sollte man zwar, wie übrigens auch beim Michel-Schachkatalog, eine Lupe zur Hand haben, was das Vergnügen einer genaueren Betrachtung noch vergrößert.

Von Briefmarken mit Schachmotiven ist es bis zu Postkarten mit Schachmotiven nur ein kurzer Weg. Dieses spezielle Gebiet ist begrenzt und dementsprechende Karten sind bei Sammlern begehrt. Außerdem waren vorgedruckte Postkarten für Schachspieler auf der ganzen Welt Grundlage für ihre Fernschachspiele.

Während die „Internationale Fernschachkarte" sich mit ihren zahlreichen Möglichkeiten, etwas einzutragen, ausschließlich an den Anforderungen und Regeln des Schachspiels ausrichtete, hat das Sammeln von Postkarten mit Schachmotiven eine ganz andere Intention. Ähnlich wie die Sammelgebiete für

Briefmarken gibt es zahlreiche Unterteilungen und Fachgebiete. Von künstlerischen Ansichten bis hin zu Postkarten, die Personen zeigen, an große Turniere erinnern und damit eine besondere Zeit oder Begebenheit konservieren. Postkarten werden so zu dokumentarischen Erinnerungsstücken, die die ganze Faszination des Schachspiels aus verschiedenen Blickwinkeln zeigt.

Wie bei Briefmarken, Anstecknadeln und Münzen, ist Russland eine unerschöpfliche Quelle, wenn es um Schachabbildungen auf Postkarten geht. Die sowjetischen Meister wurden in zahlreichen Serien dargestellt. Alexander Aljechin, Michail Tschigorin, Michail Botwinnik, Boris Spasski und vor allem Anatoli Karpow sind wie Ikonen abgebildet, siegreich, heldenhaft und in Millionenauflage. Postkarten von schachspielenden Russinnen standen dem in nichts nach.

Besonders beliebt waren in Russland Postkarten mit Szenen von Turnieren und besonderen Spielsituationen. So gibt es eine Postkarte aus dem zaristischen Russland aus dem Jahre 1910, auf dem der Schriftsteller Graf Leo Tolstoi im Kreise seiner Familie Schach spielt. Eine andere Karte zeigt den sowjetische Politiker Leonid Breschnjew in jungen Jahren mit Schachgroßmeister Drozdovsky.

Und immer wieder ist auf den Postkarten der nationale Schachheld Anatoli Karpow zu sehen. Während die Karten-Abbildungen in schwarz-weiß noch einen historischen Touch aufweisen, sind die farbigen Postkarten Mitte der 1970er Jahre einzigartige Belege der Verehrung. Bei Karpow war es gar nicht mehr nötig, ein Schachbrett zu zeigen. Allein sein angespannter und nachdenklicher Blick, leicht nach unten auf ein imaginäres Schachbrett gerichtet, reichte aus, um den Personenkult zu perfektionieren und ihm den Nimbus eines Superstars anzuheften. Damit der Betrachter der Postkarte auch weiß, wohin der Russe gehört, war im Regelfall noch eine rote Fahne zu sehen.

Die ständige Gegenwart von Schach – Aushängeschild und vor allem in Zeiten des Kalten Krieges Prestigeobjekt der Sowjets – hat in Russland eine einzigartige Tradition hervorgebracht. Schon in den 1920er Jahren wurde unter aktiver Förderung der herrschenden Kommunistischen Partei der Sowjetunion (KPdSU) Schach zum Volkssport ernannt. Ganz nach dem Motto Stalins, der sagte, „Schach ist Gymnastik des Verstandes“. So kamen von 1948 bis zum Jahr 2000, mit Ausnahme von Bobby Fischer (1972 bis 1975), alle Weltmeister aus Russland beziehungsweise aus der Sowjetunion. Diese Entwicklung schlug sich in vielen Jahrzehnten auf Postkarten nieder. Die Motive trugen dazu bei, das Schachspiel im Alltag der Menschen gegenwärtig zu halten und sie ständig an eine der schönsten Nebensachen der Welt zu erinnern.

Bei einer ganz andere Form des Schachspiels – beim Fernschach – griffen die Kontrahenten am Brett oftmals über sehr lange Zeiträume für ein Spiel zur

Postkarte. Mit dem Einzug des Internets in die Kommunikationswelt wurde ab 1990 das Postkartenschach jedoch völlig in den Hintergrund gedrängt, bei den Fernschachverbänden finden Turniere inzwischen vielfach auf Fernschachservern oder als E-Mail-Turniere statt. Ganz so, als ob man deutlich machen wollte, dass die Postkarte im Fernschach endgültig ausgedient hat, organisierte der Weltfernschachbund 1996 erstmals ein E-Mail- und Faxturnier, wobei das Spiel per Fax heute so gut wie nicht mehr verbreitet ist.

Der Deutsche Fernschachbund e.V. (BdF) hat eigenen Angaben zufolge derzeit rund 1590 Mitglieder. 50 bis 70 Mitglieder spielen immer noch Fernschach per Post, so Elke Schludecker, PR-Managerin beim BdF und selbst Frauengroßmeisterin im Fernschach. Teilweise spiele die Tradition des Postkartenschach noch eine Rolle, manche Spieler würden aber auch das entschleunigte Schachspiel per Post genießen. Angesichts der unzähligen Möglichkeiten des Computerschach trauere beim Fernschachbund allerdings niemand dem Schachspiel mit Postkarten nach, „nur die überzeugten Postspieler“, so Elke Schludecker.

Diese Spieler tragen auf einer standardisierten und international gültigen Fernschachkarte ihre Züge mittels einer speziellen Notation ein. Der Grund: Da

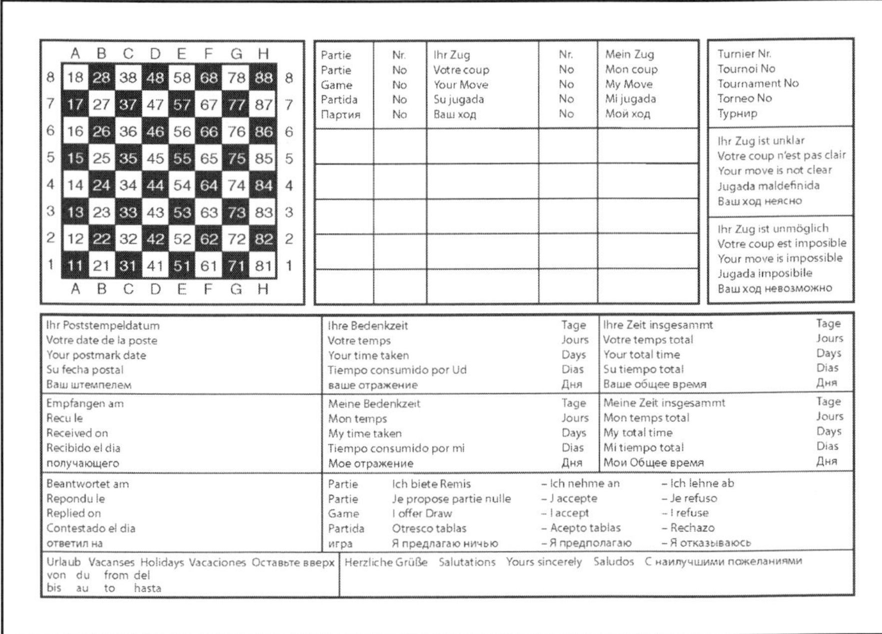

	A	B	C	D	E	F	G	H	
8	18	28	38	48	58	68	78	88	8
7	17	27	37	47	57	67	77	87	7
6	16	26	36	46	56	66	76	86	6
5	15	25	35	45	55	65	75	85	5
4	14	24	34	44	54	64	74	84	4
3	13	23	33	43	53	63	73	83	3
2	12	22	32	42	52	62	72	82	2
1	11	21	31	41	51	61	71	81	1
	A	B	C	D	E	F	G	H	

Partie Partie Game Partida Партия	Nr. No No No No	Ihr Zug Votre coup Your Move Su jugada Ваш ход	Nr. No No No No	Mein Zug Mon coup My Move Mi jugada Мой ход

Turnier Nr. Tournoi No Tournament No Torneo No Турнир
Ihr Zug ist unklar Votre coup n'est pas clair Your move is not clear Jugada maldefinida Ваш ход неясно
Ihr Zug ist unmöglich Votre coup est imposible Your move is impossible Jugada imposibile Ваш ход невозможно

Ihr Poststempeldatum Votre date de la poste Your postmark date Su fecha postal Ваш штемпелем	Ihre Bedenkzeit Votre temps Your time taken Tiempo consumido por Ud ваше отражение	Tage Jours Days Dias Дня	Ihre Zeit insgesammt Votre temps total Your total time Su tiempo total Ваше общее время	Tage Jours Days Dias Дня
Empfangen am Recu le Received on Recibido el dia получающего	Meine Bedenkzeit Mon temps My time taken Tiempo consumido por mi Мое отражение	Tage Jours Days Dias Дня	Meine Zeit insgesammt Mon temps total My total time Mi tiempo total Мои Общее время	Tage Jours Days Dias Дня
Beantwortet am Repondu le Replied on Contestado el dia ответил на	Partie Ich biete Remis Partie Je propose partie nulle Game I offer Draw Partida Otresco tablas игра Я предлагаю ничью	– Ich nehme an – J accepte – I accept – Acepto tablas – Я предполагаю	– Ich lehne ab – Je refuso – I refuse – Rechazo – Я отказываюсь	
Urlaub Vacanses Holidays Vacaciones Оставьте вверх von du from del bis au to hasta	Herzliche Grüße Salutations Yours sincerely Saludos С наилучшими пожеланиями			

Internationale Fernschachpostkarte

beim Fernschach grenz- und erdteilübergreifend gespielt wird, versucht man sprachliche Missverständnisse von Anfang an zu vermeiden und benutzt einen Internationalen Zahlencode, der unmißverständlich ist. Zusätzliche Angaben auf dem Formular sind, neben den eigenen Zügen und denen des Gegners, unter anderem gegebenenfalls Eventualzüge, Poststempeldatum der gegnerischen Postkarte, Datum der Ankunft der gegnerischen Postkarte, Datum des Absendens der eigenen Postkarte, Bedenkzeiten, bei Bedarf Urlaubsankündigungen, Remisangebot, Annahme oder Ablehnung des gegnerischen Remisangebotes sowie die Aufgabe der Partie.

Diese Vorgehensweise ist das völlige Gegenteil einer Schachpartie, die unter Zeitdruck oder gar im Blitzmodus gespielt wird. Auf der Homepage des Deutschen Fernschachbundes ist dann auch nachzulesen, wie lange ein Turnier dauern kann. So dauern per Post ausgetragene Turniere verständlicherweise länger als Turniere auf einem Fernschachserver.

Serverturniere sind nicht selten nach wenigen Monaten beendet, Postturniere können sich bis zum Ende der letzten Partie auch schon mal über mehrere Jahre erstrecken. Der schlagende Unterschied sind die Hilfsmittel. Während einer Partie mit Postkarten dürfen Bücher, Schachdatenbanken und Computerschachprogramme, diese waren zunächst nicht zugelassen, eingesetzt werden. Beim Fernschach stand und steht der wissenschaftliche Aspekt der „Suche nach der schachlichen Wahrheit“ weit mehr im Vordergrund als im sogenannten Nahschach, so der BdF. Die Möglichkeit, aufgrund der großzügigen Bedenkzeit und der erlaubten Nutzung beliebig verfügbarer Ressourcen leichter Fehler zu vermeiden und hoch qualifizierte Partien zu spielen mache den besonderen Reiz des Fernschachspiels aus.

Uwe Bekemann, BdF-Vorstandsmitglied, Schachbuchautor und Fernschachspieler, hat im Internet viele Gründe für das Schachspiel mit Postkarten aufgezählt: Man kann, wenn man will, komplett ohne elektronische Geräte spielen. Der Postbote kann den Computer vollends entbehrlich machen. Die Partien laufen ruhiger ab. Anders als auf dem Server kann der gegnerische Zug nicht schon nach – im Extremfall – wenigen Sekunden eingehen, denn so schnell ist der Postbote nicht. Das Spiel von Mensch zu Mensch per Karte ist persönlicher. Man bekommt etwas Körperliches vom Spielpartner in die Hand, die Karte. Sie animiert mehr zu ein paar begleitenden Zeilen als die Zugabgabe per Mausklick auf dem Server. Und man kann andere Interessen mit dem Fernschachspiel verbinden. Etwa das Sammeln von Briefmarken oder Ansichtskarten – mit Schachmotiven.

Fünf Länder mit ungewöhnlichen Schachmotiven:

In Dschibuti, einem hauptsächlich französisch- und arabischsprachigen Land am Horn von Afrika, gab es im Juni 1980 zur Erinnerung an die Gründung des Schachbundes zwei Marken: Eine Marke zeigt ein moderne Partie, die andere eine Schachszene aus Florenz aus dem Jahre 1493.

Ein Ziegenbock als Bauer, ein Pferdewagen als Turm, ein Kamel als Läufer, ein Pferd als Springer, ein Löwe als Dame und ein Mann mit Hund als König. Diese Briefmarken-Serie erschien im September 1981 in der Mongolei.

In Jordanien erschien im März 2001 ein Briefmarkenblock mit acht Schachweltmeisterinnen: Vera Menchik, Ljudmilla Rudenko, Jelisaweta Iwanowna Bykowa, Olga Nikolajewna Rubzowa, Nona Gaprindaschwili, Maja Tschiburdanidse, Zsuzsa Polgar und Xie Jun.

Nach einer spannenden Schlussrunde, bei der teilweise die Zweitwertung über die Medaillenvergabe entschied, standen Armenien und Georgien 2008 als Sieger der Schacholympiade in Dresden fest. Im September 2009 kam in Bergkarabach eine Briefmarke heraus, die Details von Schachfiguren auf einer Landkarte von Armenien zeigt.

In dem westafrikanischen Staat Togo wurde am 10. Juni 2013 anlässlich des 70. Geburtsjahres von Bobby Fischer ein Briefmarke mit seinem Konterfei auf den Markt gebracht. In Form eines Dreiecks.

Bühnenzauber

Manche sagen sogar, dass Schach lautlose Musik ist, für mich ist Schach spielen ein bisschen wie komponieren.

Ennio Morricone, Komponist

Schach und Musik ist eine Verbindung, die in vielfältiger Weise in der Popmusik, im Punk und im Musical auftaucht. Ian Gillan, Sänger der Rockband Deep Purple, ist ein begeisterter Schachspieler und plädiert dafür, das Spiel Kindern so früh wie möglich beizubringen. In einem Interview fügte er eine politische Note hinzu: „Ich finde, niemand sollte für ein politisches Amt kandidieren, bevor er nicht die Mitgliedschaft in einem Schachverein nachgewiesen hat."

Titel von Musikalben und bekannten Rocksongs lassen viel Raum für Interpretationen. Die britische Punkband Sex Pistols hat auf ihrem Album „Never Mind the Bollocks, Here's The Sex Pistols", 1977 den Song „God Save The Queen" veröffentlicht, den man als Schachspieler durchaus doppeldeutig verstehen kann, während die Rockband Queen mit „Killer Queen", 1974 zunächst als Single veröffentlicht und anschließend auf dem Album „Sheer Heart Attack" zu finden, die ganze Kraft der stärksten Figur auf dem Brett zusammenfasst. Queen-Sänger Freddie Mercury sagte über den Hit: „Ich ziehe es vor, dass die Leute es auf ihre Weise interpretieren – daraus herauslesen, was sie wollen." Da sind die Doors mit ihrem apokalyptischen Song „The End" schon deutlicher im Endspiel, während The Smiths keine Zweifel mehr an einem Partie-Verlust aufkommen lassen. Ihr drittes Studioalbum heißt „The Queen Is Dead" und erschien 1986.

Einen Text, der auf das Schachspiel anwendbar ist, hat 1964 Bob Dylan mit „Only A Pawn In Their Game" geschrieben. „Knight Moves" von Suzanne Vega ist dagegen ein echtes Schachlied, in dem sich die Betrachtungen von Figuren sowie die Gedanken an einen falschen Zug und sehnsuchtsvolle Fragen nach der Liebe mischen. „Watch while the queen, In one false move, Turns herself into a pawn, Sleepy and shaken, And watching while the blurry night, Turns into a very clear dawn. Do you love any, Do you love none, Do you love many, Can you love one, Do you love me?"

Im Trailer zu dem Film „The Hateful Eight" von Quentin Tarantino gibt es zum Auftakt einen kurzen Blick auf ein Schachspiel. Die Musik zu diesem Western schrieb der im Juli 2020 verstorbene Komponist, Dirigent und Oscarpreisträger Ennio Morricone. Der 91-Jährige hat in seinem Leben die Musik zu über 500

Filmen geschrieben, Schach lernte er bereits im Alter von elf Jahren. Für die Schacholympiade 2006 in Turin komponierte Morricone eine Hymne, nahm an Turnieren teil und bezeichnete ein Remis in einem Simultan gegen Boris Spasski als seinen größten Erfolg. Über Schach hat sich der Italiener tiefgreifende Gedanken gemacht:

„Ich glaube, Schach ist das beste Spiel, weil es eben nicht nur ein Spiel ist. Alles steht auf dem Spiel: die Regeln der Moral, des Lebens, es geht um Vorsicht und die Entschlossenheit, ohne Blutvergießen zu kämpfen, den Willen zu gewinnen und zwar korrekt – mit Talent anstelle von reinem Glück. Ja, wenn man diese kleinen hölzernen Figuren in den Händen hält, dann werden sie mächtig, denn sie absorbieren die Energie, die man bereit ist, auf sie zu übertragen. Schach ist lebendig und voller Kampf. Es ist der gewalttätigste Sport, den man sich vorstellen kann, man kann es mit Boxen vergleichen, allerdings ist es sehr viel ritterlicher und raffinierter."

Bei der musikalischen Arbeit zu „The Hateful Eight" habe er die Spannung gespürt, die sich im Stillen zwischen den Figuren aufbaut, dies erinnerte ihn an die Gefühle, die man auch im Laufe einer Schachpartie entwickelt. Auch deshalb sei Schach ein bisschen wie komponieren.

Dies mag ebenso François André Danican Philidor (1726-95) angetrieben haben, der Komponist und Schachspieler zugleich war. Wenn er nicht Opern komponierte und Komödien schrieb, spielte er erfolgreich Schach und stieg zum besten Spieler des 18. Jahrhunderts auf. Der dänische Großmeister Bent Larsen brachte die Begabung des am 7. September 1726 in Dreux geborenen Franzosen auf den Punkt. „Philidor ist der größte Schachspieler aller Zeiten. Er war mit seiner Schachauffassung seiner Zeit 70 Jahre voraus. Später hatte niemand einen Vorsprung von mehr als 15 Jahren gehabt."

Philidor, der vom Kapellmeister am Hofe Ludwigs des XV. die Grundlagen der Musik und von den Musikern der Kapelle in die Geheimnisse des Schachspiels eingeführt wurde, war zwar auch ein erfolgreicher Komponist (über 50 Bühnen-, Vokal- sowie Instrumentalstücke, Opern und Quartette stammen aus seiner Feder) sein Erfolg als Schachspieler überstrahlte den Erfolg als Musiker jedoch bei weitem.

Mit dem Buch „L'Analyze des Echecs" (Die Analyse des Schachspiels) schrieb er einen Bestseller, diesem verdanken die Philidor-Verteidigung ebenso wie die Philidor-Stellung als eine der grundlegenden Stellungen des Turmendspiels ihre Namen. 1749 erschien die Erstausgabe, 1771 die deutsche Version. Revolutionär ist das Buch wegen der Darstellung seiner Partien. Philidor analysierte Spielanfänge, das Mittel- und Endspiel. Dem Lesepublikum war es so möglich, die Gedankengänge eines Meisters von Anfang bis zum Ende einer Partie zu verfolgen.

Jean-Jacques Rousseau, wie Philidor Stammgast im Pariser Café de la Régence, war tief beeindruckt. „So oft ich mich nach den Büchern Philidors oder Stammas auf das Studium bestimmter Partien habe einlassen wollen, ist es mir stets gleich ergangen, von Ermüdung erschöpft, spielte ich schlechter als vorher." Besondere Aufmerksamkeit zogen Philidors Blindsimultan-Vorstellungen auf sich. Diese Karriere hatte er schon in jungen Jahren im Café de la Régence begonnen und bis ins hohe Alter durchgehalten. Gewöhnlich spielte er gegen zwei Partner blind, die dritte sehend. In der Morning Post vom 28. Mai 1782 war zu lesen: „... diese Vorführung, zugleich interessant und erstaunlich, erscheint vollkommen übernatürlich und verdient zweifellos als Beweis für die Kraft des menschlichen Verstandes überliefert zu werden."

So erfolgreich als Schachspieler, so prägend war Philidor als Komponist. In mehr als zwanzig Opern hat er die neue Gattung der „Opéra Comique" entscheidend geprägt. Darunter das Werk „Sancho Panca", der in dieser Oper zahlreiche Abenteuer als Gouverneur des fiktiven Inselstaates Barataria bestehen muss. Das Meisterstück des Komponisten war „Tom Jones". Die Oper war anfangs zwar ein Misserfolg, aber Philidor ließ das Libretto überarbeiten und die neue Fassung, die am 30. Januar 1766 uraufgeführt wurde, erwies sich als eine der beliebtesten Opéras Comiques des späten 18. Jahrhunderts und wurde ins Deutsche, Schwedische und Russische übersetzt. „Er vermochte eine Folge von Tönen mit derselben Leichtigkeit anzuordnen, mit der er eine Schachpartie überblickte", so der Miterneuerer der französischen Opéra Comique, André-Ernest-Modeste Grétry über die Doppelbegabung.

Die Tragik Philidors zeigte sich in seinen letzten Lebensjahren: Während 1790 die dritte Auflage seines Buches erschien und die Französische Revolution ausbrach, trat er im Dezember 1792, nur knapp zwei Monate vor der Hinrichtung Ludwig XVI., seine letzte Reise nach London an. In Frankreich wurde er als Emigrant geführt, damit war eine Rückreise nach Paris nicht mehr möglich. Erst nach dem Friedensvertrag zwischen Frankreich und England konnte er seine Rückreise Anfang 1795 vorbereiten. Dazu kam es jedoch nicht. François-André Danican Philidor starb am 31. August 1795 in London. Am 3. September wurde er auf dem Friedhof der St. James Church Picadilly beigesetzt, seine Grabstätte ist unbekannt.

Bei Schachspielern wie Mark Taimanow, einem der besten Pianisten des 20. Jahrhunderts, oder dem Sänger und Ex-Weltmeister Wassili Smyslow ist die Grenze zwischen der Liebe zur Musik und der Liebe zum Schach fließend. „Ich habe meine beiden Berufe nicht miteinander vermischt, sondern ich habe zwischen beiden gewechselt. Ich sage immer, wenn ich Konzerte gab, erholte ich mich vom Schach, und wenn ich Schach spielte, erholte ich mich vom Klavier. Mein ganzes Leben war also ein einziger langer Urlaub", so Taimanow in einem Interview. Er wurde 1926 geboren und spielte ab seinem 12. Lebensjahr mit seiner späteren Ehefrau Lyubov Bruk Werke für zwei Klaviere. Seine musikalischen Vorlieben galten Romantikern wie Chopin und Rachmaninow. Mit seiner Frau gab er zahlreiche Konzerte, bis sie sich Anfang der 1970er Jahre trennten und als Duo auflösten. Von da an trat Mark Taimanow nur noch als Solist auf. Bei Schachturnieren gab er spontane Klavierabende, manchmal begleitet von seinem Freund Wassili Smyslov als Sänger.

Als Schachspieler hatte der erfolgreiche Pianist ein einschneidendes Erlebnis. Im Jahr 1971 wurde er von Bobby Fischer im Kandidatenturnier, dem Qualifikationswettkampf zur Schachweltmeisterschaft in darauffolgenden Jahr, vernichtend mit 0:6 geschlagen. Er fiel in Ungnade und man unterstellte ihm politische Motive. Man entzog Taimanow alle nationalen Titel und zwei Jahre lang durfte er an internationalen Turniere nicht mehr teilnehmen. Erst als man erkannte, dass Fischer auch andere russische Spieler deutlich besiegte, wurden die Sanktionen gegen Taimanow schrittweise wieder aufgehoben, dem in dieser Zeit nur die Musik blieb.

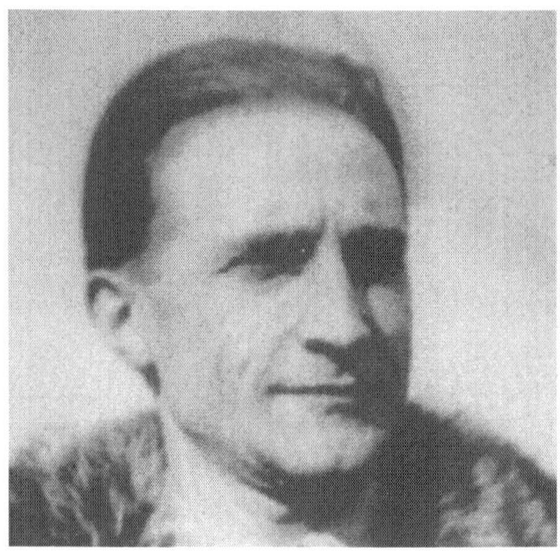
Marcel Duchamp

Es gibt in der Schachgeschichte kaum einen Menschen, der die Kunst und das Spiel der Könige so miteinander verband, wie der in Frankreich 1887 geborene Marcel Duchamp. Er ließ Impressionismus, Kubismus und Futurismus hinter sich, verachtete konventionelle ästhetische Standards und setzte ihnen mit seinen berühmten „Readymades“ nicht nur etwas entgegen, sondern läutete eine künstlerische Revolution ein. „Readymades“ waren Alltagsgegenstände der Massenproduktion, die aus ihrem gewohnten Kontext herausgenommen wurden und durch die bloße Auswahl Duchamps den Status von Kunstwerken erhielten. Obwohl eine der Schlüsselfiguren der Kunst des 20. Jahrhunderts, widmete er sich zeitweise völlig dem Schachspiel. Duchamp, der 1915 nach New York übersiedelte – und 1919 wieder nach Paris zurückkehrte – gewann Turniere, war Mitglied des französischen Nationalteams und publizierte eine Abhandlung über Endspielstudien.

Ob sich der Künstler Duchamp und der Schachspieler Duchamp voneinander trennen lassen, sei dahingestellt. Tatsächlich verband er beides aufs innigste, wobei für ihn Schach die Kunst vollkommen durchdrang: „Es hat all die Schönheit von Kunst und noch viel mehr.“ Die unmittelbare Visualisierung von

Gedankengängen, die sich auf einem Schachbrett zeigen, faszinierten ihn. Ein Schachspiel mit seinen Zügen, den Einfällen, den Irrungen und den Wirrungen war für ihn richtig oder falsch, aber kaum vergleichbar mit der Kunst. „An der Oberfläche ähnelt eine Schachpartie stark einer Federzeichnung, mit dem Unterschied jedoch, das der Schachspieler mit bereits bestehenden schwarzen und weißen Formen zeichnet, statt wie der Künstler diese Formen zu erfinden", so Duchamp über die Abgrenzung.

Als Schachspieler bewegte sich der surrealistische Künstler auf internationalem Parkett. Er nahm an der inoffiziellen Schacholympiade 1924 in Paris teil, Turnierdirektor im Fünfsternehotel Majestic war der spätere Schachweltmeister Alexander Aljechin. Ein Jahr später erwarb Duchamp bei einem Turnier in Nizza den Titel eines französischen Meisters. Nach Paris folgten vier weitere offizielle Olympiaden, an denen er teilnahm: 1928 in Den Haag, 1930 in Hamburg, 1931 in Prag, hier wurde er als Ersatzspieler geführt, und 1933 in Folkestone.

Bei der Olympiade 1930 zählte die französische Delegation nicht zum Favoritenkreis, obwohl man Weltmeister Aljechin in den Reihen der Mannschaft hatte. Am Ende erzielten die Franzosen den 12. Platz. „Ein sehr schlechtes Turnier, eine schöne Stadt", zog Marcel Duchamp als persönliches Fazit, der in der Einzelwertung von 88 Spielern den geteilten Rang 71 bis 73 belegte. Auch beim Turnier im englischen Folkestone 1933 konnte die französische Mannschaft mit Alexander Aljechin, Louis Betbeder Matibet, Victor Kahn, Marcel Duchamp und Ersatzspieler André Voisin wenig ausrichten. Nach Litauen auf Platz 7 und vor Lettland belegte man mit 28 Brettpunkten Platz 8. Sieger wurden die USA mit 39 Brettpunkten. Duchamp konnte allerdings, wenn auch eine kleinen Erfolg verbuchen. Er spielte gegen den tschechischen Schachmeister Karel Opocenský, Olympia-Teilnehmer mit dem besten Einzelergebnis, 11,5 Punkte aus 13 Partien, ein Remis.

Dabei widmete er sich dem Schachspiel mit großer Hingabe: „Ich spiele Tag und Nacht, und nichts interessiert mich so sehr wie den richtigen Zug zu finden." Seine Stilrichtung war beeinflusst von Aaron Nimzowitsch, dem Pionier der hypermodernen Schachschule. Dieser hatte die Regel von der Besetzung der Brettmitte – des Zentrums – neu formuliert, man sprach von der „Beherrschung der Mitte". Dazu genüge die einstweilige Kontrolle des Zentrums durch die Wirkung der Figuren, im richtigen Augenblick könne dann ein Vorstoß der Mittelbauern unternommen werden.

Duchamp machte sich diesen Stil zu eigen, er spielte gradlinig und strategisch solide. Ein Risiko wurde so weit es ging vermieden, ebenso Figurenopfer und Experimente. Ein Spiel musste nach der Auffassung von Marcel Duchamp in klaren Bahnen verlaufen, ganz anders als seine freie Interpretationen in der Kunst.

Mit dem theoretischen Werk „Opposition und Schwesterfelder“ publizierte Marcel Duchamp zusammen mit dem französischen Autor von Schachkompositionen, Vitali Halberstadt, 1932 sein einziges Schachbuch, es wird als einer der Schlüssel zum Verständnis des künstlerischen Werkes von Duchamp interpretiert. Opposition und Schwesterfelder enthält Analysen zur Theorie seltener Bauernendspiele. Hierbei sind nur noch Könige und Bauern auf dem Brett. Gewinn oder Remis sind nur dann möglich, wenn die Könige in eine „virtuelle Opposition“ treten und alle Bauern blockiert sind, das heißt sich gegenüberstehen, was sich voraussehen und systematisieren lässt. Gleichwohl war sich Duchamp sicher, dass diese Situation nur einmal in tausend Spielen eintritt und Schachmeister sein Buch deshalb gar nicht lesen.

Für das ungewöhnliche Projekt „Réunion“ arbeitete Marcel Duchamp mit dem amerikanischen Komponisten und Musiktheoretiker John Cage zusammen, der ab den 1940er Jahren in New York eine Freundschaft zu dem Franzosen pflegte und von dem er das Schachspiel gelernt hatte. Und man beeinflusste sich gegenseitig: Cage war begeistert von der Malerei und hatte selbst einige Bilder und Zeichnungen geschaffen, während sich Duchamp mit Kompositionen beschäftige. Cage legte großen Wert auf die sinnliche Komponente des

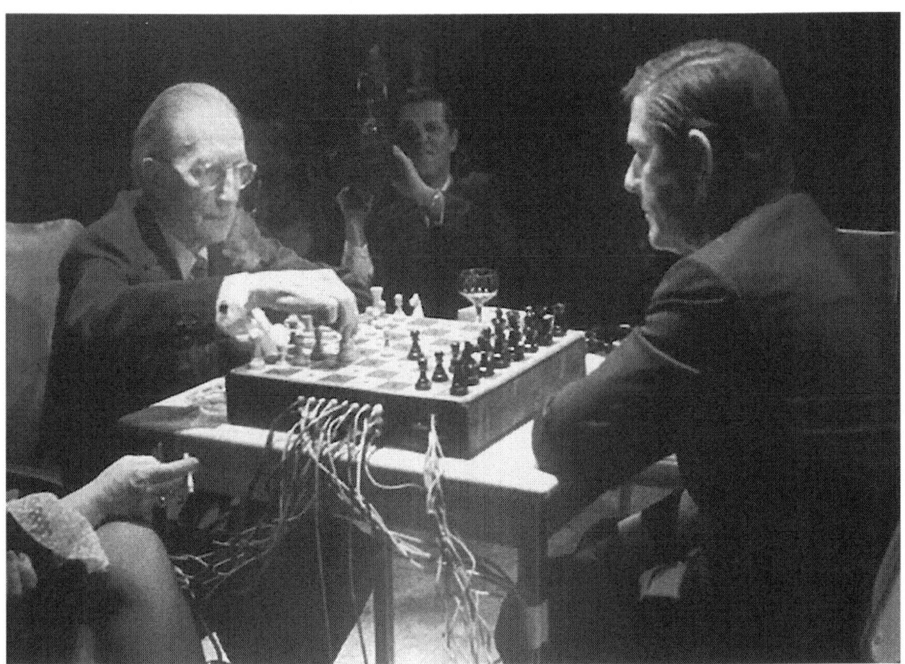

„Reunion“ März 1968, Bühne des Ryerson Theatre in Toronto

Klanges sowie die Aktivität des Hörens, Duchamp sah immer beide Seiten eines Vorgangs. Schach – und ein Stück weit auch die Musik – wurde der gemeinsame Nenner des Künstlerduos.

Die Uraufführung von „Reunion“ fand im März 1968 auf der Bühne des Ryerson Theatre in Toronto statt, wobei sich die beiden Künstler am Schachbrett gegenüber saßen. Duchamp gewann die erste, rund 30-minütige Partie, trotz der Vorgabe des Königsspringers. Das Schachbrett, das mit Audioeingängen zum Instrument umgewandelt wurde, übertrug mittels Fotoresistoren – die als Schalter dienten – die Töne bei jedem Zug auf Lautsprecher für das Publikum. Dadurch erzeugte die Partie einen Klang. Die beiden kreativen Giganten schufen so ein einzigartiges Hörerlebnis. Cage ging es um das nicht Voraussehbare, das nicht Voraushörbare. Seine Zufallsoperationen nahmen den Klängen ihre Macht und setzten sie so erst frei. Das völlige Gegenteil zum Strategiespiel Schach, und doch gab es mit „Réunion“ eine Verbindung, weil Künstler zusammenkamen. Weder die Züge der Partie sind überliefert, noch gibt es Filmaufzeichnung dieser Begegnung.

Marcel Duchamp starb wenige Monate nach der Uraufführung Anfang Oktober 1968. Den Wandel im Schach beschrieb er kurz vor seinem Tod. „Schach ist zur Wissenschaft geworden. Es ist nicht länger eine Kunst.“ Drei Wochen vor seinem 80. Geburtstag starb John Cage 1992 in seiner Wohnung in New York an einem Schlaganfall.

Schach auf die ganz große Bühne brachten 1986 Benny Andersson und Björn Ulvaeus, bis 1982 Musiker des schwedischen Pop-Quartetts ABBA. 1982 löste sich die Band nach zehn Jahren Bestehen auf, 1986 erschien das Musical „Chess“. Die Musik, an der schon 1981 gearbeitet wurde, stammt von den beiden ABBA-Sängern, die Texte von dem Briten Tim Rice.

Grundlage und Inspiration für das Schach-Musical war das Jahrhundert-Spiel zwischen dem Russen Boris Spasski und dem Amerikaner Bobby Fischer 1972 in Reykjavik, wobei „Chess“ inhaltlich einen ganz anderen Verlauf hat. Tim Rice, der mit Andrew Lloyd Webber unter anderem schon bei den Musicals „Jesus Christ Superstar“ und „Evita“ zusammengearbeitet hatte, schrieb nicht nur eine Hommage an das strategische Spiel, sondern gleichzeitig eine Parabel, in der sich Macht, Liebe, Manipulation sowie der Konflikt zwischen Ost und West in Zeiten des Kalten Krieges zeigten. Rice war fasziniert vom Fischer-Spasski-Spiel und der Art und Weise, wie es von Manipulatoren des Kalten Krieges übernommen wurde. Interessant waren für ihn auch die häuslichen und persönlichen Aspekte der Spieler. Rice selbst spielt nach eigenen Angaben schlecht Schach, zwei wesentliche Elemente für „Chess“ seien Politik und Leidenschaft gewesen.

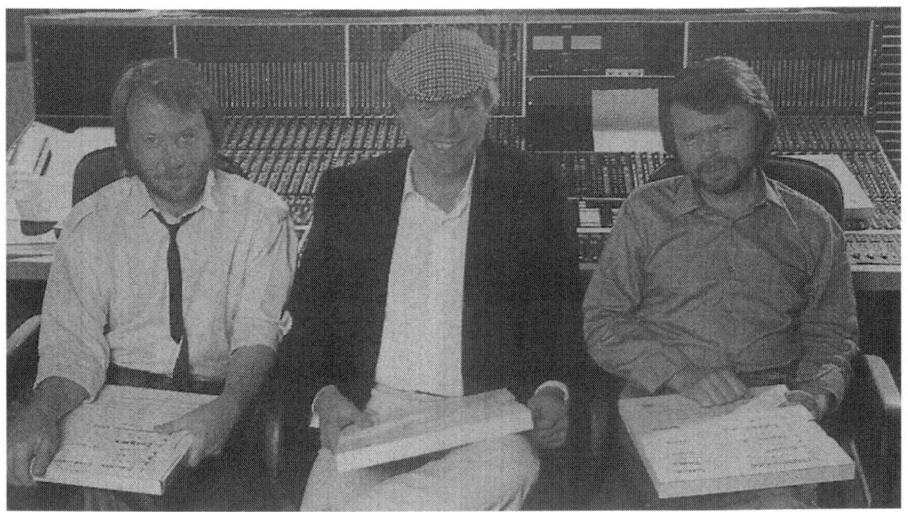

Björn Ulvaeus, Tim Rice, Benny Andersson

Ursprünglich wollte Rice auch bei „Chess“ Lloyd Webber verpflichten, der aber zu diesem Zeitpunkt bereits an „Cats“ arbeitete. So nahm er die Empfehlung für das ehemalige ABBA-Duo als Komponisten an. Beide stimmten sofort zu, da sie auch Projekte abseits von ABBA gemeinsam verfolgten. So wurde aus „Chess“ zunächst ein Konzeptalbum, daraus resultierte die Bühnenproduktion. Ob beides zu einem Erfolg werden konnte, hing für Tim Rice davon ab, ob das ursprüngliche Album gut war oder nicht – für ihn war „Chess“ gelungen. Es würde den Autoren die Möglichkeit geben, eine Partitur mit Wörtern und Musik zu erstellen, ohne die Komplexität der Theaterproduktion – die später eintritt – zu beeinträchtigen.

Die Uraufführung des Schach-Musicals im Londoner Prince Edward Theatre am 14. Mai 1986 wurde laut umjubelt. Die symphonische sowie rockige Musik gefiel dem Publikum und der Song „One Night in Bangkok“, der den zweiten Akt eröffnet, wurde schon vor der Premiere zu einem weltumspannenden Hit. Auch das Lied „I Know Him So Well“ wurde in den internationalen Charts sehr erfolgreich und erlangte große Popularität abseits der Musicalbühnen.

Hinzu kam, dass nur zweieinhalb Monate danach in London im Park Lane Hotel eine Hälfte der Schachweltmeisterschaft zwischen Titelverteidiger Garri Kasparow und seinem Herausforderer Anatoli Karpow stattfand, was dem Musical „Chess“ weitere Aufmerksamkeit einbrachte. Dabei wurde der inhaltliche Stoff ganz unterschiedlich bearbeitet, was sich auch in den Inszenierungen zeigte. So erzählt die ursprüngliche Londoner Fassung von zwei Schachturnieren, während die Broadway-Fassung nur von einem Turnier handelt. Die Folge:

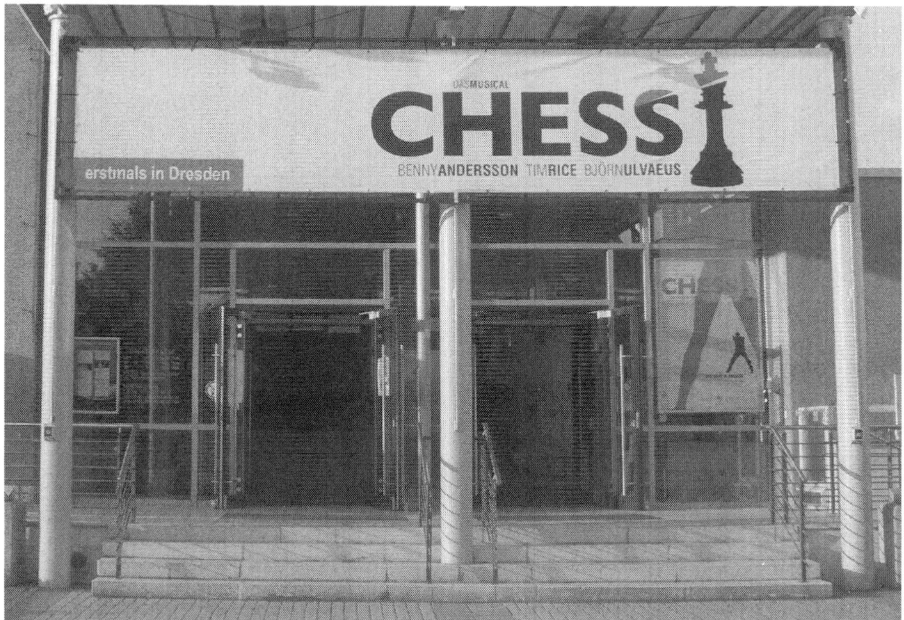

Chess 2008 in der Dresdner Staatsoperette

Während „Chess" immer wieder auf internationalen Bühnen gespielt wird, zuletzt 2019 in Regensburg, war die Fassung am Broadway von 1988 ein Flop und kam über eine Spielzeit von zwei Monaten nicht hinaus. Tim Rice sagte dazu in einem Interview mit der Washington Post, dass man am Broadway wohl nicht das Beste gegeben habe. Die ursprüngliche Broadway-Show sei nicht gut gewesen – obwohl auch nicht so schlecht, wie der Kritiker in der New York Times festgestellt habe.

Das Musical um die Schachweltmeisterschaft erzählt eine komplexe Geschichte und ist in insgesamt 18 Songs unterteilt, die in Meran und Bangkok spielen. Der regierende Weltmeister Frederick Trumper aus den Vereinigten Staaten trifft auf seinen sowjetrussischen Herausforderer Anatoly Sergievsky. Zum Auftakt wird die norditalienische Stadt Meran vorgestellt. Die idyllische Atmosphäre wird abrupt durch einen lauten, exzentrischen und selbstdarstellerischen Auftritt des Titelverteidigers gestört. Das aggressive Auftreten von Frederick Trumper wird bei der ersten Pressekonferenz noch beleidigender. Er scheint es darauf anzulegen, seinen Gegner durch verbale Rundumschläge einzuschüchtern. Die russischen Herausforderer reflektieren die Auftritte des Amerikaners. Betreuer und Sekundant Molokov, der für den KGB arbeitet, sowie engster Berater Anatolys, tut das schlechte Benehmen des Amerikaners als nicht ernstzunehmende Dummheit eines launenhaften Verrückten ab. Anatoly hingegen bleibt skeptisch und nimmt an, dass jeder Zug des amtierenden Weltmeisters wohl kalkuliert ist.

In einem der folgenden Songs streicht der Schiedsrichter seine Bedeutung, aber auch die Wichtigkeit einer fairen Spielführung hervor. Dann endlich beginnt die Schachweltmeisterschaft, von der internationalen Presse mit großem Interesse beobachtet. Die Spannung baut sich auf und wird immer intensiver. Es kommt zum Eklat: Der Konflikt zwischen Anatoly und Frederick wird nicht mehr nur auf dem Schachbrett ausgetragen – sie werden handgreiflich, die Figuren fliegen – das Spiel wird abgebrochen. Molokov und Florence, die Assistentin des Amerikaners, vereinbaren ein Treffen der Kontrahenten, ein klärendes Gespräch soll zu einer annehmbaren Vereinbarung führen. Es kommt schließlich zu einem Treffen zwischen Florence, die in Vertretung von Frederick erscheint, und Anatoly. Eigentlich möchte Florence nur die Situation erklären und Anatoly nur seine Wut ablassen, aber es geschieht, was geschehen muss: Beide finden Zuneigung zueinander.

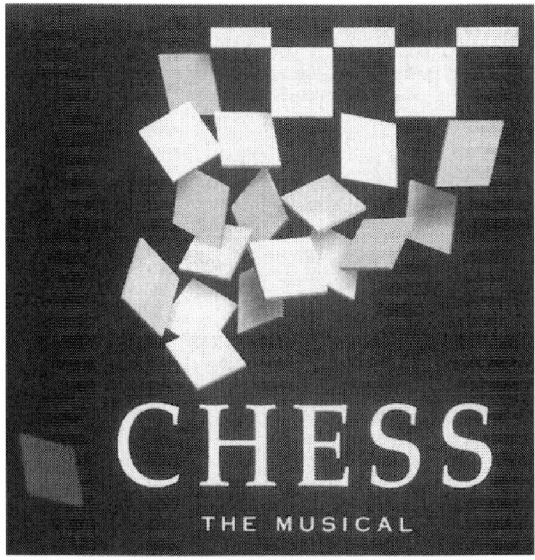

Die romantische Stimmung wird durch Frederick unterbrochen. Endlich wird eine Vereinbarung zwischen den Kontrahenten getroffen, und die Weltmeisterschaft kann fortgesetzt werden.

Zunächst gewinnt Frederick eine Partie, er verliert jedoch die folgenden fünf und steht bald kurz vor der Niederlage. Frederick gibt Florence die Schuld an seinem Versagen, daraufhin verlässt sie ihn endgültig. Das letzte Spiel ist eigentlich nur mehr eine Farce. Anatoly gewinnt und ist der neue Schachweltmeister. Überraschend erklärt er kurz danach, Russland zu verlassen und um Asyl in den Vereinigten Staaten bitten zu wollen. Schließlich erhält er die Papiere und die Freiheit, die er haben will.

An dieser Stelle beginnt der zweite Akt, der einige Jahre später in Bangkok spielt, wo wieder eine Schachweltmeisterschaft ansteht. Diesmal muss Anatoly Sergievsky – nun als Amerikaner – seinen Titel gegen einen neuen sowjetischen Herausforderer verteidigen. Frederick Trumper ist inzwischen Reporter. Anatoly und Florence sind seit seinem Übertritt ein Liebespaar. Florence leidet allerdings darunter, dass Anatoly das Schachspiel immer über alles geht. Diesmal soll Anatoly auf jeden Fall geschlagen werden, die Russen wollen den Titel endlich nach Russland holen und Frederick ist auf Rache aus. Svetlana, die in Russland gebliebene Frau von Anatoly, wird eingeflogen, um ihn noch mehr unter Druck zu setzen. Es kommt zum Endkampf und Anatoly gewinnt den Titel erneut.

In einem letzten großartigen Schachzug erklärt er, nach Russland zurückzukehren und somit auch den Titel in die UdSSR zu tragen. Dadurch wird auch Florences Vater, der angeblich in der Sowjetunion im Gefängnis ist, mit weiteren politischen Gefangenen freigelassen.

Für Tim Rice ist „Chess" bis heute mehr als nur ein Musical über Schach. Es sei eine Liebesgeschichte mit vielen guten Liebesliedern.

Schach auf der Bühne:

Alice hinter den Spiegeln von Lewis Caroll. Alice gelangt durch einen Spiegel in ein Spiegelreich und damit in eine „verkehrte" Welt. Hier scheint so manches auf dem Kopf zu stehen und der direkte Weg ist oft einer, der vom Ziel wegführt. Alice begegnet wundersamen Schachfiguren und eine seltsame Schachpartie nimmt ihren Lauf. Eigentlich zur Königin bestimmt, muss sie die Reise als Bauer beginnen und trifft auf seltsame Gestalten wie den Eierkopf „Humpty Dumpty", den wenig sattelfesten „Weißen Ritter" und die verwirrenden Zwillinge „Twiddeldum und Twiddeldei".

Checkmate. Ein Ein-Akt-Ballett, kreiert von der Choreografin Ninette de Valois und dem Komponisten Arthur Bliss. Die Uraufführung am 15. Juni 1937 fand im Théâtre des Champs-Élysées in Paris statt. Schachfiguren werden in dem Stück animiert, um menschliche Emotionen auszuleben. Insgesamt gibt es zwölf Tänzerinnen und Tänzer. Die weißen stehen für die Liebe, die schwarzen für den Tod.

Schachnovelle. Die dem Stück zugrunde liegende Novelle aus dem Jahre 1941 von Stefan Zweig besticht durch ihre Zeitlosigkeit und gesellschaftspolitische Dimension. Die packende Geschichte des Dr. Bertram ist bis heute eine der meist gelesenen Erzählungen. Die Schachnovelle wird als Oper, als Schauspiel und Figurentheater gezeigt.

Götz von Berlichingen, Johann Wolfgang von Goethe, Beginn des zweiten Aktes. In einem Saal am Hofe von Bamberg gibt sich der Bischof mit der schönen Adelheid dem Schachspiel hin. Zusammen mit dem Hofnarr sinnen sie währenddessen darüber nach, ob es eine Möglichkeit gäbe, Weislingen zurück nach Bamberg zu holen.

Nathan der Weise, Gotthold Ephraim Lessing, Szene II,1 (1. Auftritt) im 2. Akt. Im Palast spielen Sultan Saladin und seine Schwester Sittah Schach. Saladin ist in Gedanken aber bei ganz anderen Dingen, so dass er fast ständig verliert. Geschieht dies, erhält seine Schwester tausend Dinar als Preis, gewinnt er, dann bekommt sie das Doppelte quasi zum Trost.

Bobby Fischer bor i Pasadena von Lars Norén. Das Stück beschäftigt sich mit einem der Hauptthemen des Dramatikers Lars Norén – der sich auflösenden Familie. Dabei geht es um die dominante Mutter, den selbständigen Vater und die erwachsenen Kinder, den autistischen Sohn Tomas (dessen größtes Idol Bobby Fischer ist) und die Tochter Ellen. Norén hat das Stück wie ein Schachspiel aufgebaut: Eröffnung, Mittelspiel und Endspiel. Der Titel des Stücks spielt auf Fischer an, der auch in Pasadena lebte.

Der Schachspieler, August Gottlieb Meißner. Lustspiel in einem Akt, erschienen 1782. Meißner war ein deutscher Universitätsprofessor und Schriftsteller der Aufklärung. Er gilt auch als einer der Begründer der deutschsprachigen Kriminalerzählungen.

Die Schachmaschine, Heinrich Beck. Ein Lustspiel in vier Aufzügen, erschienen 1798.

Bilder und Figuren

Wenn wir in den Kopf eines Schachspielers schauen könnten, würden wir eine ganze Welt aus Gefühlen, Bildern, Emotionen und Leidenschaften sehen.

Alfred Binet, Psychologe

Wie alt das Schachspiel wirklich ist, kann niemand mit Gewissheit sagen. Schon an einer Pyramide in Ägypten hat man eine Hieroglyphe gefunden, die einem Schachbrett gleicht. Die Maler der Grabkammer der Nefertari, Gattin des Königs Ramses II., haben um 1298 – 1235 v. Chr. auf einem 61 mal 70 Zentimeter großenWandbild eine Schachszene festgehalten.

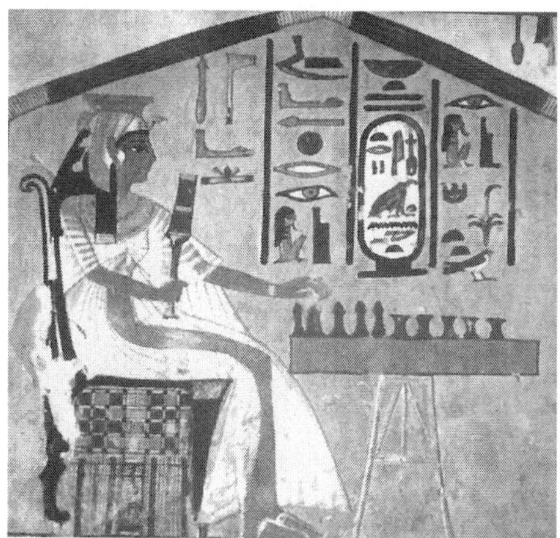

Hieroglyphe in der Grabkammer der Nefertari

Von Indien über Persien verbreitete sich Schach in Asien und Afrika, Seefahrer brachten das königliche Spiel nach Europa. Im Verlauf der Jahrhunderte sind derart viele Darstellungen des Schachspiels entstanden, die zum großen Teil auch durch Berichte von Reisenden und Gesandtschaften genährt wurden. Unzählige Schach-Bilder, die durch die einzelnen Epochen – vom Europäischen Mittelalter über Rokoko bis hin zur Moderne – getragen wurden und von der kämpferischen Schönheit des Spiels künden. Viele Bilder haben gemeinsam, dass sich in der Regel zwei Spieler gegenüber sitzen, auf anderen Bildern sitzt ein Spieler gedankenversunken am Tisch vor einem Schachbrett. Was sich in den einzelnen Epochen der Malerei änderte, sind die Umgebung und die Beobachter des Spiels. Egal, ob es das französische Èchecs, das englische Chess, das italienische Scacco, das portugiesische Xaque, das ungarische Szache, das griechische Eskakes oder das deutsche Schach ist – nicht nur in der Sprache, sondern auch in der Malerei vereint sich die Universalität des Spiels.

Geht man in der Zeit zurück, stößt man auf Bilder, die auf die Wurzeln des Schachspiels im Orient hinweisen. Persische Miniaturen, Anfang des 11. Jahrhunderts entstanden, zeigen Schachspieler, die vor bunt gekachelten Wänden sitzen, das Brett scheint zweidimensional hochkant zwischen beiden zu stehen. Während die Kleider der Spieler in allen Farben leuchten, sind die

Gesichter der Spieler ungewöhnlich realistisch. Eine schematische Form der Darstellung, die bis in die Zeit des Europäischen Mittelalters, etwa zwischen dem 6. und 15. Jahrhundert, hineinreicht. Auch hier ist das Schachbrett zweidimensional zu sehen, auf dem sich die hohen Adligen sowie die Offiziere und Ritter dem klugen Zeitvertreib hingeben, wobei das Schachspiel zu den Grundfertigkeiten zählte, die jeder Ritter beherrschen musste. Oft werden die hochgeborenen Spieler von Hofmusikern, Wappen und Tieren flankiert. Die Darstellungen klagen nie die Spielsucht an, wie etwa auf Bildern, auf denen die Menschen mit Karten oder Würfeln spielen. Schach ist im Mittelalter ein elitäres Spiel. Es ist mehr als bloßer Zeitvertreib, es symbolisiert das Verhältnis des Menschen zur Welt.

Schach wurde im Mittelalter auch als politisches Mittel eingesetzt. So spielte der vom Papst gebannte christliche Herrscher Friedrich II. Schach mit muslimischen Herrschern, statt ihre Reiche zu erobern. Er gewährte den Sarazenen Religionsfreiheit und Privilegien, um ihr Vertrauen zu gewinnen. Die ein oder andere Schachpartie wird dabei gewesen sein, wobei sich Wissenschaftler bis heute darüber streiten, wie Friedrichs Offenheit und Toleranz gegenüber den Arabern und dem Islam tatsächlich zu deuten ist.

In der Renaissance, die Kulturepoche des 15. und 16. Jahrhunderts, die den Umbruch des Mittelalters zur Neuzeit präsentiert, ändern sich auch die Bilder, die Schachszenen zeigen. Das Brett ist jetzt dreidimensional zu sehen, wie auf dem 27 x 35 Zentimeter großen Gemälde „Die Schachpartie“ des niederländischen Malers Lucas von Leyden, entstanden um 1508. Gespielt wird auf einem Brett mit 12 mal 8 Feldern „Kurierschach“. Zu den bekannten Figuren kamen dabei unter anderem der Kurier, der Mann, der Schleich und Alfil (Elefant) hinzu. Das Spiel wurde um 1210 zum ersten Mal erwähnt und gilt als Frühform des Märchenschach. Auf dem Bild von Lucas von Leyden wird das Spiel zwischen einer jungen Frau und einem Mann von einer Handvoll Zuschauern umringt. Auffällig ist eine Frau mit leuchtend weißer Kopfhaube, die sich einem Mann hinwendet. Nur ein Zuschauer ist aktiv dabei, man glaubt zu sehen, er wolle sich eine Figur greifen. Die Schachspielerin ist gerade dabei, einen Zug zu machen, während der Schachspieler die Augen verdreht.

Ganz anders „Der Schachspieler“ von Michelangelo Merisi, genannt Caravaggio, nach dem Herkunftsort seiner Eltern. Auf dem Gemälde, 128 x 94 Zentimeter groß, schauen alle gebannt auf das Schachbrett, es gibt keine Ablenkung und keine Gespräche am Rande. Eine von vielen Spielszenen, die sich vor allem in der ersten Hälfte des 17. Jahrhunderts großer Beliebtheit erfreuten. Bevor Caravaggio das Genre der Spielszenen erneuerte, galt es als Warnung vor Lasterhaftigkeit. Die Kirche verdammte schon seit dem Mittelalter Glücksspiele wegen der Gefahr des leichtfertigen Geldverlusts. Anders verhielt es sich bei Brettspielen, die toleriert wurden, weil man sie mit individueller Geschicklichkeit und Verstand in Verbindung brachte. Vor allem Schach war bei Hofe durchwegs akzeptiert, weil man meinte, dass es frei von Täuschung und Betrug sei. Das Spiel galt als „höfisch".

Auch in der Historienmalerei hat das Schachspiel seinen Platz. Kardinäle spielen gegen junge adlige Damen, vornehme Männer pflegen den Müßiggang beim Schachspiel, das in realistischer Weise dargestellt wird. Ganz ähnlich zeigt sich die kitschige Genremalerei, in der das Schachspiel den hohen Häusern entrissen wurde und wieder in die Obhut „einfacher Menschen" zurückkehrt, wie bei Van Leydens „Schachpartie". Oft sitzen in der guten Stube ungewöhnliche Gestalten am Schachtisch, darunter ältere Männer, rauchend mit langen Pfeifen, die stets von einer kleinen Gruppe beobachtet werden. In diesen Bildern werden die historischen Szenen der niederländischen Maler des 17. Jahrhunderts mit urwüchsigen Szenen vermischt, in der Genremalerei steckt ein Stück weit die Sehnsucht nach der gemütlichen „guten alten Zeit".

Entpersonalisiert, verfremdet und abstrakt zeigt sich das Schachspiel in der modernen Malerei. So etwa das „Portrait der Schach-Spieler" von Marcel Duchamp aus dem Jahre 1911. Sein Studium beginnt 1904 mit dem Stil des Impressionismus, außerdem inspirieren ihn Kubismus und Symbolismus. Stichwort Kubismus: Im gleichen Jahr wie „Portrait der Schach-Spieler" entsteht auch „Chess" von Pablo Picasso. Die Objekte werden in beiden Bildern auf geometrische Figuren, wie Kugel, Kegel oder Pyramiden reduziert. Der Spanier Juan Gris gilt neben Pablo Picasso als Hauptvertreter des synthetischen Kubismus, entstanden aus der avantgardistischen Malerei ab 1906 in Frankreich. Auf dem Gemälde „Das Schachbrett" aus dem Jahre 1914 von Gris sind die Gegenstände wie das titelgebende Spielbrett, Gläser, Tischdecke und eine Zeitung gleichzeitig in verschiedenen Ansichten zu sehen, wobei die Erkennbarkeit bestehen bleibt. Ohne sich an die Sehgewohnheiten zu halten, hat der Maler eine eigene Sichtweise auf die Dinge entworfen, die sich vom Kubismus entfernt hat, aber den traditionellen Blickwinkel verwehrt.

Wie die Malerei der Ägypter viele Jahrhunderte vor Christus bis hin zur Malerei der Moderne und das Schachspiel selbst zusammengeführt werden können, hat Marcel Duchamp in einer Rede beim Schachkongress der New York State Chess Association in Cazenovia 1952 gesagt: „Durch meinen engen Kontakt mit Künstlern und Schachspielern bin ich zu dem persönlichen Schluss gekommen, dass zwar nicht alle Künstler Schachspieler, aber alle Schachspieler Künstler sind."

Was auf Gemälden großformatig dargestellt wird, kann man auch kleinformatig auf Spielkarten abbilden. Historische Kartenspiele mit Schachmotiven sind, anders als historische Schachfiguren, jedoch eher selten. Die ersten mittelalterlichen Kartenspiele kamen im 13. und 14. Jahrhundert über den Orient nach Europa. Die Anzahl der Karten reichte von 32 bis 52. Erst 1600 erreichten die Karten über die vier Farbsymbole einen Wiedererkennungswert. Die Farben symbolisierten die vier Stände. Adel mit Stab oder Glocke, Klerus mit Kelch oder Herz, Gutsherrenstand mit Münze oder Blatt und Bauernschaft mit Schwert oder Eichel. Später folgten Bube, Dame, König, Ass sowie die Zahlenwerte auf den Karten.

Im Jahr 2018 erschienen in Deutschland insgesamt 114 Tageszeitungen (publizistische Einheiten). Im Vergleich dazu erschienen im Jahr 1954 mit rund 225 Tageszeitungen noch beinahe doppelt so viele Einheiten. Ein fester Bestandteil jeder Tageszeitung ist eine Karikatur, die in der Regel mit überzeichneten Darstellungen aktuelle politische oder gesellschaftliche Themen zum Inhalt hat. Karikaturen mit Schachthemen findet man in Tageszeitungen sehr selten. Gleichwohl gibt es unzählige Zeichnungen, auf denen das Spiel selbst, seine Auswirkungen und Schachspieler aufs Korn genommen werden.

Frank Stiefel ist Schachliebhaber, leidenschaftlicher Cartoonist, Karikaturist und Buchautor. Er findet allerdings kaum Zeit, seinem Hobby Schach zu frönen. Mit dem Spiel „Skat und Matt“ hat er es geschafft, das Schachspiel und die Karikatur zu verbinden. Jede Karte schmückt ein Schachspieler, die vier Damen das gezeichnete Konterfei von Judit Polgar (Kreuz), Hou Yifan (Pik), Elisabeth Pähtz (Herz) und Alexandra Kostenjuk (Karo).

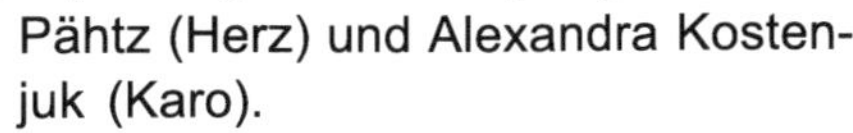

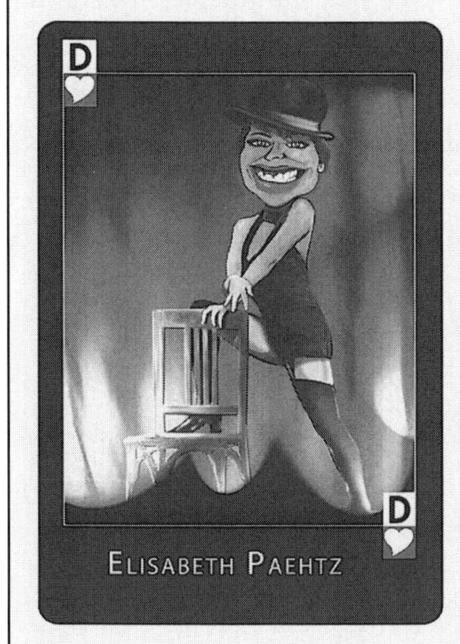

Viele Schachspieler klopfen auch gerne mal einen Skat, sagt Stiefel darüber, wie er auf die Idee kam, Schachspieler auf Skatkarten zu bringen. Er hatte sich ein paar Spiele mit Politikerkarikaturen angesehen und da er schon seit rund 20 Jahren Schachcartoons und Karikaturen zeichnet und einen ziemlichen Fundus an Illustrationen hatte, dachte er sich, dass solche Kartenspiele auch eine nette Geschenkidee wäre. Bei der Auswahl der Schachspielerinnen und -spieler geht er mit System vor. Zunächst einmal alle Weltmeister, dann besonders herausragende Spieler, die mitunter das Schach maßgeblich geprägt haben, wie zum Beispiel Aaron Nimzowitsch, Richard Reti oder auch Bent Larsen. Dann aktuelle Spitzenspieler, wobei da die Auswahl schwer fiel. Schachrijar Mamedjarow oder Maxime Vachier-Lagrave wären auch möglich gewesen, da sie das Schachgeschehen mit prägen.

Da er sich schon lange auch mit Schachgeschichte beschäftige, auch mal ein nicht ganz ernsthaftes Schachbuch über die Schachweltmeister verfasst habe („Was sie schon immer über Schachweltmeister wissen wollten"), sich auch aktuell für Schach interessiert und selbst Bücher zum Thema mit Manfred Herbold („Der Schachtherapeut") herausbringt, legte sich Stiefel nach einer Vorauswahl, zusammen mit Herbold, auf die Porträts fest.

Meistens war es für Frank Stiefel schnell klar, wie der Spieler zu charakterisieren ist oder welches Alleinstellungsmerkmal er hat. José Raoul Capablanca wurde als Schachmaschine bezeichnet, Magnus Carlsen als Mozart des Schachspiels. Lediglich bei Wesley So hätte er nichts gefunden, was besonders auffällig gewesen wäre. Da er aber äußerlich auffällig ist, ansonsten aber eher unauffällig, verband Stiefel den Namen So (einsilbig) mit dem Namen Bond: „Mein Name ist So, Wesley So". Eigentlich kein Merkmal, aber ein schönes Motiv.

Bei Viktor Kortschnoi drehte er einfach etwas um. Kortschnoi, lange Zeit von der Sowjetunion „verfolgt", wurde deswegen in ein KGB-Outfit gesteckt. Wilhelm Steinitz ist ein (Schach)-Druide, den aalglatten und nahezu perfekten Anatoli Karpow lässt Stiefel auf der Karte einen Springer kaputt machen, quasi auch eine Art Umkehrung. Elisabeth Pähtz wurde als Sally Bowles aus „Cabaret" dargestellt, da sie nicht nur wegen ihrer Erfolge, sondern auch durch ihre wunderbare, angenehm extrovertierte Art, Schach als „Brett, das die Welt bedeutet" repräsentiert.

Da Fabiano Caruana italienische Wurzeln hat, musste er eine Schachpizza backen. Alexander Grischtschuk hat der Cartoonist wegen seiner Zeitnotdramen mit Dalis Bild „Zerrinnende Zeit" verbunden, Artur Jussupow sieht aus wie der Herr der Ringe-Zauberer Gandalf. Siegbert Tarrasch lebte lange in Nürnberg, es gibt ja auch den Schachklub Tarrasch Nürnberg, und deswegen schaut er aus einem Lebkuchenhaus. Bei Bent Larsen hatte Stiefel den Ansatz, dass 1.b3 als Eröffnung nach ihm benannt ist. Möglicher Anfang einer Schachpartie und Anfang eines Tages mit einem Frühstück.

Als Grafiker und Illustrator fällt es Stiefel nach 25 Berufsjahren nicht schwer, etwas zu entwickeln. Gezeichnet hat er schon seit der Grundschule, Karikaturen gibt es auch von Politikern und Sportlern, speziell Fußballspielern. Am aufwendigsten waren für ihn Carlsen und Jussupow. Frank Stiefel erhielt den 1. Preis beim Karikaturenwettbewerb der Emanuel-Lasker-Gesellschaft. Natürlich für das Laskerbild, bei dem dieser mit seiner obligatorischen Zigarre in einen Schachturm ascht.

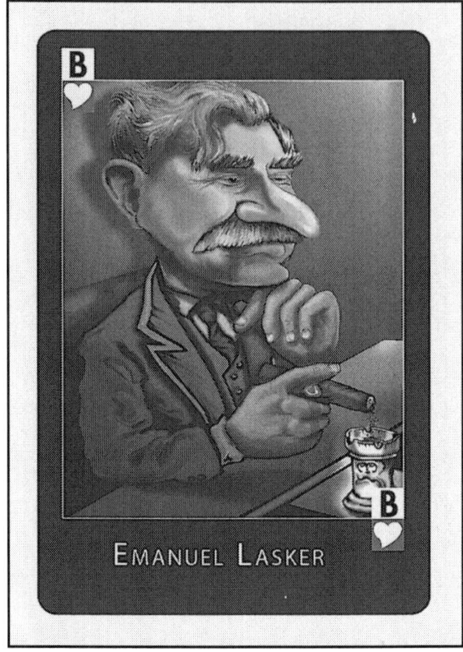

In einem weiteren Kartenspiel mit dem Namen „Chess Legends“ (Blueking), ein Quartett, sind ebenfalls berühmte Schachspieler abgebildet, darunter auch der Zigarre rauchende Emanuel Lasker. Auf den Karten werden, neben dem Geburtsjahr und Todesjahr für jeden einzelnen Spieler, acht Kategorien abgebildet, mit denen man seinen Trumpf ausspielen kann. Die historische Elo, die Anzahl der Monate auf Platz 1, das Alter, in dem Platz 1 erreicht wurde, die Aggressivität des Spielstils, die Anzahl der Partien, der Score, der schnellste Sieg und die längste Partie. Anders als beim Skatblatt, ist „Chess Legends“ reine Männersache, Schachspielerinnen sind im Quartett nicht enthalten. Auf der Rückseite der 32 Karten sind einheitlich Schachfiguren abgebildet, auf der Vorderseite oben rechts die Flagge des jeweiligen Herkunftslandes des Spielers.

Die Spielregeln sind in vier Sprachen (Deutsch, Englisch, Französisch und Spanisch) auf zwei zusätzlichen Info-Karten nachzulesen. Demnach werden die Karten gleichmäßig auf alle Spieler, mindestens zwei, verteilt. Auf dem Stapel vor sich ist jeweils nur die obere Karte zu sehen. Der Spieler, der die Karte A1 hat, Howard Staunton, beginnt, nennt den Namen der Schachlegende und die Kategorie seiner Wahl. Dann vergleichen alle Spieler auf ihrer obersten Karte den Wert in dieser Kategorie, wer den höchsten Wert hat – außer beim Alter und dem schnellsten Sieg – gewinnt den Stich. Die Karten wandern in den Stapel des Rundengewinners, das Spiel ist beendet, wenn ein Spieler alle Karten gewonnen hat.

Das Spiel richtet sich in erster Linie an Schachspieler, die, wie Nichtschachspieler, sehr viel Persönliches über die einzelnen Legenden erfahren möchten. Das Ranking auf den einzelnen Karten verspricht einen hohen Unterhaltungswert. Durch die Anzahl der acht Kategorien ist ebenfalls eine längere Spielzeit pro Runde garantiert.

In der Werbung werden jeden Tag Tausende von Bildern und Clips produziert, um potenzielle Kunden aufmerksam zu machen. Besonders aktiv ist Magnus

Carlsen unterwegs, seit 2013 Schachweltmeister. In einem Werbespot für den Porsche 911 boxt nicht nur Muhammad Ali im Ring gegen sich selbst, sondern auch Carlsen sitzt sich selbst am Brett gegenüber. Unter dem Strich ein rasanter Werbeclip, in dem auch das Schachspiel temporeich gespielt wird. Die niederländische Jeans-Marke G-Star Raw nutzte das markante Gesicht von Carlsen als Werbeträger für eine neue Kollektion und als Werbebotschafter des Glücksspielanbieters Unibet Casino weitet er seine globalen Aktivitäten weiter aus.

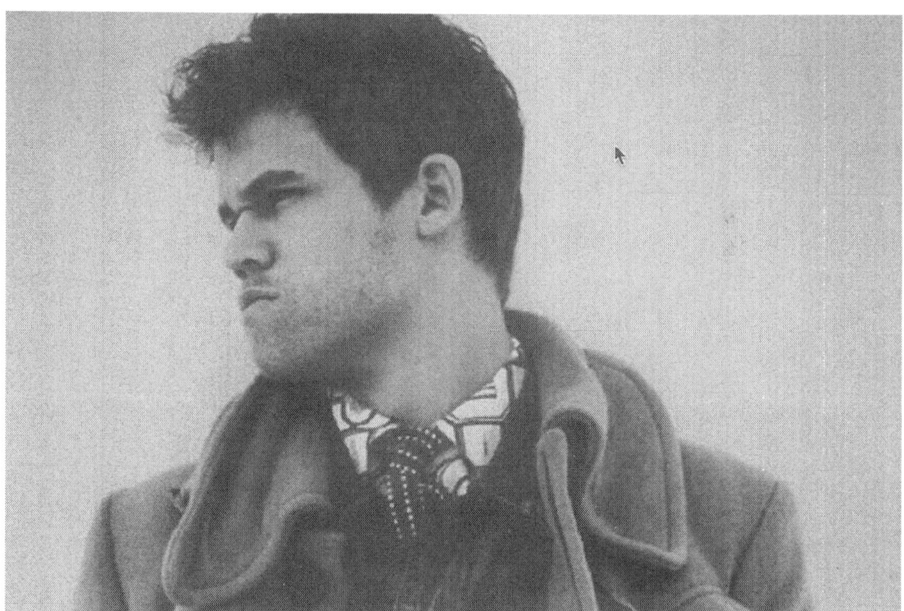

Magnus Carlsen in der Werbung

Dabei ist die Werbung in Verbindung mit dem Schachspiel keine Erfindung der Neuzeit. Schon 1859 wurde die American Watch Company auf Paul Morphy aufmerksam, der stärkste Spieler in den Jahren 1858 bis 1861. Der Uhrenhersteller schenkte dem erfolgreichen Schachspieler eine Uhr, um anschließend mit Morphys Namen auf ihren Produkten zu werben. Videoclips gibt es auch mit Viktor Kortschnoi, der genervt gegen eine Kuh verliert, Garri Kasparow lässt sich von einem Pepsi-Getränkeautomat hinwegfegen und Vishy Anand aus Indien machte Werbung für den Computerhersteller AMD. Die Botschaften an die Kunden sind eindeutig: Schachspieler vermitteln Intelligenz, Seriosität, Originalität und Durchsetzungswillen. Dies schafft, auf ein Produkt bezogen, Vertrauen und die Werbebotschaften lassen sich mit Schachspielern als Werbe-Ikonen leicht umsetzen.

Neben den Clips gibt es unzählige Anzeigen, in denen mit dem königlichen Spiel geworben wird. Dies reicht vom Zigarettenkonsum bis hin zur richtigen Versicherung. Etwa für die Lebensversicherungsgesellschaft Alte Leipziger, die mit einem Schachbrett für die Planungen und Überlegungen des eigenen Versicherungsportfolios wirbt. „Erfolg fällt einem nicht in den Schoß, er muss Zug um Zug errungen werden“, heißt es in der Anzeige. Die Sparkassen-Finanzgruppe hat in ihrer Werbung alle Generationen im Blick. „Denken Sie ein paar Züge voraus. Steuern Sie Ihre Zukunft mit unserem Vorsorgeprogramm“ steht unter einem Foto, auf dem ein Junge und sein Großvater eine Partie spielen.

„Sie sind am Zug“ war ebenso eine eindeutige Forderung und großformatig in einer Anzeige für die Zigarettenmarke „Camel“ zu lesen. Das bekannte Kamel der Marke stand zwischen Pyramiden und Palmen in der Wüste, die das Muster eines Schachbretts zeigt.

Die amerikanische Zigarettenmarke Old Gold wurde 1926 von der Lorillard Tobacco Company eingeführt und sollte zu einem ihrer Starprodukte werden. Bis 1930 gewann Old Gold sieben Prozent des Marktes. 1967 investierte Lorillard für Werbeausgaben insgesamt 41,5 Millionen US-Dollar. Zu dieser Zeit gehörte zu den Marken neben Old Gold auch Kent, Spring 100 und York Imperial 100. Das Motiv einer Magazin-Anzeige für Old Gold zeigte ein Schachbrett mit schön geschnitzten Figuren, daneben ein Aschenbecher, in dem ein angezündeter Glimmstengel liegt. Die Botschaft: Schach ist ein Spiel, bei dem es sich gut eine Zigarette rauchen lässt.

Agent Provocateur ist eine britische Wäschemarke, die bekannt für ihre opulenten Designs und provokative Werbung ist. Neben Wäsche gibt es auch Parfum. Für „Agent Provocateur“ hat sich eine streng dreinblickende Dame über ein großes Schachbrett gebeugt, auf dem es für Schwarz gar nicht gut aussieht, dementsprechend dunkel und düster zeigt sich auch der wolkenverhangene Himmel. Die Botschaft: Schach kann eine provokative Angelegenheit sein – vor allem, wenn man auf verlorenem Posten steht.

„Seide ist die Königin der edlen Gespinste“, verkündet dagegen eine Anzeige für Gütermann's Nähseide. Auf einem Schachbrett wurde ein Turm neben dem Brett platziert, auf dem Brett steht eine Spule Nähseide, über ihr schwebt eine Krone. Was Seide allerdings mit Schach zu tun hat, vermittelt die Anzeige nicht, die überragende Rolle der Dame auf dem Brett ist dagegen unbestreitbar.

Schach dient ebenso als Werbeträger für allerlei Getränke. 1959 veröffentlichte Kaffee Hag eine Anzeige auf der in der oberen Hälfte ein Schachspieler, der sich über ein Brett beugt, mit einer Figur in der Hand über einen Zug nachdenkt. Darunter steht die Frage: Wird er gewinnen? Im unteren Teil wird eine kleine Geschichte erzählt. Von zwei Schachspielern, wobei einer am Abend zuvor starken Kaffee getrunken, infolgedessen wach gelegen ist und eine unruhige Nacht verbracht hat. Seine Müdigkeit hat er am nächsten Morgen wieder mit starkem Kaffee vertrieben – und durch nervöse Unachtsamkeiten das Spiel verloren. Mit Kaffee Hag, so verspricht die Anzeige, wäre der Spieler wahrscheinlich besser in Form gewesen, weil Kaffee Haag frei von Coffein ist und damit alles ausgeschaltet ist, was dem Schachspiel hinderlich sei. Außerdem schont er Herz und Nerven. Bemerkenswert ist die Größe der Anzeige, auf der sich der Text und das Bild des Schachspielers die Waage halten.

Stichwort Getränke. Schach und Alkohol schließen sich – zumindest in der Werbung – nicht gänzlich aus. Ganz ohne Worte kommt eine Anzeige für den Wodka Smirnoff aus. In einer Nahaufnahme ist ein Schachbrett mit Figuren zu sehen und neben dem Brett steht eine durchsichtige Flasche. Eindeutiger ist da schon die Werbung für den Petrus-Bonnekamp Magenbitter. „Schach dem Matt“ ist als Slogan zu lesen und eine Hand reicht ein Glas Magenbitter über ein Schachbrett.

Wer dann einen dicken Kopf vom Alkohol hat, greift mit Vorliebe zu einer Tablette. Und auch auf diesem Gebiet kommt es zu einer Verbindung mit dem Schachspiel. „Schach dem Schmerz“ ruft es einem von einer Anzeige für Pyramidon-Tabletten entgegen. Zu sehen ist eine blecherne Dose, die auf einem Schachbrett liegt. Auf einem Feld steht eine Figur, auf vier anderen liegen Tabletten. Wo Pyramidon eingesetzt wird, tut es seine Pflicht. Der Schmerz verliert sich, so das Versprechen, für den geplagten Menschen.

Gemälde, Karten- sowie Quartettspiele und Werbebilder mit Schachmotiven sind weit verbreitet. Schachfiguren stoßen dann nochmals in eine ganz andere Dimension vor, machen das Spiel greifbar und verbinden Comics, Filme und Streamserien. Die Geschichte des klassischen Figurensatzes begann in England.

Erst als kleines Raucherzimmer, 1828 gegründet, später als Kaffeehaus, erlangte das Simpson's in London ab 1850 seinen Ruhm mit guter englischer Küche und als wichtiger Treffpunkt für Schachspieler. Schachpartien wurden gegen andere Kaffeehäuser in der aufstrebenden Stadt gespielt, wobei Läufer mit Zylinderhut die Nachrichten über jeden Zug hin und her trugen. Uneingeschränkter König des Simpson's Divan war Howard Staunton, im April 1810 in London geboren und inoffizieller Schachweltmeister von 1943 bis 1951. Staunton war belesen, umtriebig und eitel wie kaum ein anderer Schachspieler. Er organisierte Turniere und gründete mit „The Chess Player's Chronicle“ die erste erfolgreiche englische Schachzeitschrift.

Die nachhaltigste Wirkung in der Geschichte des Schach erzielte Staunton allerdings mit einem Figurensatz, der seinen Namen trägt und bis heute offiziell als Norm für Schachturniere gilt. Die Form der Staunton-Schachfiguren, gestaltet 1849 von Nathaniel Cook, sind klassisch zeitlos und zeichnen sich durch ihre Symbolkraft aus. Es gibt keine unnötigen Schnörkel, vielmehr eine klare Symbolik, die Spieler aus den verschiedensten Kulturkreisen schnell verstehen können. Die Stauntonfigur geht nicht gleich kaputt, wenn sie vom Tisch fällt, und liegt gut in der Hand. Ihre Standfestigkeit ist durch einen breiten Sockel und den tiefen Schwerpunkt gegeben. Durch ihre Klarheit haben diese Figuren einen hohen Wiedererkennungswert, und auch Schachfiguren, die in Büchern oder Zeitungen auf Diagrammen zu sehen sind, ähneln der Stauntonform. Der Siegeszug dieses Figurensatzes hält bis zum heutigen Tage an. Jeder Schachverein, bis hinab in die untersten Ligen, greift bei einer Neubeschaffung auf die nach Staunton benannten Figuren zurück.

Freilich gibt es eine ganze Reihe weiterer Figuren, die bekannt geworden sind. So schuf Josef Hartwig mit seinem Figurenentwurf für das Bauhaus-Schachspiel eine abstrakte und symbolische Form. Das Design baut auf den Grundformen eines Würfels und einer Kugel auf.

In der Zwischenzeit gibt es Figurensätze, die vor allem Kinder und Jugendliche ansprechen sollen, die dem Spiel der Spiele eher reserviert gegenüberstehen. Pokemons sind spannender als Stellungen auf dem Schachbrett, auch weil virtuelle Bilder in kleinen Spielgeräten in schneller Folge ständig neue Abenteuer versprechen. Schach ist in der Regel schwarz-weiß, es ist, im Gegensatz zu den Kämpfen der bunten Pokemons, ruhig und langsam. Vielleicht ist auch dies der Grund dafür, warum Schachspiele auf den Markt gebracht wurden, die zwar zumindest figurenmäßig mit den klassischen Formen nichts zu tun haben, aber Spaß beim Spiel garantieren.

Schachfiguren werden auch aus Filmserien adaptiert. So gibt es ein Set, in dem Figuren rund um Batman der Figurenwelt aus dem Umkreis von Joker gegenüberstehen. Aus der Serie Game of Thrones wurde ein Schachspiel kreiert, das die Schlacht um Westeros gegen die Weißen Wanderer mit 32 detailliert gearbeiteten Charakter-Spielfiguren darstellt. Auf der Seite von Westeros stehen Jon Snow (König), Daenerys Targaryen (Königin), Tyrion Lannister und Tormund Giantsbane (Läufer), Jaime Lannister und Brienne of Tarth (Springer), Rhaegal und Drogon (Türme) und die Unbefleckten (Bauern). Auf der Seite der Weißen Wanderer stehen Nachtkönig (König), Viserion (Königin), Weiße Wanderer (Läufer), Pferde (Springer), Riesen (Türme) und Wiedergänger (Bauern). Für Serienfans ist auch eine Herr der Ringe Schachspiel gedacht, inspiriert von der Schlacht um Mittelerde, und auch eine Replik zu Harry Potter und der Stein der Weisen kann auf dem Schachbrett gespielt werden.

Von Star Wars gibt es gleich mehrere Varianten eines Schachspiels, das immer den gleichen Grundzügen folgt. Die Helle Seite der Macht besteht aus acht Wingfightern, die die Bauern darstellen. Luke Skywalker gibt es zweimal, er stellt die Springer dar. Ebenfalls zweimal vorhanden ist Han Solo, der die Rolle der Läufer übernimmt. Roboter R2-D2 und Droide C3 PO halten als Türme die Stellung. Die Rolle des Königs spielt Obi-Wan Kenobi. Die Königin wird von Han Solos großen Liebe Prinzessin Leia gespielt. Die Dunkle Seite der Macht stellen bei den Bauern die T-Fighter dar. Zwei kaiserliche Wachen sind die Springer. Die zwei Türme werden von den bösen imperialen Sturmtruppen dargestellt und Boba Fett zieht als die zwei Springer in die Schlacht. Die Rolle des Königs wird vom Imperator übernommen und Bösewicht Darth Vader fällt, weil es an bösen Frauen fehlt, die Rolle der Königin zu.

Etwas Besonderes ist das Schachspiel Skyline Chess London, in dem sich ein Figurensatz mit dem Thema Architektur verbindet. Die Schachspieler können dabei die berühmten Gebäude der englischen Hauptstadt über das Brett ziehen. Die Bauern aus Acryl stellen typische Londoner Reihenhäuser dar. „Big Ben" ist das Vorbild für die Türme. Und das „London Eye" übernimmt die Rolle der Ritter. Die Königinnen dürfen als majestätische Hochhäuser über das Spielfeld ziehen – als „The Shard", einem 310 Meter hohen Londoner Wolkenkratzer im Stadtteil Southwark. „Canary Wharf" spielt die Könige, diese Bürogebäude stehen auf der Isle of Dogs im Bezirk Tower Hamlets, inmitten der Docklands. Geschaffen haben dieses Spiel die beiden Designer Ian Flood und Chris Prosser.

Alle Varianten ungewöhnlicher Figurensätze können nicht aufgezählt werden, wobei viele Spiele abseits der Figurennorm nur als Dekorationsstücke dienen – und damit leider nur Staubfänger sind.

Bemerkenswerte Schachgemälde:

Giulio Campi (1500 –1572): „Die Schachpartie" aus dem Jahre 1550 zeigt die weiblich-höfische Komponente des Schachspiels.

Ludovico Carracci (1555 – 1619): „Zwei Schachspieler" wurde um 1590 gemalt. Ein bärtiger Spieler zur Linken bewegt seinen Läufer, aufmerksam beobachtet von seinem Gegenüber. Auf der linken Bildseite ist ein kleiner Hund zu sehen, der dem Betrachter direkt in die Augen schaut.

Cornelis de Man (1621 – 1706): Die „Schachpartie" entstand 1670 in den Niederlanden. In der Partie dominiert die Frau, der männliche Gegner eher ratlos, alles beobachtet von einer am Boden sitzenden Katze.

Johann Heinrich Tischbein (1751 – 1829): Friedrich von Österreich-Baden (1249 –1268) und Konradin von Schwaben (1252 – 1268), der letzte Spross des Kaisergeschlechts der Staufer, spielen im Kerker in Neapel Schach. Das Bild zeigt den dramatischen Augenblick, als Konradin und sein Waffengefährte ihr Todesurteil erfahren. Ein ähnliches Bild mit dem Titel „Das letzte Spiel" stammt von I.S. Blaettner, gemalt in der zweiten Hälfte des 17. Jahrhunderts. Es zeigt Sachsenherzog Johann Friedrich den Großmütigen, der sich seit 1547 in kaiserlicher Gefangenschaft befindet und während einer Schachpartie sein Todesurteil erfährt.

Willi Neubert (1920 – 2011): Der „Schachspieler" aus dem Jahre 1964 ist ein Held der Arbeit und spielt mit den schwarzen Figuren. Nur noch wenige Züge und Weiß wird sich geschlagen geben müssen.

Schachspiele mit ungewöhnlichen Figuren gibt es zu:

Asterix und Obelix, Lucky Luke (siehe auch Kapitel „Lucky Luke setzt matt"), Robin Hood, Simpsons, Mickey Mouse, Familie Feuerstein, Superman, Batman, Dragonball Z sowie zu Siegfried und die Nibelungen.

In Beton gegossen

Architektur ist das kunstvolle, korrekte und großartige Spiel der unter dem Licht versammelten Baukörper.

Le Corbusier

Schach ist ein Antrieb für Architekten. Während sich im Westen schon in den 1960er Jahren Schachbrettmuster auf Boden-, und Wandfliesen sowie als Teppichmuster wiederfinden, wurden im Osten Paläste für das Königliche Spiel gebaut, zugeordnet der Architekturströmung „Brutalismus“. Der martialische Begriff engt den Stil nicht ein, einzige Bedingung zur Einordnung ist die Verwendung von reichlich Sichtbeton. So leitet sich die Bauform Brutalismus vom französischen béton brut („roher Beton“) ab, die ab 1950 Verbreitung fand. Weitere Merkmale sind geometrische Formen und die Betonung einer oft wagemutigen Konstruktion.

Einer dieser Betonbauten ist der Schachpalast im armenischen Jerewan. Das Gebäude im Park des Bezirks Kentron (Zentrum) entstand in den Jahren von 1966 bis 1970, die Federführung hatte die Architektin Zhanna Meshcheryakova. Die moderne Architektur der Armenischen Sozialistischen Sowjetrepublik, seit

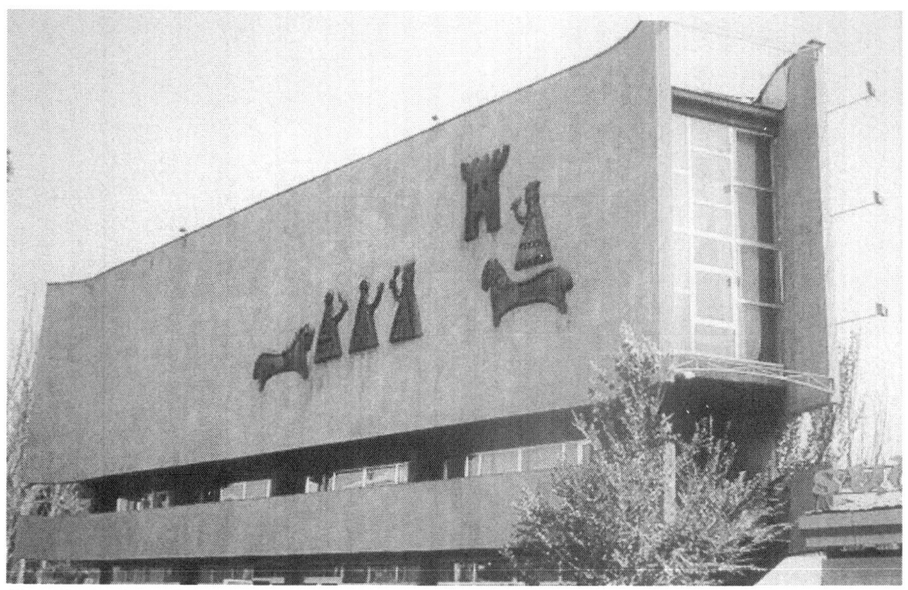

Der dreieckige Palast in Jerewan ist offiziell nach dem Nationalhelden und Schachweltmeister Tigran Petrosjan benannt

1920 bis zur Unabhängigkeitserklärung im August 1991 eine Unionsrepublik der Sowjetunion, war im Allgemeinen kleiner und leichter als die Bauten des sowjetischen Bruderstaates.

Der dreieckige Palast in Jerewan wurde, wie zahlreiche Straßen und Schachvereine auch, offiziell nach dem Nationalhelden Tigran Petrosjan benannt, dem ehemaligen Schachweltmeister von 1984. Die Architektin und Petrosjan legten den Grundstein für das Fundament des Gebäudes, das sich mit seinen hohen Seitenwänden, geschmückt mit Schachreliefs, wie ein steinernes Schiff in den Himmel reckt. Viele internationale Veranstaltungen wurden regelmäßig in dem Gebäude abgehalten, darunter das Tigran-Petrosjan-Memorial.

„Schachpalast“ mag aus heutiger Sicht etwas übertrieben klingen, leitet sich aber davon ab, dass Schach im Osten in großen Pionierpalästen und Kulturhäusern gespielt wurde. Zunächst war Schach als Spiel der Bourgeoisie verschrien, dann wurde es ein Massensport der Arbeiterklasse und schließlich eine ideologische Waffe, die die Überlegenheit des Systems festigen sollte. Rund 270 Kilometer von Jerewan entfernt gibt es ebenfalls einen anspruchsvollen Schachpalast in Tiflis, Georgien. Der 1972 gebaute transparente Bau aus

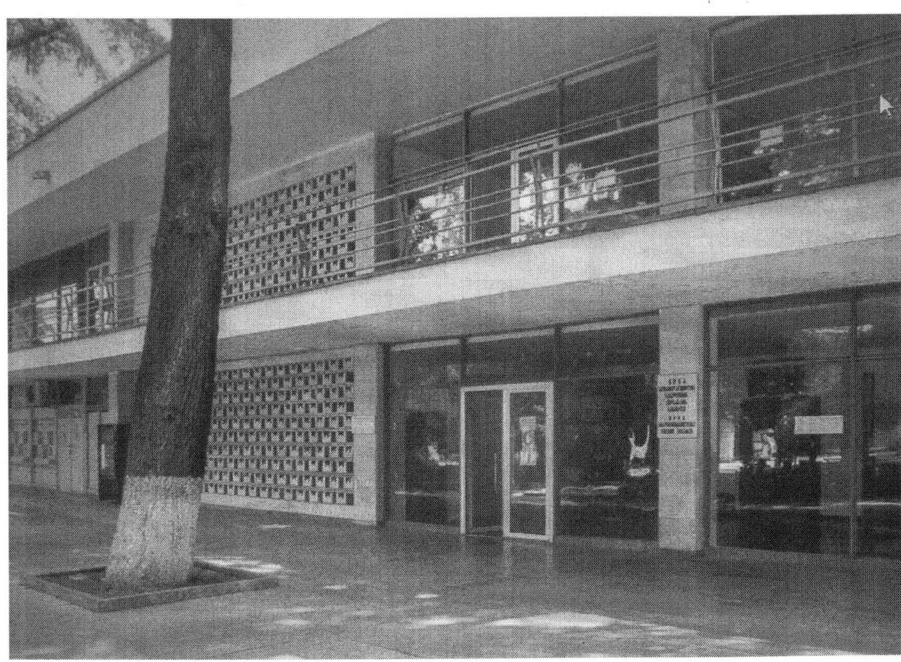

Der Schachpalast in Tiflis wurde der ersten georgischen Weltmeisterin Nona Gaprindashvili gewidmet

Beton und Glas liegt in einem Park und verbindet eine auffällige Architektur mit ausgeklügeltem Design. Es gibt eine umlaufende Terrasse, Funktionsräume und einen großen Saal für über 500 Besucher. Die Fassade neben dem Eingang zeigt übereinander liegende Reihen mit Königskronen, ein Hinweis an das Königliche Spiel. Gewidmet wurde der Schachpalast der ersten georgischen Weltmeisterin Nona Gaprindashvili, die 1978 einen Großmeistertitel erlangte. Ein prachtvoller Baukomplex, der ebenfalls dem Schachspiel dient, ist Chess-City in Elista, der Hauptstadt der seit 1992 autonomen Republik Kalmückien. Das Gebäude wurde auf Initiative des damaligen Präsidenten des Weltschachbundes und Staatschefs Kirsan Iljumschinow 1998 fertiggestellt. Iljumschinow behauptete, er sei von Außerirdischen entführt worden, um Elista zur Welthauptstadt des Schachs zu machen. In Chess-City gibt es ein Schwimmbad, ein Schachmuseum, ein großes Open-Air-Schachbrett und ein Museum für buddhistische Kunst. In dem Gebäude mit seiner großen Glasfront fand 1998 die Schacholympiade statt, 2004 die Schachweltmeisterschaft der Frauen und zwei Jahre später die Schachweltmeisterschaft. Chess-City ist bis heute ein Zeichen für Verschwendungssucht und Größenwahn in einem bitterarmen Land.

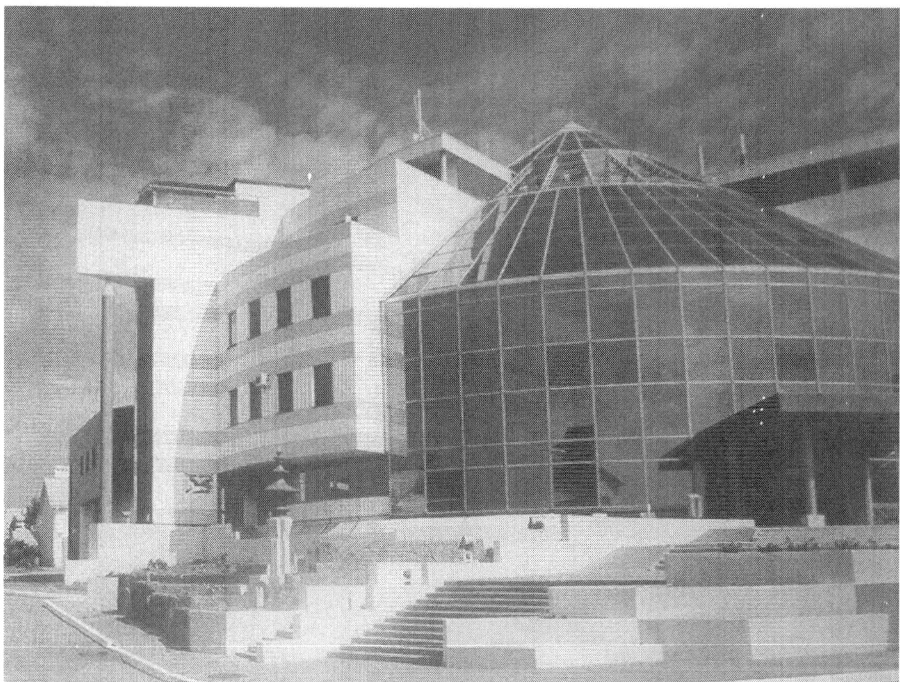

Chess-City in Elista ist ein Zeichen für Verschwendungssucht

Politisches Schach

Ich habe das Spiel mit sechs von meinem Vater gelernt.
Und habe seither nichts dazugelernt.

Helmut Schmidt, deutscher Bundeskanzler von 1974 bis 1982

Der Staatsmann Benjamin Franklin war einer der Gründerväter der Vereinigten Staaten und einer der Unterzeichner der Unabhängigkeitserklärung. Darüber hinaus spielte der Politiker Schach, das für ihn nicht nur müßige Unterhaltung war. „Verschiedene schätzbare und im Laufe des menschlichen Lebens nützliche Eigenschaften des Geistes können dadurch erworben oder gekräftigt werden, so dass sie Gewohnheiten werden, die uns nie im Stich lassen“, so Franklin.

Otto Schily war Mitbegründer der Grünen, wechselte 1989 zur SPD und hatte bis 2005 das Amt des Bundesinnenministers inne. Auch Schily spielt Schach und kennt, wie Franklin, die Wirkung des königlichen Spiels auf die Eigenschaften des Geistes. „Schach“, so Schily, „ist für die Erziehung von Kindern zum logischen Denken sehr wichtig. Sie lernen, sich zu konzentrieren und diszipliniert zu sein. Man braucht zum Schach eine gute physische Konstitution. Alles das sind Fähigkeiten, die den Menschen auch dagegen immunisieren können, in Fanatismus und religiösen Faschismus zu geraten“.

Folgt man Franklin und Schily, ist Schach ein Spiel der Vernunft, das Tugenden fördert, die Herrscher und Adlige schon früh für sich in Anspruch genommen haben. Dabei dient das Schachspiel, neben seiner symbolischen Projektionsfläche für politische und gesellschaftliche Vorgänge, seit seinen Anfängen auch stets als reales Beispiel für militärisches und strategisches Denken. Kenntnisse des Schachspiels werden bei einem vollkommenen Ritter vorausgesetzt. Im 15. Jahrhundert ändern sich das Schach-System und die Spielweise grundlegend in Richtung der heute gültigen Regeln und es wird, als Spiel der Strategie und Vernunft, in bürgerlichen Kreisen populär.

So zieht sich Schach durch die Weltgeschichte, wie kein anderes Spiel. Ganz gleich, ob sich zu Zeiten Alfons X. von Kastilien (1221-1284) die sonst verfeindeten Christen und Moslems in Zelten friedlich an Schachbrettern niederließen, ob Kaiser Friedrich II. (1194-1250) seine Gegner lieber zu einer Partie einlud, als sie zu bekämpfen, oder das Duell zwischen Bobby Fischer und Boris Spasski 1972, das zum Kampf der herrschenden Systeme zwischen Ost und West hochstilisiert wurde – Schach diente und dient stets auch politischen wie gesellschaftlichen Zwecken.

Das Schachspiel wurde schon frühzeitig als ein „Bild der Welt“ angesehen. Auf dem quadratische Raster gibt es die vier Himmelsrichtungen, das Spiel wird, wie bei einem großen Weltenlauf, zu einem undurchdringbaren Labyrinth. „Die Natur hat uns das Schachbrett gegeben, aus dem wir nicht hinauswirken können noch wollen“, befand schon Johann Wolfgang von Goethe.

Wie Schach politisch instrumentalisiert werden kann, wurde in der Zeit des Nationalsozialismus überdeutlich. Einer, der daran mitgewirkt hat, war Schachweltmeister Alexander Aljechin, der sich, wohl um seiner Karriere als professioneller Spieler willen, in den Dienst der Nazis stellte. 1941 veröffentlichte er in der deutschsprachigen Pariser Zeitung eine Aufsatzserie, die im britischen Magazin Chess, der Deutschen Schachzeitung und der Deutschen Zeitung in den Niederlanden nachgedruckt wurde. „Jüdisches und arisches Schach. Eine psychologische Studie, die – gegründet auf die Erfahrungen am schwarzweißen Brett – den jüdischen Mangel an Mut und Gestaltungskraft nachweist“, war ein dreiteiliges Propagandawerk, in dem Aljechin unter anderem Emanuel Lasker, einen deutschen Juden, Weltmeister von 1894 bis 1921, der 1933 in die USA floh, beschimpfte und dessen Tod bejubelte.

In seinem Werk zeichnete Aljechin das damals übliche Charakterbild des jüdischen Schach, das vom materiellen Gewinn um jeden Preis und Opportunismus geprägt sei. „Dabei möchte ich ausdrücklich betonen, dass meine Schachkämpfe nie persönlichen Charakter trugen, sondern immer gegen die schachjüdische Idee gerichtet waren“, so Aljechin in seiner Hetzschrift. Nach dem Zweiten Weltkrieg bestritt Aljechin, der Autor dieser Artikelreihe gewesen zu sein, er sei benutzt worden. Freunde kolportierten, man habe ihn gezwungen, diese Artikel zu schreiben, – wer immer auch „man“ gewesen sein könnte. Nicht bekannt ist, ob die Veröffentlichungen von Alexander Aljechin gebilligt wurden.

Für die Nazis war Schach immer ein Zeichen des Angriffs, Schach sollte zum „Nationalspiel der Deutschen“ werden, alle Vereine wurden gleichgeschaltet. Propagandaminister Joseph Goebbels übernahm den Ehrenvorsitz des Schachsports, 1933 wurden jüdische Vereinsmitglieder aufgrund einer Anordnung aus den Vereinen ausgeschlossen. Im „Schach-Echo“ aus dem Jahre 1939 wird deutlich, wie die Nazis die Ziele des Schachspiels für die eigene Sache missbrauchten: „Lernen wir aus dem königlichsten aller Spiele gerade für die harte Zeit des Krieges alle seine nützlichen Eigenschaften zu betätigen, wie Mut zum Kämpfen, Tatkraft, umsichtige Entschlossenheit, Geistesgegenwart, Disziplin, Kameradschaft usw., mit einem Wort: eine positive Einstellung zu dieser Notzeit bis zum siegreichen Ergreifen des Friedenslorbeers, woran wir alle glauben – für unseren geliebten Führer und Großdeutschland.“

Schach war mit Kriegsbeginn auch ein Mittel der Truppenbetreuung. Praktische Taschenversionen passten in Feldpostpakete, dank mit Phosphor präparierter Spiele konnte man auch im Luftschutzkeller Partien austragen. Propagandafotos zeigen Piloten, die vor ihren Flugzeugen Schach spielen, besonders beliebt

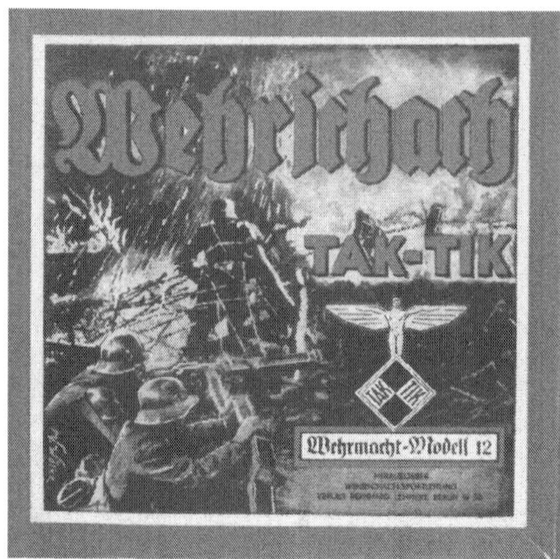

Das Spiel „Wehrschach“

war das „Wehrschach“, auch „Tak-Tik“ genannt, eine ganz auf den Krieg ausgerichtete Version. Gespielt wurde jeweils mit 18 blauen und roten Spielfiguren aus Kunstharz, die die Truppen und Waffen symbolisierten. Die Hauptfigur war ein Wehrmachtsadler, es gab Jagdflieger, Panzerkampfwagen, Artillerie und Infanterie. Für viele Soldaten zählte Schach zur Überlebensstrategie in Krieg und Gefangenschaft. Den Verfolgten der nationalsozialistischen Diktatur diente das Spiel in Gefängnissen und Konzentrationslagern als Mittel geistiger Selbstbehauptung gegenüber Erniedrigung und brutalen Schikanen.

Mit dem Kalten Krieg zog Schach verstärkt auf die internationale Bühne. So wurden schon bei der ersten Schacholympiade nach dem Zweiten Weltkrieg, 1950 in Dubrovnik, politische Spannungen sichtbar. Das Fernbleiben einer sowjetischen Mannschaft deutete man als Antwort auf den Reformkurs von Marschall Tito, der mit einer Ehrenpartie das Turnier eröffnete. In der 1949 gegründeten Deutschen Demokratischen Republik diente Schach als Mittel, um außenpolitisch an Anerkennung zu gewinnen. „Es gibt keinen unpolitischen Sport“, hieß es in „Schach“, dem Organ des DDR-Schachverbandes.

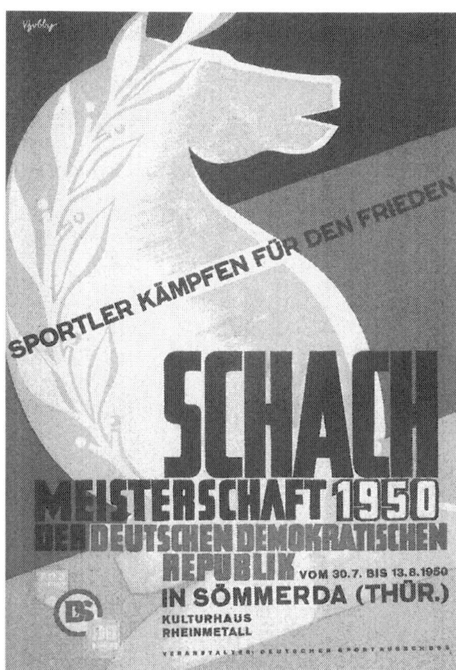

Schachmeisterschaft 1950 in Dresden

Mit der Schacholympiade 1960 in Leipzig richtete die DDR erstmals eine international besetzte Sportveranstaltung von Weltrang aus. Mit dabei waren 41 Mannschaften mit

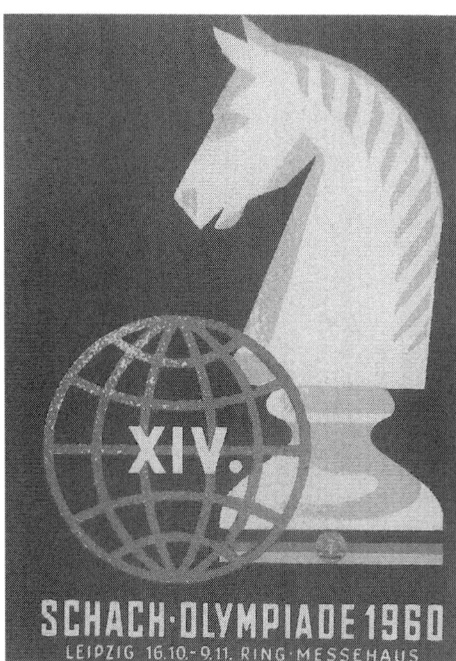

Schach-Olympiade 1960 in Leipzig

Spielern wie dem 17-jährigen Bobby Fischer, der in Leipzig gegen den 24-jährigen Weltmeister Michail Tal ein spektakuläres Remis erzielte, ebenso sorgte die Partie zwischen Wolfgang Unzicker (BRD) und Wolfgang Uhlmann (DDR) für politische Brisanz. Bei der Eröffnung verzichtete man auf das Abspielen der DDR-Hymne, um so die Politik aus dem königlichen Spiel fernzuhalten – was die Funktionäre der SED wütend machte. Am Ende des Turniers gewann die Sowjetunion mit 34 Punkten, rechtzeitig zum 43. Jahrestag der Großen Sozialistischen Oktoberrevolution, gefolgt von den USA mit 29 Zählern. Die BRD kam auf Platz 8, die DDR auf Platz 9, Tabellennachbarn wie schon bei der Olympiade 1958 in München.

Im Sommer des Jahres 1972 sollte die Vormachtstellung der jahrelang aufgebauten sowjetischen Schachschule in der isländischen Hauptstadt Reykjavik ihr Ende finden. Kein Finale um eine Weltmeisterschaft wurde vorher und nachher politisch so stilisiert, wie der Wettkampf zwischen Bobby Fischer und Boris Spasski – und gleichgesetzt mit dem Streit der Blöcke um die Raumfahrt und den Mais-Anbau. Teilweise wurde dem Publikum im „Match des Jahrhunderts“ ein bizarres Spiel geboten. Garniert mit allen Finessen und Tricks der psychologischen Kriegsführung kämpften die Vertreter des westlichen und östlichen Systems um den Sieg. Auf der einen Seite Spasski, freundlich, weltoffen, ganz Gentleman, auf der anderen Seite Fischer, introvertiert, großmäulig, genial. Schach schaffte es weltweit auf die Titelseite der Magazine und Zeitungen, zum ersten Mal berichtete das Fernsehen ausführlich und das Interesse stieg sprunghaft in die Höhe.

Nachdem die 21. und letzte Partie des Wettkampfes am 31. August 1972 als Hängepartie abgebrochen wurde und Spasski nicht mehr zur Wiederaufnahme des Kampfes erschien, wurde Fischer beim Punktestand von 12,5:8,5 zum neuen Weltmeister ausgerufen. Ein Gewinner des Kalten Krieges.

Im Oktober 2011 erschien das Buch „Zug um Zug“ von Helmut Schmidt und Peer Steinbrück. Der eine Elder Statesman und moralische Instanz, der andere

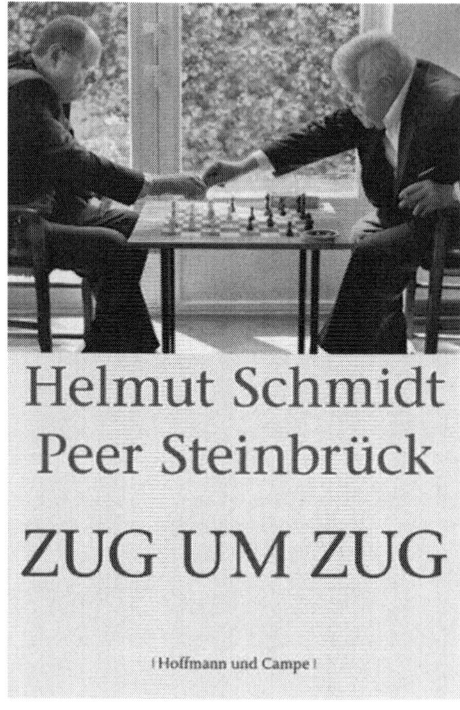

„Zug um Zug" 2011

spätestens seit der Finanzkrise Garant für politische Geradlinigkeit, beide Sozialdemokraten. Der Inhalt des politischen „Gesprächsbuches" rückte angesichts des Coverfotos, auf dem sich beide Politiker über ein Schachbrett gebeugt gegenübersaßen, völlig in den Hintergrund – und die Frage, wie ein Schachbrett aufgestellt wird, in den Vordergrund. Ein Besucher der Frankfurter Buchmesse machte Mitarbeiter des Hoffmann und Campe Verlages darauf aufmerksam, dass der Turm rechts unten auf Schwarz stehe. Das „Hamburger Abendblatt" verkündete am Tag vor der Veröffentlichung des Buches den Fehler und unterstellte Schmidt und Steinbrück, sie würden nicht einmal die Grundregeln beherrschen, die Fotografin wies jede Schuldzuweisung von sich.

Die Berichterstattung rund um das Buch und seitenlanges Nachkarten in den Sonntagsblättern sei ein Lehrstück für einen medialen Overkill, schrieb Steinbrück im Vorwort der Taschenbuchausgabe. Nur wenige Zeitungen hätten sich der Sensationsgier entziehen können, andere ließen das Schachbrett stehen, wie es stand, und gingen stattdessen auf den Inhalt der Gespräche ein. Als SPD-Kanzlerkandidat für die Bundestagswahl 2013 hat der Wirbel um das Buch mit dem Schachcover Steinbrück nicht geholfen. Nach der Bundestagswahl ging die SPD eine große Koalition mit der Union ein, bei der Angela Merkel Kanzlerin blieb. Nachdem er bereits vor der Wahl eine Regierungsteilnahme als Minister ausgeschlossen hatte, kündigte Peer Steinbrück daraufhin seinen Rückzug aus der Spitze der SPD an.

Schach, Politik, Gesellschaft

Um 1275 wählte der Dominikanerpater Jacobus de Cessolis ein Schachbrett, um die Gliederung einer ständisch organisierten Gesellschaft samt Pflichten und Funktionen ihrer Ämter und Berufe zu erläutern.

Evrard de Conty verglich im 14. Jahrhundert die Beziehung zwischen einer Dame und einem Herrn mit den Zügen einer Schachpartie. Begriffe auf einem Schachbrett würden überwiegend höfische Tugenden bezeichnen.

Ende des 19. Jahrhunderts bilden sich die ersten Arbeiter-Schachvereine. Die „Deutsche-Arbeiter-Schachzeitung“ erscheint bis 1933, mit der Auflösung des Deutschen Arbeiter-Schachbundes.

Mit der Deutschen Schachgemeinschaft der NS-Gemeinschaft „Kraft durch Freude“ installiert das Nazi-Regime 1935 eine Organisation, die Schach als bildungspolitisches und kulturelles Angebot vor allem in Betrieben einführen soll.

Nach dem Tod von Weltmeister Alexander Aljechin 1946 war der Schachthron zwei Jahre lang verwaist. Der Weltschachbund FIDE veranstaltete 1948 ein Match-Turnier je zur Hälfte in Den Haag und Moskau. Neuer Weltmeister wurde Michail Botwinnik.

Ganz schön sportlich

Schach ist alles: Kunst, Wissenschaft und Sport.

Anatoli Karpow, Schachweltmeister

Trotz der rund 91.770 Mitglieder des Deutschen Schachbundes (Stand 2019) und trotz vieler Millionen Menschen, die sich für die Denksportart Schach interessieren, ist die Frage bis heute umstritten, ob Schach als Sport zu betrachten ist. Schließlich kann man Schach auch als Wissenschaft, als Kunst oder als Philosophie auffassen. Das schließt aber nicht aus, Schach auch unter sportlichen Aspekten zu sehen und als „königliche Sportart“ zu würdigen.

Kompliziert wird diese Argumentationslinie, wenn das Schachspiel aus seinem klassischen Rahmen herausgehoben, in einem fremden Umfeld angesiedelt – und dann noch durch eine andere Sportart ergänzt wird. Im Schachboxen ist dies der Fall, eine Kampfsportart, die das traditionelle Schach, als auch das

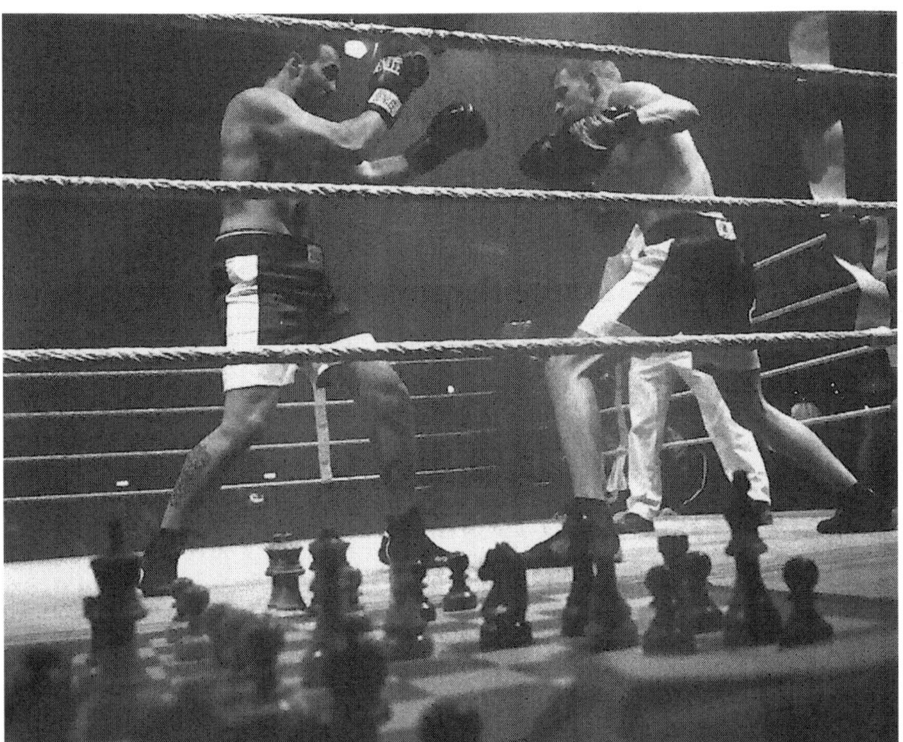

Boxszene mit Schachbrett

traditionelle Boxen miteinander verbindet. Nach einem ersten Schaukampf, der 2003 in Berlin stattfand, stieg die Anzahl der Spieler sowie Mannschaften beachtlich an und 2019 errang Alina Rath (Chess Boxing Club Berlin / SK König Tegel) im türkischen Badeort Antalya bei dem III. Amateur-Weltmeisterschaften im Schachboxen in ihrer Gewichtsklasse den Titel einer „Amateur-Schachbox-Weltmeisterin". Ihre Gegnerin Janhavi Cavhen machte innerhalb eines Halbzuges drei regelwidrige Züge, so musste Rath für ihren Titel nicht einmal ihre Fäuste einsetzen.

Zusammengekommen waren in der Türkei Kämpferinnen und Kämpfer aus zehn europäischen Ländern, den USA, Israel, Indien und den Vereinigten Arabischen Emiraten, um in den verschiedenen Gewichtsklassen ihre Champions zu ermitteln. Dies zeigt, welche Kreise das Schachboxen inzwischen zieht. Weltmeister bei den Männern ist der Waliser Carl Stugnell, der seine Wettkämpfe im Schachboxen eher mit einem Schachmatt als durch einen Knockout gewinnt. Bei allem muss allerdings angemerkt werden, dass es diese Sportart mittlerweile zwar schon seit 18 Jahren gibt, dass sie aber immer noch ein Dasein im Kabinett der Sportkuriositäten fristet.

Schachboxen wird in Hamburg und Köln angeboten, wo in einem Fitnessclub strategisches Denken und flinke Fäuste die Basis für ein Gruppentraining bilden. In Berlin gibt es einen professionellen Schachbox-Verein mit rund 40 Mitgliedern, er ist damit der einzige seiner Art weltweit. Und die ebenfalls in Berlin ansässige „World Chess Boxing Organisation" (WCBO), einst von Aktionskünstler Iepe Rubingh gegründet, hat das Ziel, Schachboxen offiziell als eigenständige und international anerkannte Sportdisziplin zu verbreiten.

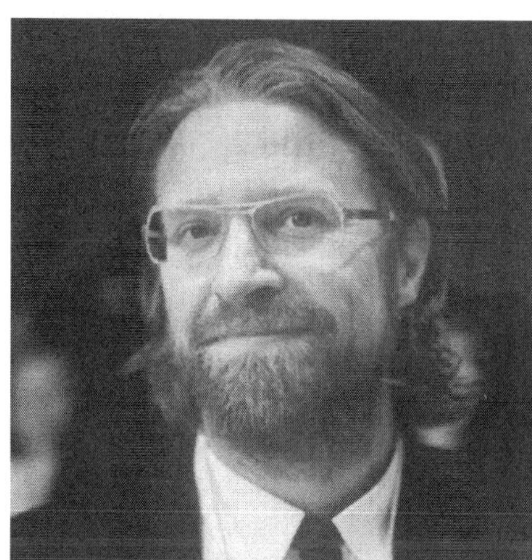

Iepe Rubingh

Der vielseitige niederländische Künstler Iepe Rubingh, der im Mai 2020 in Alter von 45 Jahren in Berlin verstarb, verband Boxen und Schach zu einer einzigartigen Mixtur, die Faszination und Ablehnung erfährt. Sein künstlerisches Werk war von einer gewissen Gigantomanie geprägt. In Berlin und Tokio sperrte er große Kreuzungen mit Baustellenbändern ab und sorgte so für viel Publicity sowie Verwirrung. 2011 ließ es im Berliner Bezirk Mitte 500 Liter wasserlösliche Farbe von Autos auf der Straße verteilen, als Künstlername legte er sich „The Joker" zu. Unter diesem Namen trat er auch beim von ihm erfunden Schachboxen an. Rubingh holte sich in dieser Blütezeit schnell die WM-Krone im Mittelgewicht, die Zahl der Kontrahenten war begrenzt.

Inspiriert wurde der charismatische Geburtshelfer des Chessboxing von dem französischen Künstler Enki Bilal, der in seinem Comic „Äquatorkälte" (Ehapa Comic Collection, 1993) das Schachboxen in die Welt gebracht hat. „Als Ausgangspunkt diente die Vorstellung einer Gesellschaft, in der die Beurteilung, das Vermessen aller Aspekte des Lebens, zur Grundregel geworden ist. Man vermisst die Intelligenz, man vermisst die Gewalt, man vermisst die Dummheit, die Verblödung. Man vermisst die Schönheit", so Bilal in einem Beitrag des Deutschlandfunk Kultur. Der Comic ist der letzte Teil der „Nikopol-Trilogie", das Debüt des bis dato nur als Zeichner aufgetretenen Bilal, und bedeutete für ihn die Aufnahme in die Riege der namhaften Autoren.

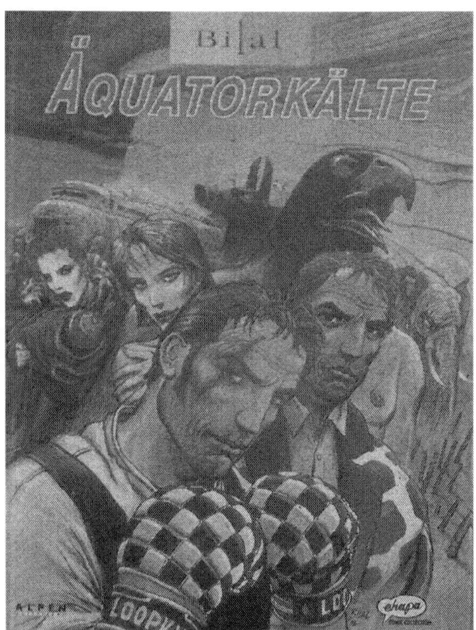

In „Äquatorkälte" trifft Nikopol Junior auf einer Zugfahrt von Kairo nach Äquator City die geheimnisvolle Jelena Prokosh-Tootobi, die seine Geliebte wird. Im Zug treffen sie auch auf den Schachboxer John-Elvis Johnelvisson, der in Äquator City um die Weltmeisterschaft kämpfen will. Nikopol tritt unter dem Namen Loopkin gegen Johnelvisson an – und gewinnt mit harten Mitteln. Iepe Rubingh, der erste Weltmeister im Schachboxen, nannte die Lektüre von „Äquatorkälte" während seiner Jugend als Auslöser für seine Vision, die ungewöhnliche Disziplin ins Leben zu rufen.

Die Regeln sind überschaubar. Das Grundprinzip beim Schachboxen ist die Verbindung des Denksports Nummer Eins mit dem Kampfsport Nummer Eins und stellt somit höchste Ansprüche an die psychische und physische Qualität der Akteure. In einem Schachboxkampf treten zwei Kontrahenten abwechselnd im Schach und im Boxen gegeneinander an, ziehen, schlagen, ziehen, schlagen. Der Wettkampf beginnt mit einer Schachrunde, danach folgt eine Boxrunde, danach wieder eine Schachrunde usw. Ein Wettkampf wird über insgesamt elf Runden geführt, sechs Schachrunden und fünf Boxrunden.

Eine Schachrunde dauert vier Minuten. Dabei wird eine Schnellschachpartie mit zwölf Minuten Bedenkzeit gespielt. Bei Überschreiten der Bedenkzeit ist der

Kampf sofort entschieden. Eine Boxrunde dauert drei Minuten. Zwischen den Runden ist eine einminütige Pause, in denen die Wettkämpfer ihre Boxhandschuhe an- und ausziehen.

Der Wettkampf wird in den Schachrunden durch Schachmatt, Überschreiten der Bedenkzeit oder Aufgabe entschieden. In den Boxrunden durch KO oder einen Kampfabbruch durch den Schiedsrichter. Fällt in einer der beiden Disziplinen eine Entscheidung, ist der Kampf sofort vorbei. Endet der Kampf im Schach mit Remis durch Patt oder Übereinstimmung der Gegner, entscheidet die Punktewertung im Boxen. Gibt es auch hier ein Unentschieden gewinnt der Kämpfer, der im Schach die schwarzen Steine geführt hat. Und wie reagieren die Kontrahenten?

Das Schachboxen treibt den Puls nach oben und schwemmt eine Überdosis Adrenalin in den Körper, die dafür sorgt, dass man aggressiv spielt und die Figuren des Gegners schlagen will. Um gut Schach spielen zu können, dabei auch noch unter Zeitdruck stehend, braucht es eine extreme Kontrolle über die Chemie des eigenen Körpers. Das Bemerkenswerte am Schachboxen ist, dass der Verlierer nicht nach einer Ausrede suchen kann, weil die Auseinandersetzung auf mentaler und auf körperlicher Ebene stattfindet. Anders als beim Fußball, wo bei einer Niederlage immer der Schiedsrichter, der Trainer, die mangelnde Einstellung und im schlimmsten Fall das Publikum schuld ist.

So hat der Künstler lepe Rubingh den Menschen eine sportlich geprägte Innovation geschenkt. Das Zusammenspiel aus körperlicher und geistiger Gewalt, vereint in einem Wettkampf, der alles fordert.

Zwei, Drei, Vier

Die, die behaupten Schach zu verstehen, verstehen überhaupt nichts.

Robert Hübner

Betrachtet man die Schach-Varianten Dreier- und Viererschach, könnte man meinen, die Zugmöglichkeiten beim klassischen Zweier-Schach würden nicht ausreichen. Dabei ist die Zahl der Zugmöglichkeiten gerade im Anfangsstadium einer Partie recht groß. Für seinen ersten Zug hat Weiß bereits 20 Möglichkeiten, nämlich 16 Bauern- und vier Springerzüge – und Schwarz ebensoviele Antwortmöglichkeiten.

Nach dem ersten Zug ist es noch einfach. Hier können maximal 400 verschiedene Stellungen entstehen, eben die 20 weißen Anfangszüge multipliziert mit 20 möglichen Antwortzügen von Schwarz; also 20 x 20 = 400 mögliche Stellungen. Nach nur zwei Zügen wird die Sache schon sehr viel unübersichtlicher, denn hier gibt es nach jeweils zwei Halbzügen bereits 72.084 mögliche Stellungen. Nach dem jeweils 3. Zug von Weiß und Schwarz machen selbst Mathematiker nur noch vage Angaben über die Zahl der möglichen Stellungen. Wenn man vorsichtig annimmt, dass jeder Spieler bis zum 5. Zug mindestens 20 Zugmöglichkeiten hat und danach immer noch mindestens 10, dann kommt man nach 10 Zügen von jedem auf (20^10)*(10^10)=(2^10)*(10^20)~(10^23) mögliche Stellungen.10^23 ist eine 1 mit 23 Nullen, in Worten: Hunderttausend Milliarden Milliarden Stellungen.

Wenn sich die Zugmöglichkeiten schon beim „Zweier-Schach“ in solch rechnerische Höhen aufschwingen, wie mag es da erst beim Schachspiel für drei Spieler sein? Eine Variante, die immer mehr Anhänger findet und selbst erfahrene Schachspieler vor ungeahnte neue Herausforderungen stellt. Mit dem dritten Spieler bekommt das Schachspiel eine ganz neue Note. Im Trio stellt sich die Frage: Ist es besser, sich mit einem Gegenspieler zu verbünden oder beide anzugreifen? Spannung ist in jeder Partie garantiert, denn die Gefahr droht erstmals von zwei Seiten. Im Gegensatz zum klassischen Schachspiel ist beim Drei-Spieler-Schach das Spielfeld rund angelegt und breitet sich vom Mittelpunkt zum Rand hin konzentrisch aus. Dabei gelten die Schachregeln nahezu unverändert. Diagonalen durchziehen die Felder und laufen in der Mitte zusammen. Die Linien zeigen an, welche Felder jeweils durch einen diagonalen Spielzug anzuspielen sind. Die originelle Schachvariante gibt es im Internet.

Die Zweier- als auch die Dreier-Schach-Variante wird durch die Vier-Variante überboten. Dabei sind an das Schachbrett an jeder Seite noch drei Reihen angehängt, so dass das Brett die Form eines großen Pluszeichens hat. Man

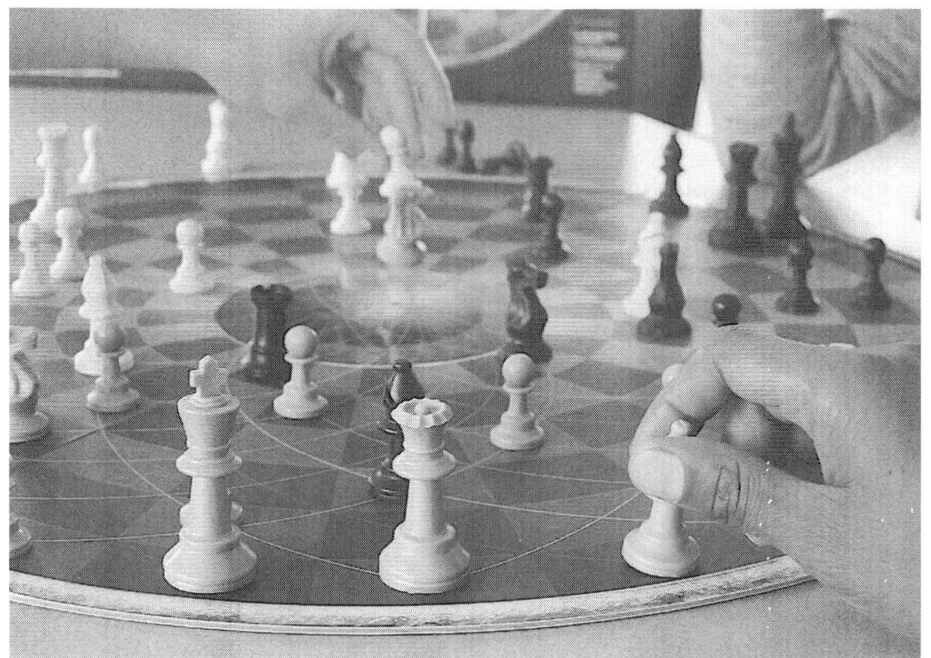

Dreierschach

kann Vierschach mit zwei Teams spielen, aber auch in einer „Nichtteamvariante“, bei der jeder Spieler gegen alle anderen spielt, bis alle Gegner matt gesetzt sind. Ein Team kann man mit seinem rechts sitzenden Mitspieler bilden, wobei die Figuren der einzelnen Mannschaften, neben Weiß und Schwarz, zwei weitere unterschiedliche Farben haben. Weiß zieht zuerst, wobei es nur geringe Ausnahmen gibt. Die Regeln für die Rochade sind die gleichen wie im normalen Schach. Sonderregeln gibt es für die Bauern: Es gibt kein „en passant“ und bei seinem ersten Zug kann der Bauer bis zu 5 Felder in die Brettmitte vorrücken. Und es ist verboten, einen Zug zu machen, der den König des Partners ins Schach stellen würde. Auf der Online-Schachplattform chess.com wird eine Version für Viererschach angeboten: www.chess.com/4-player-chess. Man sollte viel Zeit mitbringen, selbst wenn man im Duo spielt, muss man immer mit Schachgeboten von zwei Parteien rechnen.

Neben dem Vier-Personen-Schach gibt es noch weitere Schachvarianten, die sich durch Figurenergänzungen und ungewöhnliche Figurenaufstellungen vom „normalen“ Schach unterscheiden.

Beim Eckschach sind die Figuren um die Ecke herum aufgestellt. Zwei Spieler nehmen gegenüber Platz und bilden jeweils ein Team.

Beim Carrera-Schach werden neben den Türmen Janus und Marschall aufgestellt. Janus zieht wie Springer und Läufer, Marschall zieht wie Springer und Turm.

Beim Kreuzschach bilden die Spieler zwei Allianzen. Entweder verbünden sich die gegenüber sitzenden Farben oder zwei Farben nebeneinander. Wenn zwei Farben nebeneinander in einer Allianz spielen, ist jede Allianz zweimal hintereinander am Zug, dadurch gewinnt das Spiel an Tempo und Schärfe. Das Spiel endet, wenn beide Könige einer Allianz geschlagen sind.

Beim Festungsschach wird das Schachbrett von 8x8 Feldern an jeder Seite durch 2x8 Felder ergänzt. In jede der vier entstehenden Ecknischen wird eine Festung von 4x4 Feldern eingefügt, die nur über eine Gerade sowie über eine weiße und eine schwarze Diagonale zu erreichen ist.

Martialisch angelegt ist Atomschach. Dabei werden, nachdem eine Figur geschlagen wurde, alle umliegenden Figuren (unabhängig von deren Farbe) in einem Quadrat von 3x3 Feldern, ebenfalls vom Brett genommen.

Beim Bauernschach bekommt jeder Spieler nur seine 8 Bauern. Ziel ist es, als erster die gegnerische Grundlinie zu erreichen. Die Bauern dürfen während der Partie nur die üblichen Züge machen, auch en passant gilt.

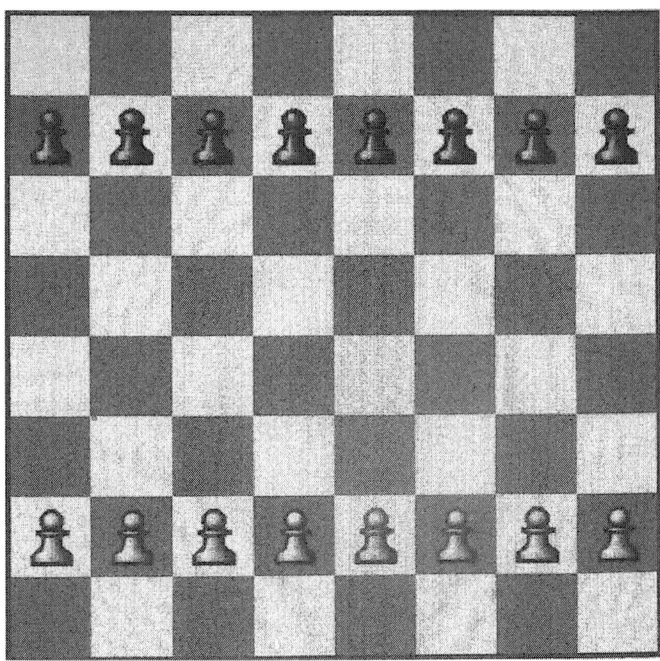

Bauernschach

Eine wundersame Variante des Schachspiels ist das Metamorphosenschach. Jede geschlagene Figur wird dabei wieder auf das Feld gestellt, auf dem sie zu Anfang der Partie stand. Ist dieses Feld schon von irgendeiner anderen Figur besetzt, so darf sie nicht geschlagen werden. Der Effekt: Bis zum Spielende bleiben alle Figuren auf dem Brett.

Eine weit verbreitete Variante ist das Tandemschach. Die Figuren werden von 2x2 Spielern statt von 2x1 Spieler geführt, die alliierten Partner ziehen auf jeder Seite abwechselnd. Da man sich untereinander nicht absprechen darf, erschwert es die Spielführung, weil man die Pläne seines Partners nicht kennt.

Beim Verwandlungsschach nimmt die schlagende Figur die Figur der geschlagenen an. Eine Regel für die Bauern: Schlägt ein weißer Bauer einen schwarzen Turm, wird aus diesem ein weißer Turm.

Beim Zufallsschach stellen die Spieler vor Beginn der Partie die Figuren der Grundreihe nicht auf ihre Ausgangsstellung, sondern jede wird nach den eigenen Wünschen aufgestellt. In der Partie gelten alle Regeln des Schachspiels außer das Rochaderecht.

Eine Sonderrolle in den Abarten des Schachspiels nimmt das Märchenschach ein, in dem man über die Grenzen des Spiels in ein Wunderland vordringen kann. Es wird die Frage gestellt, warum das Spiel auf 64 Felder und 32 Figuren beschränkt sein muss. Warum schickt man keine magischen Figuren in den Kampf, die vielleicht ein ganz anderes Ziel haben, als ein Matt des Königs? Im Märchenschach können unter anderem Hüpfer, Jäger, Saurier und Schützen zum Einsatz kommen, es gibt königliche Steine und gekrönte Figuren. Es können neue Regeln aufgestellt werden, die es schon in den bereits aufgezählten Varianten gibt, ebenso veränderte Brettgrößen, als auch räumliche Veränderungen. Eine gelungene und verständliche Einführung in diese komplexe Schach-Welt bietet das Buch „Märchenschach“ von Anthony Dickins aus dem Hesse & Becker Verlag.

Völlig losgelöst

Das Spiel ist Schlüssel zur Außenwelt und Wecker der Innenwelt.

Friedrich Fröbel, deutscher Reformpädagoge

Der US-amerikanische NASA-Astronaut und passionierte Schachspieler Dr. Gregory Chamitoff war zweimal im All. Er verbrachte 2008 bei den Expeditionen 17 und 18 sechs Monate an Bord der Internationalen Raumstation ISS. Im Jahr 2011 war er als Spezialist weitere 15 Tage Mitglied der Mission STS-134, der vorletzten Space-Shuttle-Mission. Er absolvierte zwei Weltraumspaziergänge, von denen der letzte den Bau der ISS vollendete.

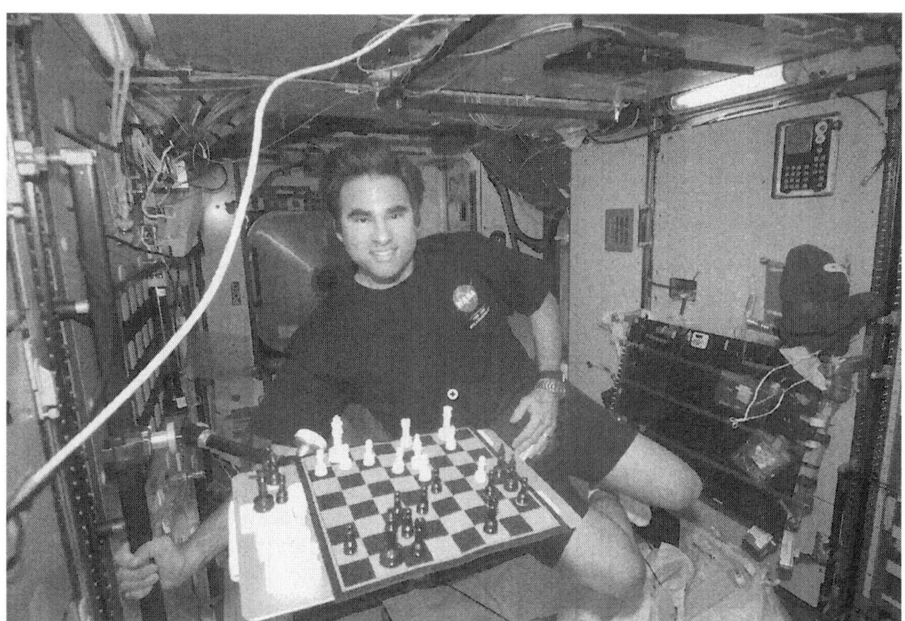

Gregory Chamitoff an Bord der Internationalen Raumstation ISS

Im Juni 2008 brachte Chamitoff ein leichtes Klettschachbrett mit an Bord, ein magnetisches Schachspiel hätte die Elektronik an Bord gestört. Deshalb verwendete er billige hohle Plastikteile und verankerte sie mit Klettverschlüssen an einer Tafel. Im August 2008 bestritt er dann ein Schachspiel gegen Houston Mission Control und gewann zwei Partien gegen die Bodenkontrolle, die auf der ISS gespielt wurden. Dabei verlor Chamitoff allerdings eine Figur. Ein Turm klebte nicht am Klettband und schwebte davon. Es wurde später in einem der Luftstrom-Rücklauffilter im US-Labor auf der ISS gefunden.

Vom 29. September bis zum 9. Oktober 2008 veranstalteten die NASA und der US-amerikanische Schachverband (USCF) ein erstes Schachspiel unter dem Motto: „Erde gegen Weltraum". Die Mannschaft „Erde" gewann das Match dank der Schachspieler der Stevenson Elementary School in Bellevue, Washington. Die Schüler schlugen mehrere Züge vor, über die die Öffentlichkeit abstimmte.

Das Match zwischen Chamitoff und den Erdlingen war nicht das erste Schachspiel zwischen Erde und Weltraum.

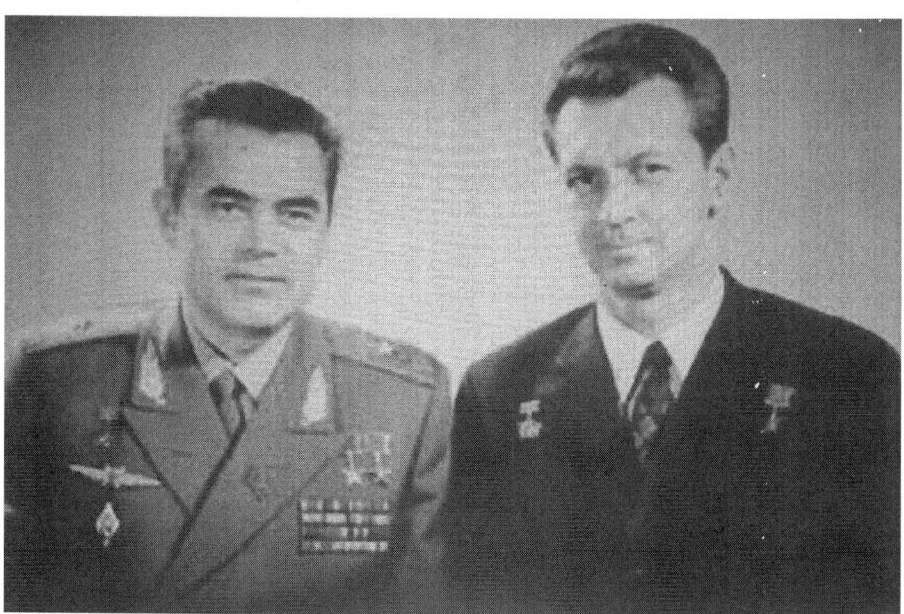

Andrian Nikolajew und Witali Sewastjanow

Im Juni 1970 spielten die sowjetischen Kosmonauten Andrian Nikolajew und Witali Sewastjanow, die sich an Bord des Raumschiffs Sojus 9 befanden, ein Beratungsspiel gegen die erdgebundenen Kosmonauten Viktor Gorbatko und Nikolai P. Kamanin, sowjetischer General und Chef des Trainingsprogramms. Das Spiel ging über einige Stunden – und endete unentschieden.

Astronaut Gregory Chamitoff spielte allerdings nicht nur Schach im All. Zu Beginn der ISS-Expedition 18 war der englische Computerspiel-Entwickler und Weltraumtourist Richard Garriott mit an Bord.

Chamitoff und Garriott drehten die erste Zaubershow im All und mit dem

Kosmonauten Juri Lontschakow und dem Astronauten Michael Fincke einen im All spielenden Science-Fiction-Film mit dem Titel „Apogee of Fear". Laut der US-amerikanischen Onlinezeitung Huffpost ist das rund 8-minütige Werk „ohne Frage der beste Science-Fiction-Film, der jemals im Weltraum gedreht wurde". Es beginnt damit, dass die NASA-Astronauten Fincke und Chamitoff dem Touristen Garriott durch ein Fenster freundlich zuwinken, während dieser das umlaufende Labor verlässt und sich auf den Weg zurück zur Erde macht. Dann wenden sich die beiden Astronauten einander zu und drücken ihre tiefe Erleichterung darüber aus, dass er endlich gegangen ist.

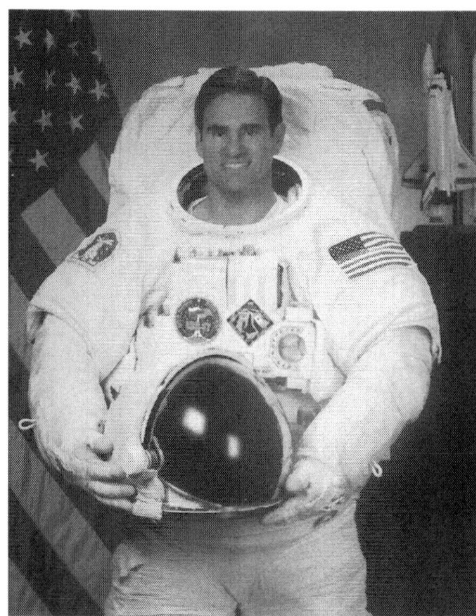

Gregory Chamitoff

Die Weltraumpartie spielte Astronaut Chamitoff mit den weißen, die „Erdlinge" mit den schwarzen Figuren. Veröffentlicht wurde die Partie in der englischen Notation: Der Läufer B (Bishop), Springer N (Knight), Turm R (Rook), Dame Q (Queen) und König K (King).

1.d4 Nf6 2.Nf3 d5 3.Bf4 c5 4.e3 Nc6 5.Bb5 Qa5+ 6.Nc3 Ne4 7.Bxc6+ bxc6 8.0-0 Nxc3 9.Qd2 Ne2+ 10.Qxe2 Ba6 11.Qe1 Qb6 12.dxc5 Qxc5 13.c4 Bxc4 14.Qc3 Qb6 15.Rfe1 e6 16.a3 f6 17.e4 Bc5 18.Be3 Bxe3 19.Rxe3 0-0 20.b3 Ba6 21.b4 e5 22.b5 d4 23.Qc4+ Kh8 24.Rb3 cxb5 25.Qb4 Rfc8 26.Nd2 Rc2 27.a4 Rb8 28.Rab1 Qc5 29.Qxc5 Rxc5 30.axb5 Rcxb5 31.Rxb5 Rxb5 32.Rxb5 Bxb5 33.f3 a5 34.Kf2 a4 35.Ke1 a3 36.Nb3 Bc4 37.Na1 Kg8 38.Kd2 Kf7 39.Kc1 Ke6 40.Nc2 a2 41.Kb2 d3 42.Ne3 d2 43.Nd1 Bb3 44.Nc3 d1Q 45.Nxd1 Bxd1 46.Kxa2 und Weiß gab auf.

Ein schöner Zug

Man konnte den Gegner in der ersten Halbzeit noch in Schach halten.
Radioreporter bei der Übertragung eines Fußballspiels

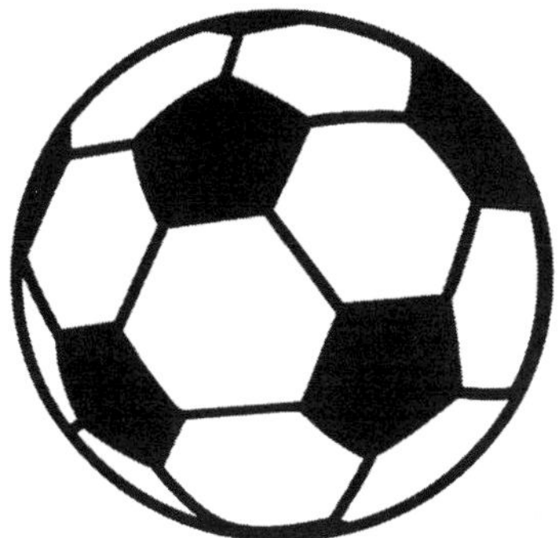

Schach hat nur auf den ersten Blick nichts mit Fußball zu tun. Aber ohne die Begriffe des Königlichen Spiels wäre das Rasenspiel völlig unverständlich

Das Bonmot „Fußball ist wie Schach – nur ohne Würfel!“ soll von Lukas Podolski stammen, tatsächlich stammt es von dem Entertainer und Satiriker Jan Böhmermann, der es im Namen Podolskis erdacht hat. Tatsächlich wäre Fußball ohne die Begriffe aus der Schachwelt gar nichts. Radio- und Fernsehreporter wüssten nicht, wie sie ein Spiel spannend moderieren sollen, in dem im Grunde 90 Minuten lang nichts oder immer annähernd das Gleiche passiert. Samstagmittag für Samstagmittag, Pokalspiel für Pokalspiel, Weltmeisterschaft für Weltmeisterschaft.

Gleichwohl ist Fußball ein Beweis dafür, wie geläufige Schachbegriffe, die oft aus dem umfangreichen Regelwerk stammen, in die Alltagssprache eingeflossen sind.

Dies beginnt beim Fußball schon kurz nach dem Anpfiff, wenn sich einer der Stürmer über die *Diagonale* zum *Angriff* aufmacht. Im *Mittelspiel* kommt es auf dem Rasen notgedrungen zu einer *Verteidigung*, die in der *Analyse* von dem Moderator für die Zuhörer und Fernsehzuschauer aufgearbeitet wird. So stellt sich schnell heraus, dass der Angreifer praktisch *en passant* und ohne *Zeitnot* die vorderste gegnerische *Reihe* durchbrochen hat. *„Ein schöner Zug“*, ruft der Fußballreporter begeistert, kurz danach fällt das erste Tor. Die zweite Halbzeit wird dann zu einer echten *Zitterpartie*, weil beide Mannschaften sich *in Schach* *halten* können. Das Nachsehen hat am Ende einer der Trainer. Schon länger erfolglos, verkündet das Management des Fußball-Clubs eine *Personalrochade*, der Co-Trainer übernimmt den Chefposten auf dem Platz, während der Trainer in die zweite Reihe zurücktreten soll. Der sieht sich als *Bauernopfer* – und kündigt.

Ebenso stark wie im Fußball hat sich der Gebrauch von Schachbegriffen in der Geschäftswelt verbreitet. Vor allem in wirtschaftlich schwierigen Zeiten fühlen sich Arbeitnehmer wie hin- und hergeschobene *Schachfiguren auf dem Feld* übergeordneter Geschäftsinteressen. Bis zur Kündigung sprechen die Gewerkschaften nach Verhandlungen von einer *Hängepartie*, folglich seien die Arbeitgeber nun mit neuen Angeboten *am Zug*. Um ein *Patt* zu verhindern, muss die Gewerkschaft möglichst viele Mitglieder auf *Linie* bringen, um einen Erfolg zu erzielen. Sonst droht ein *Schachmatt*.

Begriffe des Königlichen Spiels werden auch immer wieder und vor allem im politischen Diskurs verwendet.

Wenn sich Koalitionäre nicht einig werden oder Gesetzesvorhaben zu kompliziert sind, wird um eine gegenseitige *Bedenkzeit* gebeten. Sie hilft oft, ein Problem zu lösen – oder auch nicht, etwa wenn sich eine Seite unter *Zugzwang* gesetzt fühlt. Wenn es dazu kommt, sprechen alle Seiten gerne von einer *Blockade* und stellen eine *Drohung* auf. In der Gesetzgebung hilft dann nur noch der Einsatz eines Vermittlungsausschusses, während Koalitionsverhandlungen platzen können. Beliebt ist im politischen Spiel die sprachlich vertuschte Beschimpfung des Gegners. Da ist von *Leichtfiguren* die Rede, von *schlechten Zügen*, die niemandem dienen, *getürkten* Manövern und auf allen Seiten werden *Opfer* beklagt. Ein Schachbegriff hat es mittlerweile zu trauriger Berühmtheit geschafft. Es ist der *Flügel* einer rechtsextremen Partei.

II. Teil

Filme

Wenn wir ins Kino gingen, dann legte er das Geld für die Tickets aus. Seine Charaktereigenschaften wie Korrektheit, Genauigkeit, Disziplin und Bescheidenheit waren für jedermann sichtbar.

Boris Spasski über Paul Keres

Das Genre des Schachfilms gibt es nicht. Er kann sich nicht wie der Western auf eine lange Entwicklungsgeschichte berufen, ist keine Weiterführung, wie sie der Kriminalfilm in all seinen Nebenlinien durchlaufen hat, lässt sich auch nicht bei schmachtenden Liebesfilmen einordnen oder gar bei komischen und grotesken Märchenfilmen, die bereits ab 1915 Fuß fassten. Der Schachfilm ist weder Science-Fiction, Fantasy, Horror, Action, Thriller, Dark Drama noch Mystery oder History. Genrefilme sollen möglichst viel Geld in die Kassen spülen. Sie werden in erster Linie nicht im Interesse der Kunst oder gar zur Aufklärung der Masse produziert, sondern sollen, nachdem sie ihre Zeit im Kino durchlaufen haben und auf DVD weiter vermarktet wurden, zumindest die Produktionskosten einspielen. Der Filmindustrie kann man deshalb keinen Vorwurf machen. Sie reagiert auf die Wünsche und Bedürfnisse eines zahlungskräftigen Publikums.

Dient ein Film mit Schachinhalten also lediglich der gehobenen Unterhaltung oder nur der billigen Zerstreuung?

Nein.

Das Schachspiel, und auch hier zeigt sich eine kulturelle Universalität, ist in allen gängigen Filmgenres zuhause. Eine Partie kann sich in einem Western verstecken, dient dem intellektuellen Anstrich in einem Krimi und an einem Schachbrett kann sich durchaus eine zarte Liebesbeziehung entwickeln. Schachelemente können in einem Film der Entzauberung als auch der Verzauberung dienen. Sie können den Anblick der im Film geschaffenen Welt unterschlagen, das schachkundige Publikum durch eine schwierige Stellung führen und dem schachunkundigen Publikum die Oberfläche und tieferen Schichten eines Spiels zeigen, das Menschen auf der ganzen Welt begeistert. Schachfilme setzen der Flüchtigkeit und Gedankenlosigkeit vieler anderer Filme inhaltlich etwas entgegen. Sie widersetzen sich einer kurzfristigen modischen Gedankenwelt, kommen aber den Vorlieben des Publikums kaum nahe, das zu großen Teilen in seiner Filmwelt andere Prioritäten setzt: psychische Vernichtung, offene Brutalität und dunkle Verschwörungen.

So sorgt Schach in Filmen, die keine Imitationen der Welt, sondern stets erzählte Konstruktionen sind, für ein Quantum Realität. Schach sprengt träumerische Filmbilder mit Sequenzen, denen eine wahre Bedeutung innewohnt. Schach unterbricht den fortwährenden Filmfluss, bestehend aus austauschbaren Komponenten, mit durchdachten Kompositionen – und Schach bedeutet Wirklichkeit in einer oftmals konfusen Zufallsmenge, die vielen Filmen innewohnt. Kino ist trotz der kommerziellen Ausrichtung der Filmindustrie vor allem immer die Suche nach der perfekten Illusion, man gibt sich einer Geschichte hin, leidet mit, bangt um die Heldinnen und Helden, weint und lacht mit ihnen.

Das Kino braucht erzählbare Stoffe, braucht Geschichten und spannende Handlungen.

Dabei sind Schachfilme voller Zeichen, Symbole und sinnstiftender Bedeutungen. Schauspieler mit einem stark dargestellten Charakter hinterlassen einen ebenso bleibenden Eindruck wie Redewendungen, Sprechweisen, Musik, Kleider und Frisuren. Schach sorgt für Respekt, weil es ein Symbol für Erfolg und Intelligenz ist, gleichzeitig in einer Filmstory aber auch Arroganz, Gefühlskälte und fanatischen Ehrgeiz zeigen kann.

Im folgenden werden Filme mit ihren Eckdaten vorgestellt, in denen das königliche Spiel auf unterschiedliche Weise eine Rolle spielt. Mal als Statist, mal in einer Nebenrolle, mal in einer Hauptrolle – eine subjektive Auswahl. Viele Filme sind, dank YouTube, im Internet zu finden. Auch sind Schachfilme auf DVD erhältlich, einige wenige gibt es nur noch auf VHS-Kassetten, die man unter anderem auf der Plattform ebay ersteigern kann. Hoffnung macht auch der Streaming-Dienst-Anbieter Netflix, der das Thema Schach entdeckt hat, vielleicht ein Anreiz für andere Anbieter.

All diese Formate ersetzen den Kinofilm auf großer Leinwand nicht, in dem man die ganze Liebe zum Spiel auf den 64 Feldern entdecken kann.

Schachfieber

Stummfilmkomödie, Schwarz-Weiß, 1925, UdSSR, 28 Minuten

Regie: Wsewolod Illarionowitsch Pudowkin

Drehbuch: Nikolai Schpikowski, Mykola Hryhorovych Shpykovsky

Kamera: Anatoli Dmitrijewitsch Golownja

Hauptrollen: Anna Semzowa, Wladimir Vogel, José Raúl Capablanca

1925 fand in Moskau das erste internationale Schachturnier statt, das allein aus staatlichen Mitteln finanziert wurde. Nach schwierigen Jahren, in denen

Hungersnot und Bürgerkrieg herrschten, hatte sich durch eine neue ökonomische Politik die Lage im Land etwas entspannt. Das Turnier war auch ein Zeichen für die wachsende Begeisterung des Schachspiels im Land. Und mehr noch: Die Sowjetunion wollte zur führenden Schachnation aufsteigen, dieses Ziel besaß höchste Priorität. Während des Wettkampfes entstand Wsewolod Pudowkins rund 30-minütiger Schwarz-Weiß-Film „Schachfieber", eine Komödie in zwei Akten, in der neben dem gutaussehenden Schachweltmeister José Raúl Capablanca aus Kuba in der Hauptrolle noch eine ganze Reihe anderer Schachmeister als Statisten mitspielten, die an dem Turnier teilnahmen. Darunter Rudolf Spielmann, Frank Marshall, Richard Réti, Ernst Grünfeld und Frederick Yates. In einer Nebenrolle als Apothekergehilfe spielt Juli Raisman, der ab 1927 eine eigene Karriere als Regisseur begann.

In „Schachfieber" nahm Pudowkin Aufnahmen von Capablanca ohne dessen Wissen aus der Wochenschau und schnitt sie in die gespielten Szenen hinein. Der Regisseur ging damit von der Konzeption des verfilmten Theaters ab und konzentrierte sich auf die Magie der Montage. Die Montage war nach der Auffassung Pudowkins eine neue Methode zur Enthüllung und Erklärung aller in der realen Wirklichkeit vorkommenden Zusammenhänge, beginnend mit den an der Oberfläche sichtbaren bis zu den tiefsten und verborgensten. Und wo kann man diese Enthüllung der Realität besser darstellen als in einem Schachfilm?

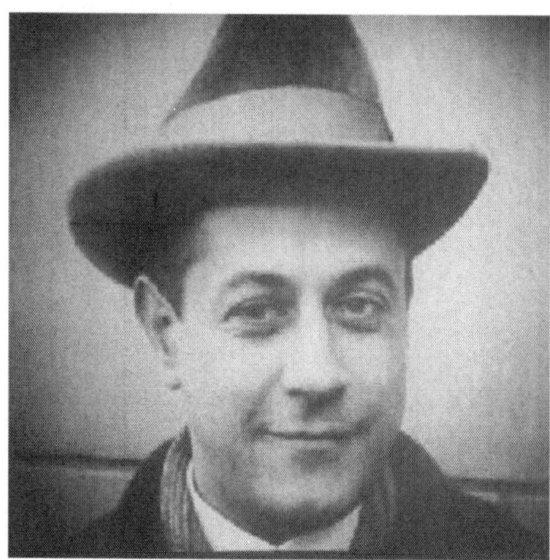
José Raúl Capablanca

Mit „Schachfieber" schuf der Regisseur aus einzelnen Aufnahmen, die an verschiedenen Orten gemacht wurden, eine neue Filmebene. Die Dramaturgie und das Zusammenwirken dieser Montagen wurden effektvoll in allen Ebenen der Gesamtkomposition des Films zusammengeführt. In dem Stummfilm wird deutlich, wie sich die Schauspieler, Komparsen als auch die Schachspieler der Mimik und Gestik zur Kommunikation bedienten, was in den späteren Tonfilmen, auch „Sprechfilme" genannt, Ende der 1920er Jahre durch Dialoge ergänzt wurde – und damit eine neuen Epoche der Filmkunst heraufzog.

So sind zum Auftakt des Kurzfilms die Schachmeister beim Turnier zu sehen, die aufmerksam vom Publikum beobachtet werden. Im Mittelpunkt steht ein junger Mann, der vollkommen dem Schachfieber erlegen ist. In seinem Zimmer spielt er Schach gegen sich selbst, Taschentücher und Socken sind schwarz-weiß kariert und Stellungen werden auf Taschenschachbrettern nachgespielt. Die Freundin des jungen Mannes ist es leid, dieses Spiel noch weiter mitzumachen. Die Abneigung der jungen Dame gegen das Schachspiel ändert sich erst, als sie im verschneiten Moskau zufällig Capablanca begegnet und ihn zum Turnier begleitet. Von da ab setzt bei ihr ein Sinneswandel ein, der Film zeigt dies in einem schnellen Übergang. Als sie ihren Freund im Turniersaal schließlich wiedertrifft, kann sie ihre Begeisterung für das Schachspiel plötzlich mit ihm teilen.

„Schachfieber“ hat zwar eine satirische Färbung, ist mit seinem ganzen Filmrhythmus, seinen Einstellungen und schöpferischen Mitteln der Regie aber vor allem ein Beleg für die Begeisterung und den Aufbruch des Schachspiel in Russland. Der Film erreichte zum Zeitpunkt seines Erscheinens die Zuschauer ganz unterschiedlich. So gab es 1925 in der gesamten Sowjetunion 3700 Kinos in verschiedenen Betriebsarten: Landkinos, Vorführungen in Klubhäusern sowie Wanderkinos.

Casablanca

Melodram, Schwarz-Weiß, 1942, USA, 102 Minuten

Regie: Michael Curtiz

Drehbuch: Julius J. Epstein, Philip G. Epstein, Howard Koch

Kamera: Arthur Edeson

Hauptrollen: Humphrey Bogart, Ingrid Bergman

Von Humphrey Bogart ist bekannt, dass er ein exzellenter Schachspieler war, der auch regelmäßig eine Partie mit seiner Frau Lauren Bacall spielte. In „Casablanca“ aus dem Jahre 1942, dem in seiner Popularität nur „Vom Winde verweht“ gleichkommt, spielt Bogart den desillusionierten Zyniker Rick Blaine, Betreiber des Nachtclubs „Rick's Café“. Ein halbdunkles Etablissement, in dem sich eine Vielzahl ganz unterschiedlicher Typen treffen: Emigranten, Gestrandete und Kriminelle, dazu wird eine sentimentale, leicht ins Ohr gehende Musik gespielt.

Zum Auftakt des Schwarz-Weiß-Films, eine Geschichte über selbstlose Liebe, Aufopferung und patriotische Höhenflüge, sitzt Blaine vor einem Schachbrett, spielt mit den schwarzen Figuren und studiert in großer Denkerpose die Stellung. Als der zwielichtigen Ugarte (Peter Lorre) am Tisch Platz nimmt, hat Blaine das Brett weiter im Blick und führt eine Rochade aus. Das Schachspiel bleibt auch bildbestimmend, als Ugarte, der von der Polizei wegen Mordes gesucht wird, Rick Blaine bittet, ein Visum-Dokument an sich zu nehmen und es zu verstecken. In diesem Moment passt alles zusammen. Die schwarz-

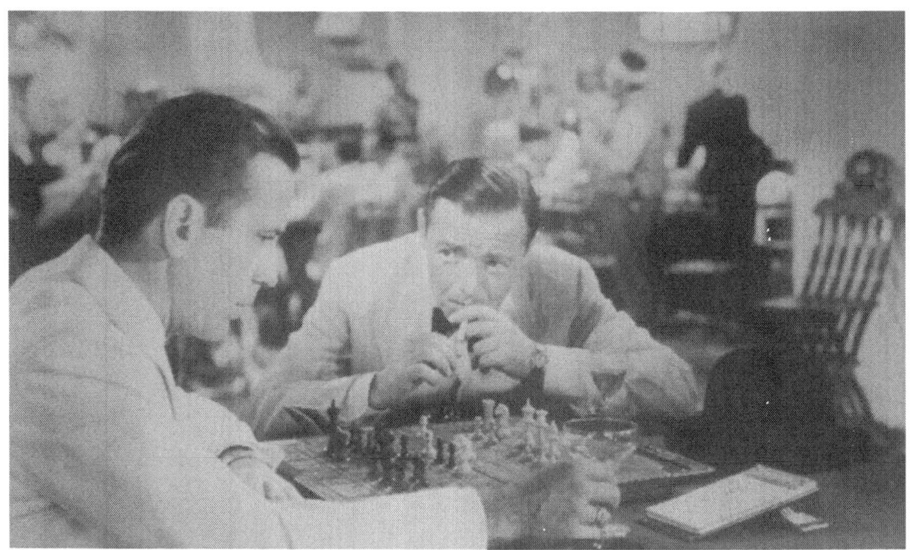

Humphrey Bogart in „Casablanca“

weißen Figuren auf dem Holzbrett, die schwarzen Hosen der Herren, die weißen Blusen der Damen und die düstere, schwarz-weiße Stimmung in Rick's Café.

Das Schachspiel war in Hollywood weit verbreitet. Marlon Brando, Charlie Chaplin, John Wayne, James Dean, Orson Welles, Katharine Hepburn und Marlene Dietrich vertrieben sich die Zeit in den Drehpausen mit Schach. Treffpunkt für viele Schauspieler war der in Los Angeles angesiedelte „Steiner Chess Club“, den der amerikanisch-ungarische Schachmeister Herman Steiner gegründet hatte. Humphrey Bogart spielte zum Beginn seiner Karriere in den Parks von New York auch um Geld Schach, in der „Hollywood Chess Group“ war er einer der stärksten Spieler. Zu seinen größten Leistungen zählte ein Remis gegen Samuel Reshevsky bei einer Simultanvorstellung. Der Schauspieler engagierte sich aber nicht nur am Brett. Humphrey Bogart war offizieller Turnierdirektor des US-Schachverbandes und finanzierte als Co-Organisator 1945 den in Los Angeles ausgetragenen Pan American Chess Congress mit. Im gleichen Jahr bezeichnete er Schach als „eines der wichtigsten Dinge“ in seinem Leben.

Vor verschlossenen Türen

Film Noir, Schwarz-Weiß, 1949, USA, 96 Minuten

Regie: Nicholas Ray

Drehbuch: Daniel Taradash, John Monks Jr.

Kamera: Burnett Guffey

Hauptrollen: Humphrey Bogart, John Derek, Susan Perry, Allene Roberts

Eine sehenswerte Schachszene gibt es in dem Film „Vor verschlossenen Türen". Darin spielen der Rechtsanwalt Andrew Morton (Humphrey Bogart) und seine Frau Adele (Susan Perry) Schach, als das Spiel durch einen Telefonanruf unterbrochen wird. Morton wird gefragt, ob er die Verteidigung eines Verdächtigen übernehmen wolle. Der Anwalt lehnt ab und setzt sich wieder ans Brett, wo er die weißen Figuren führt. Über die hohen geschnitzten Figuren hinweg gibt ihm seine Frau wortlos zu verstehen, dass sie mit seiner Entscheidung nicht einverstanden ist. Nach einem Zug auf dem Brett willigt Morton dann doch ein, immerhin mit dem Verdächtigen sprechen zu wollen. Eine kurze Szene nur, die allerdings durch das Schweigen von Susan Perry sowie das Schach- und Minenspiel der beiden Darsteller in Erinnerung bleibt.

Das siebente Siegel

Filmdrama, Schwarz-Weiß, 1957, Schweden, 96 Minuten

Regie: Ingmar Bergman

Drehbuch: Ingmar Bergman

Kamera: Gunnar Fischer

Hauptrollen: Max von Sydow, Bibi Andersson, Bengt Ekerot, Maud Hansson

Das Schachspiel nimmt in dem Drama „Das siebente Siegel" aus dem Jahre 1956 eine prägnante Rolle ein. Regisseur Ingmar Bergman, Sohn eines Pfarrers, hatte schon als Kind in der Kirche, in der sein Vater predigte, die Motive an den Kirchenfenstern betrachtet. Dort sah er auf mittelalterlichen Holzschnitten den Tod in einem Wald sitzen, der mit einem Ritter Schach spielt. Zunächst entstand daraus der Einakter „Tafelbild", den Bergmann 1954 für seine Schauspielschüler in Malmö verfasst hat. 1955 inszenierte er das Stück am Stadttheater Malmö. Im Film ist die Szene der Schachpartie im Wald zwei Jahre später wiederzufinden. Es war Max von Sydows erste Rolle in einem Bergmann-Film, nachdem er bereits in fünf seiner Bühnen- und Radioinszenierungen mitgewirkt hat, „Das siebente Siegel bildete den Auftakt für seine Karriere.

Die Geschichte spielt im 14. Jahrhundert. Gedreht wurde größtenteils auf dem Studiogelände von Filmstaden in Rasunda bei Stockholm, wo ein bedeutender Teil der schwedischen Filmproduktionen während der Jahre 1920 bis 1969 entstand. Einige Außenaufnahmen entstanden an den Uferfelsen des Naturschutzgebietes Hovs Hallar in Südschweden. Ritter Antonius Blok (Max von Sydow) kehrt mit seinem treuen Knappen Jöns (Gunnar Björnstrand) von einem zehnjährigen Kreuzzug zurück. In Schweden wütet die Pest, es gibt Hexenverbrennungen, die Flagellanten geißeln sich öffentlich – alles realistische Bilder einer Apokalypse. Ritter Blok beginnt angesichts der ausweglosen Verhältnisse an Gott zu zweifeln, und als der Tod (Bengt Ekerot) ihn holen will, widersetzt er sich. Blok möchte vor seinem Tod eine Antwort auf seine Fragen nach dem Sinn des Lebens finden.

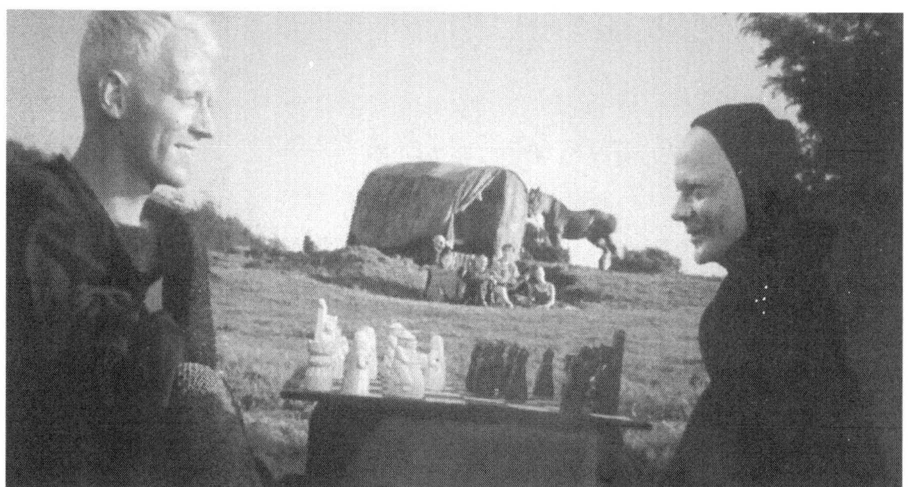

Szene in „Das siebente Siegel“

Der Sensenmann, bleich im Gesicht und mit einem schwarzen Mantel gekleidet, gewährt ihm eine Gnadenfrist über die Dauer eines Schachspiels. Als der Ritter in seinen Fäusten zwei Figuren zur Auswahl hält, zieht der Tod die schwarze Figur. Eine Wahl, über die er nicht unglücklich ist: „Ich liebe Schwarz.“ Der Tod bezeichnet sich in dem Film selbst als Schachtaktiker, während Ritter Blok auf Kombination setzt: „Mit Läufer und Springer reiße ich die rechte Flanke auf.“

Das Schachspiel taucht in dem Film immer wieder auf, schließlich will der Tod die Partie beenden. Blok erkennt in seiner Suche nach existenziellen Antworten auch einen Funken Hoffnung in der Familie des einfältigen Gauklers Jof (Nils Poppe), seiner Frau Mia (Bibi Andersson) und ihrem Kind, die allerdings auch alle vom Tode bedroht sind.

Als der Ritter zur letzten Partie antritt, verliert er erst seine Dame, dann gelingt es ihm, den Tod abzulenken. Mit seinem Mantel fegt er, scheinbar unbeabsichtigt, über das Schachbrett und wirft einige Figuren um. Sein Einwand, er könne die Stellung nun nicht mehr aufbauen, weist der Tod zurück. Er könne dies – und stellt die Figuren wieder auf. Beobachtet wird diese endgültige Verlustpartie für den Ritter allein von einem Gaukler, der über die Gabe des „zweiten Gesichts" verfügt, und der, als der Tod die Figuren wieder aufstellt und damit abgelenkt ist, mit seiner Familie fliehen kann. Kurz danach setzt der Tod Antonius Blok Schachmatt, das Ringen um Leben und Tod hat ein Ende. In der letzten Szene des Films sieht der Gaukler im Morgengrauen, wie der Tod den Kreuzritter und sein Gefolge am Horizont in einem Totentanz hinter sich herzieht. „Was du immer siehst", sagt seine Frau ungläubig.

Der Film hat einen religiösen Hintergrund: In der Offenbarung des Johannes, dem letzten Buch des Neuen Testaments, öffnet das Lamm Gottes die sieben Siegel eines Buches und mit jedem Siegel werden furchtbare Visionen freigesetzt. Erst das siebente Siegel offenbart Gottes endgültigen Willen.

Das Schachspiel im Film von Bergman, dessen Stellungen nur ungenügend zu erkennen sind, mag ein Symbol für den endgültigen Willen sein. Schwarz und Weiß – ein Abbild von Leben und Tod, von Himmel und Hölle. Die kleinen Vorteile des Ritters Antonius Blok im Schachspiel, die vielleicht etwas Hoffnung aufkeimen lassen könnten, wirken sich in der Gesamtheit nicht auf das endgültige Ergebnis aus. Diese Situation wird vielen Schachspielern, ob Laie oder Profi, bekannt vorkommen. Leichte Vorteile in der Eröffnung können sich im Mittelspiel in Wohlgefallen auflösen oder tragen schon den Verlust in sich, der im Endspiel zur Falle wird. Regisseur Ingmar Bergman erzählt diesen Verlust von Vorteilen am Leben einer bereits geschwächten Gesellschaft und setzt sie in genialer Art und Weise in die Sprache seines Films um. Die Vergänglichkeit des Lebens spiegelt sich in den Figurenverlusten wieder und die Botschaft ist eindeutig und für jeden, egal ob Schachspieler oder nicht, unabwendbar: Der Tod gewinnt immer.

8 x 8: A Chess Sonata in 8 Movements

Avantgarde, Schwarz-Weiß, 1957, USA, 70 Minuten

Regie: Hans Richter

Drehbuch: Hans Richter

Hauptrollen: Jean Cocteau, Hans Arp, Max Ernst

Die Verbindung von Film und Kunst war das große Thema von Hans Richter, Maler und Zeichner, Dadaist und Konstruktivist, Filmemacher und Theoretiker. Die Durchlässigkeit zwischen den künstlerischen Disziplinen zeigt sich in seinem surrealistischen Schwarz-Weiß-Streifen „8 x 8: A Chess Sonata in 8 Movements", in dem filmisch in 70 Minuten acht Schachpartien behandelt werden. Bewegung setzte Richter gleich mit Rhythmus, den man nicht vollständig durch das Denken erklären könne, noch sei er umwandel- oder reproduzierbar. So wie jedes Schachspiel seinen eigenen Rhythmus findet, weil es schon nach jeweils drei Zügen selbst unter Mathematikern unklar ist, wie viel nachfolgende Zug-Möglichkeiten es noch gibt. So wird jedes Spiel zu einem einzigartigen Kunstwerk.

Richters ungewöhnlicher Film ist prominent besetzt. Marcel Duchamp, der auch als Schachspieler sehr erfolgreich war, spielt den weißen König, ebenso wurden Rollen mit dem Maler und Lyriker Hans Arp, dem Maler und Bildhauer Max Ernst sowie dem Schriftsteller und Regisseur Jean Cocteau besetzt. Der Film geht den Geheimnissen des Unterbewusstseins nach, die auf das Schachspiel angewendet werden können. In einem eingeblendeten Vorspann verweist Richter auf den britischen Schriftsteller und Mathematiker Lewis Caroll. Er ist Autor der Kinderbücher „Alice im Wunderland“ und „Alice hinter den Spiegeln“, wo er sich an den Motiven des Schachspiels orientiert. Alice trifft in dem Buch fast ausschließlich auf die Charaktere von Schachfiguren, sie selbst zieht als Bauer über das Brett. Um eine Königin zu werden, muss sie, wie im richtigen Spiel, bis zum achten Feld kommen. Dabei überquert sie Bäche, die die Grenzen der Felder symbolisieren und ihren Verlauf zeigen.

„Es ist ein Märchen für Erwachsene. Es erforscht das Reich hinter dem magischen Spiegel, dem Lewis Carroll vor 100 Jahren diente, um ihre Fantasie anzuregen. Dieser Film wurde von Künstlern produziert. Wir haben die traditionelle Freiheit des Künstlers genutzt, unserer Inspiration zu folgen“, heißt es in dem Film-Vorspann. Dabei ist „8 x 8: A Chess Sonata in 8 Movements“ alles andere als ein zeitgenössischer Film, wobei sich alle Episoden auf Schach beziehen. Intrigen des Königs im Wald, Figuren tanzen über das Brett, ein Ritter kämpft um die Königin. Alles eher visuelle Poesie als nachvollziehbare Handlung, ein Zirkus des Grotesken mit Szenen, die mehr Gemälde als Film sind und ein endloses königliches Spiel zeigen.

Der Hund von Baskerville

Kriminalfilm, 1959, Vereinigtes Königreich, 87 Minuten

Regie: Terence Fisher

Drehbuch: Peter Brian

Kamera: Jack Asher

Hauptrollen: Peter Cushing, André Morell, Christopher Lee

Schach und Kriminalliteratur haben etwas gemeinsam, sie ringen einer vorgegeben Thematik und Schematik immer wieder neue Variationen ab. Während in Krimis die Variationen eines Falles nicht zu kompliziert werden dürfen – der

Leser verliert sonst den Faden und die Lust an der Aufklärung – tut jeder Schachpartie ein gewisses Quantum an kompliziertem Stellungsspiel gut. Kaum einer konnte dies so gut zusammenführen wie der Arzt und Kriminalschriftsteller Arthur Conan Doyle. Er machte den Meisterdetektiv Sherlock Holmes zum Serienstar und erkannte glasklar die Tragweite des königlichen Spiels. In zehn Mordfällen würde es nicht so viele Geheimnisse wie in einer Partie Schach geben, sagte Doyle einmal. Und er wusste um die Untiefen und Verwerfungen der menschlichen Seele. Exzellentes Schachspiel, wie es Sherlock vielfach in Büchern und Filmen vorführt, sei zudem auch ein Zeichen für intrigantes Verhalten.

Um die Genialität von Sherlock Holmes mit einem Schachspiel herauszuheben, gibt es ganz unterschiedliche Ansätze. In „Der Hund von Baskerville“, in der Fassung aus dem Jahre 1959 unter der Regie von Terence Fisher, ist die Stellung auf einem Schachbrett eine Nebensächlichkeit, die nur für wenige Sekunden vollkommen in den Mittelpunkt des Films rückt. In der Film-Szene liest Dorfarzt Dr. Mortimer (Francis De Wolff) Holmes (Peter Cushing) aus einem Pergament eine Legende vor, in der davor gewarnt wird, ins Moor zu gehen, wo man den todbringenden Höllenhund vermutet. Auf die Frage des Arztes, was der Meisterdetektiv davon halte, sieht man Holmes, eine Pfeife rauchend, zunächst ganz in sich selbst versunken.

Dieser Augenblick scheint eine Ewigkeit anzudauern.

Dann greift er nach einem Geistesblitz plötzlich mit einem lauten „Ha“ zum Schachbrett, um mit der weißen Dame einen schwarzen Turm zu schlagen. Holmes reibt sich siegessicher die Hände und antwortet an den Dorfarzt gerichtet: „Es gibt Hunderte von alten Familiengeschichten und ich bin außerstande etwas Ungewöhnliches an dieser hier zu finden“, was zumindest zeigt, dass Holmes gleichzeitig tief in ein Schachproblem versunken und gleichzeitig einem Gespräch zuhören kann. Im weiteren Verlauf des Dialogs sieht man das Schachspiel zwar immer wieder, nur dient es jetzt nur noch als Dekoration für den weiteren Handlungsablauf.

In anderen Film-Fassungen von „Der Hund von Baskerville“, etwa aus dem Jahre 1939 mit Basil Rathbone in der Hauptrolle, oder aus dem Jahre 1983, hier wird Holmes von Jan Richardson dargestellt, gibt es die Schachszene nicht.

Arthur Conan Doyle wurde spätestens mit „Der Hund von Baskerville“, 1901 erschienen und 1903 zum ersten Mal ins Deutsche übersetzt, zu einem der bestbezahlten Autoren seiner Zeit. Als die Geschichte im Massenblatt „Strand“ als illustrierte Fortsetzung veröffentlicht wurde, lagerten die Leser vor dem Verlagsgebäude, um sich schnell eine Ausgabe zu ergattern. Doch es kam, wie es kommen musste, Doyle wurde seines Serienhelden überdrüssig und versuchte ihn loszuwerden. Dies mündete schließlich in die Geschichte „Das letzte Problem“ an den Schweizer Reichenbach-Fällen, wo der Kriminalschriftsteller Holmes mit seinem Widersacher Professor James Moriarty in die Tiefe stürzen ließ. Sehr zum Unmut der Leserschaft, die zu Hunderten ihr „Strand“-Abonnement kündigten.

Die Filmadaption dieser Geschichte ist eine tiefe Verbeugung vor dem Schachspiel.

In „Spiel im Schatten“ aus dem Jahre 2011 (Regie: Guy Ritchie, Drehbuch: Michele Mulroney, Kieran Mulroney, Kamera: Philippe Rousselot, 129 Min.) trifft Sherlock Holmes (Robert Downey junior) auf seinen Widersacher Professor James Moriarty (Jared Harris). Bei ihrer ersten Begegnung sitzt Moriarty an einem Schachbrett, spielt symbolträchtig mit dem schwarzen König, und fragt Holmes, ob er das Spiel gegen ihn überhaupt aufnehmen wolle. In einer späteren Szene schaut Holmes in der Oper durch ein geheimes Guckloch, das durch einen schwarzen König verstellt ist.

Gegen Ende des Films verhindert Holmes Partner, Dr. John Watson (Jude Law), einen Mord bei einem Friedensgipfel in der Schweiz. Nachdem die internationalen Gäste zu Walzerklängen in einem Schloss über ein großes Schachbrettmuster tanzen, verschärft sich die Situation immer weiter. Währenddessen spielen Holmes und Moriarty auf dem winterlich verschneiten Balkon eine Runde Blitzschach mit fünf Minuten Spielzeit. Die Zeit wird auf einer kippbaren Schachuhr abgezählt. Bei dieser Partie will jeder den anderen intellektuell übertrumpfen, im Wechsel mit den mörderischen und hektischen Ereignissen im Ballsaal rufen sich die beiden Spieler ihre Züge zu, ohne sie auf dem Brett auszuführen.

Eingeflossen in diese Szenen, wenn auch nicht originalgetreu, ist ein Spiel aus dem Jahre 1966 in Santa Monica, dass zwischen dem damaligen Weltmeister Tigran Petrosjan (Schwarz) und dem dänischen Großmeister Bent Larsen (Weiß) ausgetragen wurde. Eine Partie, die als Larsens „Unsterbliche“ in die Schachgeschichte einging: 1.e4 c5 2.Sf3 Sc6 3.d4 cxd4 4.Sxd4 g6 5.Le3 Lg7 6.c4 Sf6 7.Sc3 Sg4 8.Dxg4 Sxd4 9.Dd1 Se6 10.Dd2 d6 11.Le2 Ld7 12.O-O O-O 13.Tad1 Lc6 14.Sd5 Te8 15.f4 Sc7 16.f5 Sa6 17.Lg4 Sc5 18.fxg6 fxg6 19.Df2 Tf8 20.e5 dxe5 21.Dh4 Lxd5 22.Txd5 Se6 23.Tf3 Lf6 24.Dh6 25.Dxg6 Sf4 26.Txf4 xg6 27.Le6+ Tf7 28.Txf7 Kh8 29.Tg5 b5 30.Tg3 und Schwarz gibt auf.

Im Film von Guy Ritchie gibt es keine Aufgabe, Holmes setzt Moriarty mit seinen schwarzen Figuren matt. Dem Spiel auf dem Brett schließt sich ein Kampf auf Leben und Tod an, den beide in Gedanken durchgehen. Während das Schachspiel noch ein nuancenreicher Zweikampf war, bei dessen Auftakt Moriarty Holmes wegen der Kälte fürsorglich einen Umhang umlegt, sieht man plötzlich in Zeitlupe vorweggenommene Actionszenen, die zeigen, wie Holmes kämpfen wird. Dann läuft alles in Echtzeit ab. Holmes sieht ein, dass er wegen seiner Schulterverletzung nicht gewinnen kann und er wohl sterben wird. Als Moriarty Holmes verkündet, nach dessen Tod auch Watson und dessen Frau töten zu wollen, kommt es an der schneebedeckten Balustrade des Balkons zu einem heftigen Zweikampf, an dessen Ende Holmes Moriarty vor den Augen von Watson in den tosenden Reichenbachfall reißt.

In „Spiel im Schatten" nimmt Schach eine zentrale Rolle ein. Sherlock Holmes und Professor James Moriarty versuchen sich am Ende zu übertrumpfen, geben der Handlung einen dramaturgischen Schwung, aus der Holmes als Gewinner hervorgeht – und wieder einmal seine Genialität unter Beweis gestellt hat.

Liebesgrüße aus Moskau

Agententhriller, 1963, Vereinigtes Königreich, 115 Minuten

Regie: Terence Young

Drehbuch: Richard Maibaum

Kamera: Ted Moore

Hauptdarsteller: Sean Connery, Daniela Bianchi

Der unerwartete Erfolg des ersten James-Bond-Films „Dr. No" von 1962 veranlasste die Produzenten Harry Saltzman und Albert R. Broccoli, in kürzester Zeit einen weiteren Thriller um den Agenten folgen zu lassen. So begannen die Dreharbeiten für „Liebesgrüße aus Moskau" („From Russia With Love") am 1. April 1963. Mittlerweile gilt dieser klassische Bond als einer der besten Filme in der Agenten-Reihe.

Die Rahmenhandlung: Der britische und der sowjetische Geheimdienst sollen von einer Terrororganisation namens „Phantom" gegeneinander ausgespielt werden. Zum einen soll James Bond für den Tod von Dr. No in der ersten Folge büßen, zum andern will man die hochmoderne russische Dechiffriermaschine „Lektor" erbeuten, um damit Geld zu machen. Das ist der Plan, den sich Tov Kronsteen (Vladek Sheybal) ausgedacht hat. Er ist der geniale Stratege der Truppe, das Superhirn und der Gegenspieler von James Bond, der von Sean Connery gespielt wird.

Die Intelligenz Kronsteens wird dadurch unterstrichen, dass er in „Liebesgrüße aus Moskau" als genialer und meisterhafter Schachgroßmeister dargestellt wird, dies aber auch eine Tarnung ist.

Nach einer Eingangsszene und dem Vorspann, bei dem die Namen aller Film-Beteiligten auf dem hin und her wiegenden Körper einer Bauchtänzerin zu lesen sind, öffnet die nächste Einstellung den Blick in einen prächtigen venezianischen Palazzo, wo vor dem illustren Publikum die „Venice International Grandmaster Championship" ausgetragen wird. So kommt es gleich zum

Auftakt des ansonsten actionreichen Films zu einer längeren Schachspielszene, die ingesamt 2:18 Minuten dauert. Und diese ist genauso spannend, wie die restliche Handlung.

Über einem großen Demonstrationsbrett sieht man, dass es beim Final-Match zwischen dem etwas unheimlich wirkenden Tschechoslowaken Kronsteen und dem vergeistigten Kanadier MacAdams 11,5:11,5 steht. Man befindet sich also in der entscheidenden Partie, die auf einem erhöhten Podest ausgetragen wird. Natürlich raucht man während der Partie. Kronsteen ist am Zug und schlägt mit seinem weißen Springer den schwarzen Läufer, gibt ein Schach, was sofort auf das Demonstrationsbrett übertragen wird. Anschließend stellt ein Ober neue Getränke vor die beiden Spieler. Kronsteen registriert dies eiskalt und nimmt einen Schluck aus dem Glas. Auf der Serviette steht eine Nachricht, die er liest, als er aus dem Glas trinkt. „Ihr Kommen ist dringend erforderlich“, die Organisation wünscht, ihn zu sehen.

Nachdem MacAdams seinen schwarzen König von g8 auf h7 gezogen hat, zerreißt Kronsteen die Serviette langsam – und zieht seine weiße Dame von f4 auf das Feld e4, eine tödliche Drohung. MacAdams sieht seinen Untergang kommen und legt nach einem Augenblick des Innehaltens seinen schwarzen König mit großer Geste um. „Ich gratuliere Sir, ein brillanter Zug“, sagt der Verlierer beim Handschlag mit dem Sieger, der schnellen Schrittes, ohne Kommentar, aber begleitet von aufbrausendem Applaus, den Palazzo verlässt.

Diese Film-Schachpartie hat es, wenn auch minimal geändert, in Wirklichkeit gegeben, und sie ist eine Glanzpartie der Schachgeschichte. Die Züge der Schachpartie zu Beginn des Filmes stammen aus einem tatsächlich stattgefundenen Schachspiel um die 27. UdSSR-Meisterschaft 1960 in Leningrad zwischen Boris Spasski (Weiß) und David Bronstein (Schwarz). Bekannt geworden ist sie wegen ihrer scharfen Spielanlage und glänzenden Schlusskombination, die in „Liebesgrüße aus Moskau“ leicht verändert wurde.

Bei der 27. UdSSR-Meisterschaft wurde Viktor Kortschnoi Sieger, Boris Spasski kam auf Platz 9, während Bronstein den 12. Platz belegte. Spasski opferte in dieser Partie im 15. Zug einen Turm und erreichte einen entscheidenden Angriff, der schnell zum Sieg führte. Er selbst bezeichnet sie als die beste Partie seiner Karriere und nannte sie seine „Immergrüne“. Seine besondere Fähigkeit lag darin, sich in allen Spielsituationen gleichermaßen gut auszukennen, er pflegte einen sogenannten neuen „Universalstil“. Bei der Partie, die auch in die Geschichte der James-Bond-Filme eingegangen ist, schlägt Boris Spasski den wildromantischen Zauberer David Bronstein mit dessen eigenen Waffen und besiegt ihn in dessen ureigenem Stil.

1.e2–e4 e7–e5 2.f2–f4 e5xf4 3.Sg1–f3 d7–d5 4.e4xd5 Lf8–d6 5.Sb1–c3 Sg8–e7 6.d2–d4 0–0 7.Lf1–d3 Sb8–d7 8.0–0 h7–h6 9.Sc3–e4 Se7xd5 10.c2–c4 Sd5–

e3 11.Lc1xe3 f4xe3 12.c4–c5 Ld6–e7 13.Ld3–c2 Tf8–e8 14.Dd1–d3 e3–e2 15.Se4–d6 Sd7–f8 16.Sd6xf7! e2xf1D+ 17.Ta1xf1 Lc8–f5 18.Dd3xf5 Dd8–d7 19.Df5–f4 Le7–f6 20.Sf3–e5 Dd7–e7 21.Lc2–b3 Lf6xe5 22.Sf7xe5+ Kg8–h7 23.Df4–e4+ Schwarz gab auf. Nach 23...g7–g6 24. Tf1xf8 oder 23...Kh7–h8 24.Tf1xf8 ist der Kampf sofort vorbei. In „Liebesgrüße aus Moskau" wurde die Schlusskombination nachgestellt, jedoch ohne die beiden weißen Bauern auf d4 und c5.

52 Jahre später kam mit „Spectre" der 24. James-Bond-Film in die Kinos (Agententhriller, 2015, Vereinigtes Königreich, 148 Minuten, Regie: Sam Mendes, Drehbuch: John Logan, Neal Purvis, Robert Wade, Jez Butterworth, Kamera: Hoyte van Hoytema, Hauptdarsteller:

Daniel Craig, Christoph Waltz) und mit ihm eine Schachszene, die ihre Wirkung bis zum bitteren Ende fast unbemerkt entfaltet.

Einer von Bonds Gegenspielern ist „Mr. White" (Jesper Christensen), ein Name, der auf die weißen Figuren hinweist, als auch auf die Intelligenz eines Verbrechers. James Bond (Daniel Craig) findet White, der wegen einer Thallium-Vergiftung nicht mehr lange zu leben hat, in einer abgelegenen See-Hütte vor einem Schachbrett sitzend. Bond kann White überzeugen, ihm den Aufenthaltsort von dessen Tochter Madeleine Swann (Léa Seydoux) zu verraten, die ihn zu einem gewissen „L'Américain" und von dort zu der Geheimorganisation mit Oberschurke Franz Oberhauser, alias Ernst Stavro Blofeld (gespielt von Christoph Waltz), führen soll. White verlangt im Gegenzug, dass der Agent seine Tochter beschützt. James Bond legt, als Ehrenwort und Vertrauensbeweis, seinen Revolver auf das Schachbrett – mit dem sich White kurz darauf in den Kopf schießt.

Das Schachbrett, auf dem in der Szene keine einzige Figur gezogen wird, wird damit zunächst zum Teil einer ehrenhaften Absprache, an deren Ende der Tod steht. Ganz so, wie es den Königen bei einem Schachmatt ergeht.

Gegen Ende des Thrillers befinden sich Bond und Swann in den Händen des skrupellosen Oberhauser, eines irrsinnigen Kriminellen, der die ganze Welt beherrschen will. Er lässt eine schwarz-weiße Filmaufnahme ablaufen, in der die Unterhaltung zwischen Bond und Mr. White in der Hütte zu sehen ist. „Ein furchtbares Ereignis kann auch zu etwas Wunderbarem führen", sagt Oberhauser, während Bond auf ihn einredet, den Film endlich zu stoppen. Bond wird niedergeschlagen, und Madeleine Swann muss dann doch den Selbstmord ihres eigenen Vaters am Schachbrett ansehen. „Liebesgrüße aus Moskau" sahen weltweit rund 3 Millionen, „Spectre" 7 Millionen Zuschauer.

Eine Tür fällt zu

Drama, Schwarz-Weiß, 1965, USA/Großbritannien, 107 Minuten

Regie: J. Lee Thompson

Drehbuch: Julius J. Epstein

Kamera: Chris Challis

Hauptrollen: Maximilian Schell, Samantha Eggar

Regisseur Maximilian Schell wurde auch als Schauspieler in dem Film „Eine Tür fällt zu“ bekannt. Zum Inhalt: Die erfolgreiche jüdische Röntgenologin Dr. Michéle Wolf (Ingrid Thulin) und der staatenlose Pole Stanislaus (Stan) Pilgrin (Maximilian Schell) begegnen sich 1938 in Paris. Stan besitzt nur ein einziges Talent: Er spielt meisterhaft Schach, in einem Club hält er sich damit finanziell mühsam über Wasser. Michéle fühlt sich zu dem berechnenden und kühlen Mann sofort hingezogen und lebt fortan mit ihm zusammen.

Ein Jahr darauf beginnt der Krieg. Stan ist inzwischen ein internationaler Schachmeister und gerät außer sich, als die Ereignisse seine Karriere beenden. Als Michéle die Deportation droht, heiratet er sie. Unmittelbar nach der Trauung wird sie von Bewaffneten abgeholt. Als sie aus dem Konzentrationslager äußerlich und innerlich völlig verändert heimkehrt, muss sie feststellen, dass ihr Mann der Liebhaber ihrer Stieftochter ist. Sie söhnt sich mit ihm aus, doch sie ist inzwischen durch eine Erbschaft reich geworden. Der Schachspieler Stanislaus beginnt eine unheilvolle Partie.

Thomas Crown ist nicht zu fassen

Thriller, 1968, USA, 102 Minuten

Regie: Norman Jewison

Drehbuch: Alan Trustman

Kamera: Haskell Wexler

Hauptdarsteller: Steve McQueen, Faye Dunaway

In kaum einem Film wird ein Schachspiel so viel mit Erotik angereichert wie in dem Thriller „Thomas Crown ist nicht zu fassen“. Die Story: Der erfolgreiche Geschäftsmann und Mitglied des Bostoner Geldadels, Thomas Crown (Steve McQueen), erleichtert als anonymer Drahtzieher mit ein paar Ganoven seine Hausbank um satte 2,6 Millionen Dollar. Crown deponiert die Beute auf einem sicheren Nummernkonto in der Schweiz, die Bostoner Polizei tappt im Dunkeln. Allein die taffe Versicherungs-Detektivin Vicki Anderson (Faye Dunaway) analysiert sehr schnell, dass nur Crown als Täter in Frage kommen kann – und lässt ihn ihren Verdacht auch spüren. Sie liefert sich mit dem smarten Millionen-

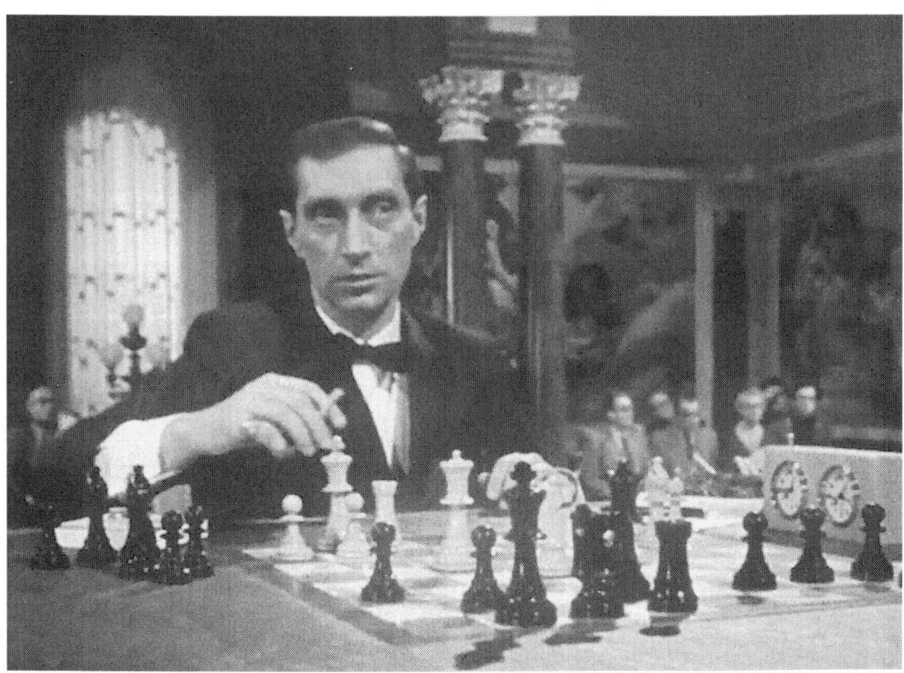

Vladek Sheybal als Großmeister Kronsteen

Dieb im Laufe eines Schachspiels dann ein Duell, in dem es vor Spannung zwischen beiden stark knistert und das in die Filmgeschichte eingegangen ist.

Der Auftakt der mehrmals geschnittenen rund sechsminütigen Szene ist eine Verbeugung des kanadischen Regisseurs Norman Jewison vor dem Schachspiel. Faye Dunaway, leicht eingehüllt in eine rückenfreies helles Kleid, bleibt, ständig beobachtet von McQueen, wie zufällig aber hochinteressiert vor einem Schachbrett stehen. Nach seiner Frage, ob sie spielen wolle, und ihrer Zusage ist in der nächsten Einstellung ein Schachbrett in Nahaufnahme zu sehen.

Plötzlich geht es nicht mehr nur um Schach und darum, was auf dem Brett passiert. Es geht um Verführung, während sie die schwarzen Figuren und er die weißen Figuren zieht. Nach den ersten Zügen mit Bauern und Springern sieht man das Schachbrett aus der Vogelperspektive, und im offen Kamin knistert ein Feuer. Die Partie ist bereits sehr vorangeschritten und Steve McQueen hat Zug um Zug die ganze Bandbreite filmischer Mimik im Repertoire. Sein zerknautschtes Gesicht quittiert einen überraschenden Zug seiner Gegnerin, nachdenklich nestelt er an seiner Krawatte, wenn sie überlegen scheint, dann lächelt er wieder charmant und jugendlich.

Während Faye Dunaway nachdenkt, streicht sie sich über die Arme und nach einer zögerlichen Rochade seinerseits, lächelt sie ihn siegessicher an – in Fullscreen. Anschließend zieht sie ihre schwarze Dame vor, um eine Bauern zu schlagen. Es folgen nachdenkliche Blicke aufs Brett und gegenseitige Blicke. Sie streichelt den Läufer, man berührt sich – natürlich nur zufällig – mit den Beinen unter dem Tisch und mit den Fingern am Randes des Spielbrettes. Dann wieder eine Großaufnahme, wie McQueen einen Turm zieht, nur ein Aufschub im Schachspiel der Kontrahenten. Nach einem Springerzug bietet Faye Dunaway ein „Schach" und Steve McQueen steht auf. Bleibt nachdenklich stehen, dreht sich um, stützt sich auf den Stuhl und betrachtet das Brett nachdenklich – ganz wie es Profis tun, die von der Ferne aus die Stellung betrachten, um einen Zug zu erkennen, der noch zum Sieg führen kann. Er erkennt die Hoffnungslosigkeit, geht zur Seite des Tisches und zieht sie an sich. Nach 5:42 Minuten endet das Schachspiel in Küssen im Gegenlicht, das Nachfolgende verschwimmt in einem Spiel der Farben.

Nun mag man als Schachspielerin oder Schachspieler wohl kaum eine solche Partie jemals spielen, so reizvoll es vielleicht auch wäre. Das königliche Spiel wird in diesem Film als Vehikel genutzt, um zwei Höhepunkten entgegenzusteuern. Einem spielerischen Sieg, der sich in großformatigen Spielzügen und überdeutlichen Figuren zeigt, aber vor allem in einem Sieg der Verführung, der in diffusen Farben mündet.

Der Richter und sein Henker

Drama/Kriminalfilm, 1975, Deutschland/Italien, 92 Minuten

Regie: Maximilian Schell

Drehbuch: Friedrich Dürrenmatt, Maximilian Schell

Kamera: Roberto Gerardi

Hauptdarsteller: Jon Voight, Jacqueline Bisset, Martin Ritt, Robert Shaw

In dem Drama „Der Richter und sein Henker" wurde ein Schachspiel als Film-Element eingeschoben. Friedrich Dürrenmatts Geschichte um den schweizerischen Kommissär Hans Bärlach (Martin Ritt) erschien Anfang der 1950er Jahre zunächst als Fortsetzungsroman, 1952 als Buch.

Die Filmfassung hält sich an das raffinierte Spiel, in dem es Bärlach nicht gelingt, den vergeblich gejagten Verbrecher Richard Gastmann (Robert Shaw) zu überführen, wohl jedoch, ihn zu richten und seinem Henker, dem Kriminalbeamten Walter Tschanz (Jon Voight) zuzuführen. In der Inszenierung von Maximilian Schell tritt in einer Szene Friedrich Dürrenmatt als er selbst auf, in der er von Tschanz befragt wird und Licht ins Dunkel bringt.

Dürrenmatt sitzt vor einem großen Schachbrett mit schön gedrechselten Figuren und spielt gegen sich selbst. Und warum? „Ich bin der einzige Mensch, der auf meinem Niveau spielt." Auf die Frage von Tschanz, ob er so gut sei, sagte Dürrenmatt: „Nein – so schlecht". Und wer gewinnt? „Immer der andere." Als Dürrenmatt den Kriminalbeamten über den komplizierten Fall aufklärt und – ganz nebenbei – seine „Königin" verliert, gibt er Tschanz einen Rat mit auf den Weg: „Das Spiel ist nicht so leicht zu spielen", und er beurteilt dessen Chef Bärlach: „Er ist ein besserer Schachspieler und böser Teufel" und sieht sich am Ende der Szene plötzlich von sich selbst Schachmatt gesetzt. Dürrenmatt verfolgt auch hier seine Maxime, über das eigene Handeln nachzudenken – viel früher, als es möglich erscheint.

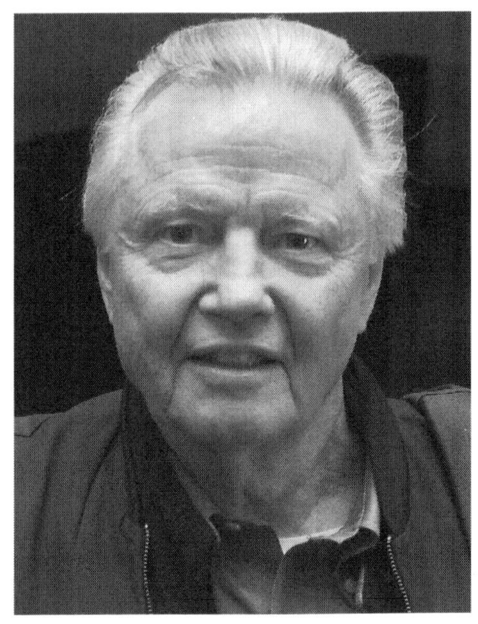

Jon Voight

Schach wirkt in dem Film wie ein Spiegel der ganzen Filmgeschichte, wie die Versuchsanordnung einer anderen Welt. Der an Krebs erkrankte Bärlach will den skrupellosen Gastmann zur Strecke bringen, ein schwarz-weißes Spiel von Gut und Böse. Dazu instrumentalisiert er den ehrgeizigen und karriereversessenen Tschanz wie eine Schachfigur, die Zug um Zug ihre Wirkung entfaltet. Tschanz erschießt zum Schluss Gastmann und bringt sich dann selbst um, indem er sich in einem Auto eine unfertige Brücke hinabstürzt. Hans Bärlach hat sein Spiel gewonnen. „Das find' ich ein Meisterwerk", urteilte Dürrenmatt, als er die Verfilmung seiner Novelle am Schneidetisch sah. Gerne hätte er auch eine größere Rolle übernommen, etwa die des Bösewichts in einem James-Bond-Film.

Der 1990 verstorbene Schweizer Schriftsteller, Dramatiker und Maler hat sich dem Schachspiel überhaupt stets verbunden gefühlt. In seinem Fragment „Der Schachspieler" wird das Spiel zu einer Metapher für die Welt, zu einem Abbild gottgleicher Juristen, die das Schicksal der Menschen bestimmen – und zerstören. Die beiden Spieler, ein älterer Richter und ein junger Staatsanwalt, spielen mit Figuren, die lebende Menschen repräsentieren. Wird eine Figur geschlagen, muss die entsprechende Person getötet werden. Der Staatsanwalt ist zunächst entsetzt über diese Spielregeln, macht dann aber einen Sinneswandel durch – stellt seine Dame auf ihren Platz und setzt damit seine Frau. Der Richter entgegnet: „Ich setze meine Tochter“ und stellt seine Dame auf das Spielfeld.

In einem Vortrag über Albert Einstein hat Friedrich Dürrenmatt das Weltgeschehen als universelle Schachpartie beschrieben. „Ob die Menschen Gutes oder Schlechtes vollbringen ist gleichgültig, sie sind, egal ob weiße oder schwarze Figuren, von den gleichen Gesetzen bestimmt: von den Regeln des Schachspiels.“ Sein Thema war das Unheil, die Katastrophen und der Sturz der Menschen, wie es in dem Film „Der Richter und sein Henker“ zum Vorschein kommt.

Schwarz und weiß wie Tage und Nächte

Spielfilm, 1978, Deutschland/Österreich, 103 Minuten

Regie: Wolfgang Petersen

Drehbuch: Karl Heinz Willschrei, Jochen Wedegärtner, Wolfgang Petersen

Kamera: Jörg-Michael Baldenius

Hauptdarsteller: Bruno Ganz, René Deltgen, Gila von Weitershausen

Der Film erzählt auf eindrucksvolle Weise, wie Schach zu einer absoluten Obsession werden kann. Thomas Rosenmund (Bruno Ganz) beherrscht Schach schon als Kind und ist mathematisch hochbegabt. Trotz allem lässt er die Finger davon und spielt jahrelang gar nicht. Als Computerspezialist entwickelt Rosenmund dann ein unschlagbares Schach-Programm. Doch dem amtierenden Weltmeister Koruga, gespielt von dem serbischen Schauspieler Ljuba Tadic, gelingt in einem TV-Duell der Sieg über das Programm. Rosenmund fühlt sich persönlich gekränkt, er kehrt an das Schachbrett zurück, um gegen den Weltmeister zu gewinnen. Er erreicht sein Ziel zwar, zahlt dafür aber einen hohen Preis. Dem Wahnsinn verfallen, landet Rosenmund in der Psychiatrie.

Petersens Film fasst in „Schwarz und weiß wie Tage und Nächte“ ganz unterschiedliche Besonderheiten und vor allem das exzentrische Verhalten von Schachgenies in der Figur von Rosenmund zusammen. In erster Linie das Verhalten von Bobby Fischer, der bei großen Turnieren wie ein hungriger Tiger auf der Bühne hin und her gelaufen ist. Die lange Schach-Abstinenz von Rosenmund erinnert an Paul Morphy, die Großspurig- und Selbstgefälligkeit an José Raúl Capablanca.

Bruno Ganz verbindet diese Persönlichkeiten in einem beindruckenden Schauspiel, das mit einer Laufzeit von rund 100 Minuten nie langweilig wird. Er spielt alle Emotionen völlig aus: Plötzliche Wutanfälle, seine Versunkenheit am Strand, wo er in einer Kiste mit Muscheln und Steinen eine Stellung aufbaut.

Eine tragende Rolle spielen in dem Film Rosenmunds Frau Marie (Gila von Weitershausen), die angesichts der Entwicklung ihres Mannes immer mehr verzweifelt, genauso wie sein väterlicher Berater Lindfort (René Deltgen).

In vielem erinnert der Film an „Bauernopfer", der das Leben von Bobby Fischer nachzeichnet. Während dort aber die Hauptfiguren hinter der Geschichte immer weiter verschwinden, konzentriert sich Petersens Film vollständig auf die Hauptfigur.

Das Ende der Schach-Obsession von Thomas Rosenmund ist schrecklich. Er liegt in den letzten Szenen in der Psychiatrie wie ein kleines Kind am Boden, nachdem er seine Frau attackiert hat – und spielt auf ausgeschnittenen Quadraten völlig in sich gekehrt Schach gegen sich selbst. Der Film endet mit der Einblendung der letzten Strophe des „Schachgedicht" des argentinischen Dichters und Schachliebhabers Jorge Luis Borges (1899 – 1986): „Der Spieler zieht den Stein, und Gott zieht den Spieler. Welcher Gott im Rücken Gottes begann dieses Drama aus Zeit und Traum und Staub und Agonie?" Unter dem Titel „El Jugador de Ajedrez" gibt es eine kostenlose Fassung auf YouTube in spanischer Sprache.

Weißer Schnee von Russland

Spielfilm, 1980, UdSSR, 90 Minuten

Regie: Juri Wyschinski

Drehbuch/Vorlage: Alexander Kotow

Kamera: Sergej Wronski

Hauptdarsteller: Alexander Mikhailov, Wladimir Samoilow, Juri Kajurow, Wsewolod Jakut

Als Alexander Aljechin 1927 José Raúl Capablanca in einem packenden Zweikampf die Schachkrone entriss, erfüllte sich für Russland ein lang gehegter Traum, der schon seit den Kämpfen Michail Tschigorins gegen Wilhelm Steinitz um die Weltmeisterschaft 1889 und 1892 lebendig war. In der Zeitschrift „Schachmaty listok" schrieb 1927 der Internationale Meister Pjotr Romanowski, Begründer der Sowjetischen Schachschule, dass das Wachsen der schachlichen Spielstärke, vor allem in der UdSSR, quantitativ und qualitativ so groß sei, dass man zweifellos darauf hoffen könne, in den nächsten Jahren eine Reihe neuer Kandidaten für den Kampf um die Weltmeisterschaft hervorzubringen.

Diese ganze Euphorie in Russland wird zum Auftakt des 1980 gedrehten Films „Bjelyj snjeg Rossii" („Weißer Schnee von Russland") eingefangen, den es kostenlos auf YouTube in russischer Sprache zu sehen gibt. Er beginnt mit dem Sieg Aljechins über Capablanca in Buenos Aires und endet mit Aljechins Tod

1946 in Portugal. Schon vor dem Kampf in Argentinien hatte Aljechin ein filmreifes Leben, das allerdings zum größten Teil ausgespart wird. Die Revolution von 1917 hatte ihm Adelstitel und Vermögen genommen. Da sich im Schach in Russland für ihn keine Perspektiven eröffneten, emigrierte er 1921 in den Westen. Aljechin war erfolgreich bei Internationalen Turnieren, bot Simultanvorstellungen und Blindpartien.

Die ersten Szenen von „Bjelyj snjeg Rossii“ zeigen Aljechin, wie er im Klub Argentino de Ajedrez auf seinen Gegner wartet und mit einem offenen Schuhbändel auf der Bühne hin und her läuft. Dann bringt ein Bote einen Brief in französischer Sprache und legt ihn neben das Schachbrett, in dem Capablanca die 34. Partie aufgibt. „Damit sind Sie Weltmeister.“ Ein Schiedsrichter legt den schwarzen König um und Aljechin wird von Publikum gefeiert.

Das Drehbuch des Films stammt von dem Internationalen Großmeister der UdSSR, Alexander Kotov. Er erzielte nicht nur zahlreiche Gewinnpartien, darunter eine mit einem ungewöhnlichen Damenopfer gegen Juri Awerbach im Kandidatenturnier in Zürich 1953, sondern schrieb auch mehrere Schachbücher. Unter anderem eine zweibändige Biografie über Aljechin, die 1953 bis 1958 erschienen ist, also sieben Jahre nach dem Tod des vierten Weltmeisters.

Der Film greift den Lebensweg Alexander Aljechins spotartig auf. Er zeigt Empfänge, auf denen es Lobreden auf den Weltmeister gibt, er zeigt seine Wirkung auf Frauen, Aljechin war drei Mal verheiratet, und den Titelverlust 1935 an den Niederländer Max Euwe. Der gewährte 1937 einen Revanchekampf – und wurde von Aljechin geschlagen. Besonders viel Raum wird der Darstellung jener Zeit eingeräumt, in der Aljechin mit den Nazis kollaborierte. Zu sehen ist in dem Film ein Blindschachturnier gegen deutsche Soldaten und Verwundete, das Aljechin mit Bravour gewinnt.

Sein Ende wird mit dramatischer Musik heroisch dargestellt. Allein in Portugal, am Strand mit Hunden, verkriecht er sich im Hotel Palace in Estoril. Über ein Steckschachbrett gebeugt, unterbricht er die Analyse nur, weil eine junge Dame Essen ins Zimmer bringt. Der Rest ist bekannt, Alexander Aljechin wurde am 24. März 1946 tot aufgefunden. Im Film sieht man den Fotografen, der das berühmte Bild des Toten macht. Zusammengesunken in einem Sessel, auf dem Tisch Essteller – daneben ein Schachbrett.

Schauspieler Alexander Mikhailow wird der Rolle Aljechins stets gerecht. Er spielt den Gewinner genauso wie der Verlierer, den Frauenheld wie den Verzweifelten. Vor allem aber den Romantiker, der Alexander Aljechin auch war. Wobei der Film unliebsame Wahrheiten ausblendet oder zumindest verwischt. An einem Idol wird nicht gekratzt.

Die Grünstein-Variante

Spielfilm, BRD/DDR, 1985, 105 Minuten

Regie: Bernhard Wicki

Drehbuch: Wolfgang Kohlhaase, Bernhard Wicki

Kamera: Edward Klosinski

Hauptrollen: Fred Düren, Klaus Schwarzkopf, Jörg Gudzuhn

Als Spiros in der engen Gefängniszelle seine beiden in ein Schachspiel versunkenen Zellengenossen Lodeck und Grünstein mit dem Satz „Der Grieche ist auch eine Zutat von diese Zimmer" daran erinnert, dass er auch noch da ist, hat der Spielfilm „Die Grünstein-Variante" seinen emotionalen Höhenpunkt erreicht. 1984 entstand dieses filmische Meisterwerk von Regisseur Bernhard Wicki, basierend auf einem Hörspiel von Wolfgang Kohlhaase. Die „Grünstein-Variante", mit der man aus einer Grundstellung heraus ein Matt erzwingen könnte, gibt es nicht wirklich. Ein Zug, von Grünstein erdacht, mit dem er eine lange Verlustserie gegen Lodeck beendet. Der wiederum erinnert sich am Ende des Films nur noch wage an diesen Zug, er ist ihm nie wieder begegnet und müsste eigentlich in einem Schachbuch stehen.

Es sind drei ganz unterschiedliche Persönlichkeiten, die in Paris im Sommer 1939 in der Zelle eines Untersuchungsgefängnisses aufeinandertreffen. „Unerwünschte Ausländer" ohne Pässe, die kurz vor Ausbruch des Zweiten Weltkrieges auf die Freilassung oder zumindest die Abschiebung warten. Da ist der polnisch-jüdische Metzger Grünstein (Fred Düren) aus der Nähe von Radom, der Tag und Nacht Ochsen schlachtet, merkt Lodeck spitzfindig an. Dann Lodeck (Jörg Gudzuhn) selbst, Boxer und Matrose, der jedem klar machen will, er sei Kapitän. Und dann ist da noch der griechische Koch Spiros, eine Figur, die Klaus Schwarzkopf par excellence spielt – und radebrechend spricht.

Das Trio beschnuppert sich in der schmutzigen Zelle, jeder hat Wünsche, Träume, Hoffnungen. Lodeck will auf ein großes Schiff und entlang der Côte d'Azur kreuzen. Grünstein träumt von koscheren Ochsen, die er mit heiligen Messern schlachtet. Als Lodeck ihn damit aufzieht, er solle doch zur Abwechslung einmal ein Schwein schlachten, fragt Grünstein warum er ihn beleidige. Tatsächlich gehen die gegenseitigen Bemerkungen und Anwürfe nicht über Frotzeleien hinaus, der Gefängnisaufenthalt hat die drei Männer noch nicht verbittert und emotional kalt gemacht.

Das größte Ziel vor Augen hat „der Grieche". Als kleiner Junge hat Spiros auf Korfu den deutschen Kaiser auf einem weißen Pferd gesehen und ihm eine „Hoch lebe der Kaiser" zugerufen. Der drehte sich um und sagte zu dem Jungen: „Schöner Knabe, wenn du groß bist, wirst du bei mir die Speisen auftragen". Von da an war es um den Jungen geschehen, der mit der verbalen Zuwendung sein

Lebensziel erkannt hat, und fortan lernte der Grieche die deutsche Sprache aus Kochbüchern. Dies verleitet im Film die beiden anderen ihm vorzuwerfen, er sei ein „Monarchist mit einer sadistischen Beziehung zu Delikatessen".

Die Wendung im tristen Gefängnisalltag kommt mit dem königlichen Spiel. Der schachbegeisterte Lodeck formt aus dem Teig der Baguettes Figuren, die jedoch von Mäusen angenagt werden. Als Grünstein seinen verschwundenen Koffer wieder zurückbekommt, finden sich darin Scheiben Meze, einem Teig aus Mehl und Wasser, aus denen Lodeck nun die Figuren formt. Für die schwarzen Schachfiguren nimmt er die dünne und dunkle Suppe, die den Häftlingen jeden Tag gereicht wird. Als Spielfeld wird ein Schachbrettmuster in den Tisch gekratzt.

„Spielst du Schach? Dann wäre es nicht so langweilig", sagt Lodeck zu Grünstein, der zunächst wenig Interesse zeigt und im ersten Spiel durch ein Schäfermatt verliert. Lodeck gibt sich als wahrer Schach-Enthusiast zu erkennen. Er habe es im Krieg gespielt, mit einem Steckschach vor dem Arbeitsamt und bei Passatwinden südlich der Kapverden. In einem Club in Nizza sei Alexander Aljechin gegen 30 Gegner in einem Simultan angetreten, er selbst saß am 28. Brett und habe im 14. Zug einen Fehler begangen. Aljechin musste für die Veranstaltung aus einem Lokal geholt werden und habe nach Schnaps gerochen, erzählt Lodeck großspurig vor Grünstein. Nach und nach zeigt sich der allerdings als gelehriger Schüler und es dauert bis zur 18. Partie, als der Seemann zum ersten Mal verliert. Der Metzger hat eine Zugfolge angewandt, die Lodeck „Grünstein-Variante" nennt und ihn völlig aus der Bahn wirft. „Schach ist ein schönes Spiel", so der Befund des Juden nach seinem Sieg.

Wie sehr das Spiel in die Dreiergemeinschaft eingreift zeigt sich an dem Griechen. Er schiebt, kaum beachtet, sein Eisenbett in eine andere Ecke und erliegt ganz langsam dem Zellenkoller bis er nur noch seinen Kopf gegen die Wand klopft. Als die Wärter Einhalt gebieten, konfiszieren sie kurz danach auch die Schachfiguren.

Damit nimmt der Film eine Wendung. Die dargestellten Beziehungen der Figuren untereinander, bislang durch die überraschenden Standorte und Blickwinkel der Kamera zusammengehalten, kommen zum Erliegen und die Geschichte verlagert sich in das Zimmer des Direktors (Rolf Hoppe). Lodeck wurde gerufen, um den Vorfall in der Zelle zu erklären – und der Zuschauer erkennt den Tick des Direktors: Der hat alle Schachfiguren gesammelt und in Glaskästen aufgestellt, die die Gefangenen aus allen möglichen Material selbst gebastelt haben. Als der Direktor Lodeck zu einer Partie mit seinen Figuren einlädt, weiß dieser, um was es geht. Verliert er, bleibt er inhaftiert, siegt er, kommt er frei.

Als der Seemann in die Zelle zurückkehrt, verkündet er, dass er schon am nächsten Tag vor ein Schnellgericht kommt. Der Grieche sieht die Chance, ihm noch einen Brief für den Kaiser mitzugeben, den er doch abschicken möge. Lodeck verspricht, alles zu tun. Als er sich Jahre später erinnert, erfährt der Zuschauer, dass er nie wieder etwas von dem Juden und auch nicht von dem Griechen gehört hat. Aber immer noch ist ihm die Grünstein-Variante gegenwärtig.

Die Produktion, im Grunde ein stilles Kammerspiel, überzeugte Zuschauer und Kritiker gleichermaßen. Eingeflochten werden die Schicksale der Protagonisten ganz ohne Spezialeffekte in eine Zeitgeschichte von hohem Rang, die in einer engen französischen Gefängniszelle ihren Widerhall erfährt. Hinzu kommt das intensive Spiel der Darsteller, das sich um ein Schachspiel rankt, dem eine fremde Variante innewohnt.

Der Film hatte seinen Kinostart in der BRD am 18. April 1985 und am 1. November 1985 in der DDR. Obwohl es sich um eine westdeutsche Produktion handelte, wurde er in wesentlichen Teilen mit Unterstützung aus der DDR hergestellt. „Die Grünstein-Variante“ sollte ursprünglich als erste offizielle Gemeinschaftsproduktion zwischen WDR und der volkseigenen Deutschen Film AG (DEFA) gedreht werden. Die politische Großwetterlage funkte dazwischen: Wegen des Beschlusses, nukleare Mittelstreckenraketen im Westen zu stationieren, wurde aus der gemeinsamen Produktion nichts.

Schließlich entstand der Film durch die westliche Allianz Film GmbH, der DEFA-Außenhandel vermittelte. Gedreht wurde 35 Tage lang im Atelier, in einer Gaststätte in Ost-Berlin und im Gefängnis von Zwickau. Fast wäre der Film dann doch nicht in die DDR-Kinos gekommen. Anstoß wurde an Regisseur Bernhard Wicki genommen, der 1984 in dem Film „Gefährliche Züge“ mitgespielt hatte. Darin geht es um einen sowjetischen Schachweltmeister, der im Ausland vom sowjetischen In- und Auslandsgeheimdienst KGB bewacht wird. Der stellvertretende DDR-Kulturminister Horst Pehnert machte die Aufführung der Grünstein-Variante dann doch noch möglich.

Knight Moves – Ein mörderisches Spiel

Thriller, USA, Deutschland, 1992, 112 Minuten

Regie: Carl Schenkel

Drehbuch: Brad Mirman

Kamera: Dietrich Lohmann

Hauptrollen: Christopher Lambert, Katharina Isabelle, Diana Lane, Tom Skerritt

Nein, „Knight Moves“ ist nicht der spannendste Thriller, obwohl er ein furioses Ende hat und den Zuschauer nach und nach zum Mitraten einlädt. Er ist auch nicht unbedingt ein Werbefilm für das Schachspiel, obwohl sich viel darum dreht und durchaus in opulenter Optik gedreht wurde. Das königliche Spiel dient vielmehr als Vehikel und tragende Idee, die mit den Elementen eines Krimis verschränkt werden.

Schon zum Auftakt wird der Zuschauer in einen Wettkampf hineingezogen, der im Jahr 1972 in Washington spielt. In kontrastreichen Schwarz-Weiß-Bildern sieht man aus der Vogelperspektive zwei Jugendliche bei einem Turnier, beobachtet von zahlreichen anderen Schachspielern. Der Raum ist aufgeheizt, an der Decke drehen sich riesige Ventilatoren. Die Kamera fährt über die Gesichter der Kontrahenten, in Nahaufnahmen geht es über das Schachbrett, die Bilder vermitteln Hochspannung. Einer der Jungen ist Peter Sanderson, der mit den schwarzen Figuren schließlich gewinnt. Nachdem sein Gegner den weißen König umgestoßen hat, greift dieser sofort danach zu einem Kugelschreiber und sticht damit in die Hand von Sanderson. Eine Schlüsselszene.

In den folgenden Szenen, ebenfalls in Schwarz-Weiß, sieht man den Vater des Jungen bei einem Psychiater, der ihm rät, seinen Sohn nie wieder an ein Schachspiel zu lassen. Zuhause bricht der Vater völlig zusammen: „Ich habe eine Frau, die ist Alkoholikerin und einen Spinner als Sohn". Die Vorgeschichte endet damit, dass der Sohn in das Zimmer seiner Mutter geht, die sich offensichtlich selbst umgebracht hat. Sie liegt mit aufgeschlitzten Pulsadern und grell geschminkten Lippen auf dem Bett. Der Junge geht an einen kleinen Nachttisch und holt sich ein Schachspiel heraus, das dort vor ihm versteckt wurde. In der nächsten Szene sitzt der Junge mit den aufgestellten Figuren am Küchentisch und führt den Springerzug (Sf3) aus, den „Knight Move".

Nach sechs Minuten gibt es einen Zeitsprung in die Zukunft – und der Schwarz-Weiß-Film springt in einen Farbfilm über. Wieder begegnet man Peter Sanderson (Christopher Lambert), der nach einem Unfall seiner Frau Witwer mit einer Tochter ist. Bei einem international besetzten Turnier auf einer abgelegenen Insel an der US-Westküste spielt der Großmeister um die Weltmeisterqualifikation. Als die zwei örtlichen Polizisten Frank Sedman (Tom Skerritt) und der immer etwas leicht überdrehte Andy Wagner (Daniel Wagner) auftauchen, ist es mit der Schach-Konzentration Sandersons zu Ende. An dieser Stelle kippt der Film, das Schachspiel entfernt sich Sequenz um Sequenz aus der Handlung – und die Effekte sowie Spielarten des Krimi machen sich Platz.

So ist Sandersons Liebschaft Debi Ruthlege (Kehli O'Byrne), die sich um seine Tochter und um seine Spielpläne kümmert, nach einer Liebesnacht das Opfer eines brutalen Mordes geworden. Sie liegt mit dick aufgetragenem Lippenstift auf dem Bett, über ihr hat der Mörder mit Blut „Erinnere dich" geschrieben. Der Schachprofi hat sie als Letzter lebend gesehen, was ihn schnell zum Hauptverdächtigen werden lässt. „Sie haben auf alles eine Antwort, aber kein Alibi" halten ihm die Polizisten entgegen. Schach-Champion Sanderson fühlt sich vor allem von Detective Wagner immer weiter in die Ecke gedrängt, der aber nicht genug Beweise für eine Verhaftung zusammentragen kann.

Im weiteren Verlauf geschehen immer weitere Morde an jungen Frauen und jedesmal hinterlässt der Täter ein mit Blut geschriebenes Wort. Der Film schwankt im Mittelteil zwischen den hohen Ansprüchen des Schachspielers Sandersons an sich selbst und der Unfähigkeit, seine Unschuld glaubhaft unter Beweis zu stellen. Aus diesem Grund schaltet die Polizei die Psychologin Kathy Sheppard (Diane Lane) ein, um sich zunächst getarnt an Sanderson heranzumachen und ihn einzuschätzen zu können. An dieser Stelle folgt „Knight Moves" den Erwartungen des Publikums, und der zum Krimi gewandelte Schachfilm erhält noch den Anstrich einer Romanze, Sanderson und Sheppard verlieben sich.

Eine neue und überraschende Wendung bekommt der Film, als der Mörder Kontakt zur Hauptfigur aufnimmt. Die Verbrechen sind demnach Teile einer Partie. Als Sanderson dem Unbekannten vorhält, im Schach spiele man fair und anständig, kontert der, dies sei richtig, „aber nach meinen Regeln" – sprich nach seinen mörderischen Regeln. Als die Diskussion um ein faires Spiel weiter anhält, erklärt Sanderson den beiden Polizisten den Ursprung. So habe der Mörder auf den Schriftsteller Thomas Huxley hingewiesen, der sich über Fairness im Spiel Gedanken gemacht hat. „Das Schachbrett ist die Welt, die Figuren sind die Erscheinungen im Universum, die Spielregeln sind, was wir die Naturgesetze nennen. Der Spieler auf der anderen Seite ist uns verborgen. Wir wissen, dass sein Spiel stets fair, gerecht und geduldig ist. Aber wir wissen auch, zu unserem Schaden, dass er niemals einen Fehler übersieht oder die geringste Rücksicht auf Unwissen nimmt."

Mit diesem kleinen Einschub wird deutlich, dass „Knight Moves" immer wieder auf das Thema Schach zurückfällt und auf inhaltlicher und formaler Ebene viele Qualitäten zeigt. Mit dem Zitat von Huxley öffnet sich das Kernthema des Films, weil Lamberts Figur die ganze Welt an sich als ein Schachspiel betrachtet. Der Zuschauer wird in dieses Spiel eingespannt, wobei sich die brennende Frage, wer der Mörder ist, nicht auflösen will. Auch die Rolle Sandersons und das Unvermögen der beiden Polizisten, die wahre Geschichte hinter der erzählten Geschichte zu entdecken, dienen kaum der Aufklärung. Man muss Sanderson schließlich so viel Vertrauen schenken, weil er der einzige in diesem Film ist, der das komplette Rätsel lösen kann.

Die Umsetzung des Finales gerät in seinen hektischen Ausuferungen zwar etwas zu lang, bleibt aber, in eine hohe Spannung eingebettet, überschaubar. Der Mörder, der es am Ende auf Sandersons Tochter abgesehen hat, wird mit viel Action gestellt. Die Hinweise auf die blutgetränkten Worte, mit denen alle Opfer bedacht wurden, lösen sich auf – und auch der in Schwarz-Weiß gehaltene Vorspann bekommt einen logischen Sinn.

„Knight Moves“ ist ein vollkommen auf Christopher Lambert zugeschnittener Film. Dem deutschen Publikum war er 1992 schon aus dem Abenteuerfilm „Greystoke – Die Legende von Tarzan, Herr der Affen“ aus dem Jahre 1984 bekannt, dem die populären Tarzan-Geschichten von Edgar Rice Burroughs zugrunde lagen. Er überzeugt in der Rolle des Schach-Genies, das einem unheimlichen Killer auf die Schliche kommt. Dementsprechend erfolgreich war „Knight Moves“ in Deutschland, wo in den Kinos zwei Millionen Zuschauer gezählt wurden. In Amerika stieß der Film auf weniger Gegenliebe und spielte nicht einmal eine Million Dollar ein.

Revolver

Crime-Drama, 2005, Vereinigtes Königreich, Frankreich, Isle Of Man, 115 Minuten

Regie: Guy Ritchie

Drehbuch: Guy Ritchie

Kamera: Tim Maurice-Jones

Hauptdarsteller: Jason Statham, Ray Liotta, Vincent Pastore, André Benjamin

In vielen Filme gibt das Schachspiel in Dialogen und Handlungen die Richtung vor. Schachliebhaber, die gleichzeitig Filmliebhaber sind, erleben darin die ganze Skala von Ausdrucksformen: Von den Duellen der Götter bis hin zum traurigen Spiel der Verlierer. Die Reise ins Bilderreich kann durch eine breite, ruhige Erzählung dahinfließen und vor dem Betrachter einen schönen Traum entfalten. Das Schachspiel wird in diesen Filmen als Ruhepol verwendet aber auch als Spannungselement mit der Auseinandersetzung von Widerständen, Diskrepanzen, Phantasien und konkreten Realitäten. In dem 2005 gedrehten Crime-Drama „Revolver“ dient das Spiel auf den 64 Feldern als tiefgehende, fast schon philosophische Begleitmusik. Und es lässt sich herrlich darüber streiten, ob „Revolver“ des britischen Autors, Produzenten und Regisseurs Guy Ritchie ein Drama, ein Actionthriller oder nur eine billige Gangster-Klamotte ist.

Zentrale Figur ist Jake Green (Jason Statham), ein geschickter Spieler und Betrüger. Dafür muss er für sieben Jahre in den Knast. Er entdeckt bald, dass seine beiden Zellennachbarn – der eine ein Schachmeister, der andere ein genialer Betrüger – über Bleistift-Notizen in wissenschaftlichen Leihbüchern kommunizieren. Eines dieser Bücher ist die „Mathematische Struktur der Quantenmechanik“, eine Strategie, um jedes Spiel gewinnen zu können. Als Green aus der Haft entlassen wird, wendet er dieses Wissen an. So spielt er häufig gegen Avi (André Benjamin), der mit Zack (Vincent Pastore) ein schräges Duo bildet. Beide verdienen ihr Geld als Kredithaie.

Findige und kundige Beobachter können nach rund einer halben Stunde auch einen Fehler entdecken. Green und Avi sitzen sich bei einer Partie Schach gegenüber. Green bewegt seine Dame und bietet mit ihr Avis (weißem) König Schach. Avis einzige Möglichkeit wäre nun, den König wegzubewegen, stattdessen schlägt er mit seiner Dame Greens Turm. Das wäre ein regelwidriger Zug gewesen – anhand der Stellungen der Figuren lässt sich erkennen, dass die zweite Situation vor der ersten aufgenommen wurde. Am Ende schließlich schlägt Green mit dem nächsten Zug Avis Dame mit der Dame und erklärt damit „Schachmatt".

Der Film ist komplex, was dem Zuschauer eine hohe Aufmerksamkeit abverlangt. Es fällt schwer, Traum, Wahrheit und Wahnvorstellung voneinander zu trennen. Regisseur Guy Ritchie spielt hier nicht nur mit diversen Wahrnehmungsebenen, sondern auch mit Zeitsprüngen, Illusionen, Täuschungen und Betrug. Schach ist wie eine Metapher für die verschiedenen Ebenen des Films, in dem als Grundmotiv immer wieder ein Zitat genannt wird: „Man wird nur schlauer, wenn man gegen einen schlaueren Gegner spielt."

Die Schachspielerin

Spielfilm, 2010, Frankreich, Deutschland, 100 Minuten

Regie: Caroline Bottaro

Drehbuch: Caroline Bottaro, Caroline Maly

Kamera: Jean-Claude Larrieu

Hauptdarsteller: Sandrine Bonnaire, Kevin Kline, Francis Renaud, Jennifer Beals

Menschen können spielerisch über sich selbst hinauswachsen, um erfolgreich zu sein, die im Verlauf einer Filmgeschichte viel über ihre Persönlichkeit verraten und die eigene Innenwelt nach außen kehren. Einer dieser Filme, in denen dies geschieht, ist „Die Schachspielerin". Darin spielt die Französin Sandrina Bonnaire die Hauptrolle, die als Vorstadtkind ohne Schauspielausbildung in ihrer Karriere zum Filmstar eine atemberaubende Entwicklung durchlief.

„Die Schachspielerin" ist auf Korsika angesiedelt, wo das königliche Spiel weit verbreitet ist. Auf der Insel gibt es rund 330.000 Einwohner. Davon spielen 4000 Schach, in der Grundschule ist Schach ein Hauptfach. Bonnaire verkörpert die Putzfrau Hélène in einem Drama der Regisseurin Caroline Bottaro, das die Metamorphose einer Frau zu Selbstsicherheit und neu entdeckter Weiblichkeit schildert. Das Schachspiel zieht sich wie eine immer lauter werdende Melodie durch den 100 Minuten langen Film, in dem Hélène sich völlig von ihren Gefühlen sowie materiellen Sorgen befreit und sich in das Schachspiel verliebt. Sie ist das emotionale Zentrum des Films. Sie folgt ihrer Leidenschaft mit einer großen Entschlossenheit und ändert ihr Leben Schachzug um Schachzug.

Zum Auftakt lernt man die Protagonistin auf ihrem Weg zur Arbeit kennen. Der führt auf dem Fahrrad am Meer vorbei, bis zu einem Hotel, wo sie arbeitet. Während sie ein Zimmer putzt und die Betten macht, beobachtet sie fasziniert auf dem Balkon ein verliebtes Paar aus Amerika bei einer Schachpartie.

Die Frau wird von Jennifer Beals dargestellt, bekannt aus dem Film „Flashdance". Die Frau, die durchaus eine mystische Note hat, gewinnt die Partie, und Hélène spürt zumindest, was Schach auslösen kann. Nur – als Putzfrau, die man kaum wahrnimmt und die man auch ein wenig für einfältig hält, ist sie in ihrem Alltag gefangen. Wie sie daraus ausbricht, wie sie sich emanzipiert, wie sie einen Schlussstrich unter eine geschwätzige Dorfgesellschaft zieht und sich von einem Mann ohne Verständnis abnabelt, ist ganz großes Kino und eine einzige Hommage an das Schachspiel.

Um einen ersten Schritt zu wagen, schenkt sie ihrem Mann einen Schachcomputer – mit dem er nicht so recht weiß, was er damit anfangen soll. Zur Hilfe kommt Hélène der schacherfahrene und kauzige Doktor Kröger (Kevin Kline), bei dem sie dienstags die Wohnung putzt. Der Einsiedler ist zunächst skeptisch, erteilt dann aber doch gönnerhaft jeden Dienstag Unterricht. In der ersten Übungsstunde setzt er sie mit fünf Zügen matt und erklärt ihr das Spiel. „Im Schach kommt es nicht so sehr auf die Regeln an, es sind vielmehr die Ausnahmen", so Kröger.

Nach und nach bekommt Hélène immer mehr Spielpraxis, lernt bei Blitzpartien und Partien, die bis Mitternacht dauern. Als ihr Ehemann mißtrauisch wird und eine Affäre vermutet, kommt es zu einer heftigen Auseinandersetzung. Seine Vorwürfe kontert sie damit, mit dem Schachspiel etwas für sich selbst zu wollen. Eine Unterbrechung bei Doktor Kröger währt dann auch nur für kurze Zeit. Sehr schnell findet sie sich wieder bei ihm ein, um zu spielen. Während Kröger immer häufiger verliert, hat Hélène den nächsten Schritt vor sich – sie meldet sich für ein Turnier an. Dabei wird sie bei der Anmeldung vom Vorsitzenden des Schachverbandes lächerlich gemacht, bleibt aber hartnäckig und tritt an.

Mit dem Einzug ins Finale hat es Hélène geschafft und muss zum Schluss gegen den Vorsitzenden antreten. Mit den Ratschlägen von Kröger im Ohr („Eine Drohung ist stärker als die Ausführung") trägt sie mit einer Prämie von 1500 Euro den Sieg davon. Als die Presse Fotos von der Siegerin macht, sieht sie, wie die Amerikanerin durch den Garten flaniert und ihr zulächelt – eine Anlehnung an die Schachgöttin Caissa. Am Ende des Films treffen Kröger und Hélène noch einmal aufeinander und spielen eine Partie ohne Ansicht eines

Schachbretts. Beide flüstern sich die Züge zu, es bleibt eine unausgelebte Liebe, die nur über das Spiel transportiert wird. Und der nächste Schritt steht schon bevor: Hélène will bei einem Turnier in Paris mitspielen.

Queen of Katwe

Filmbiografie, 2016, USA, Südafrika, 124 Minuten

Regie: Mira Nair

Drehbuch: William Wheeler

Kamera: Sean Bobbitt

Hauptdarsteller: Madina Nalwanga, Lupita Nyong'o, David Oyelowo

Nahe an der Realität ist die Filmbiografie „Queen of Katwe“. Sie erzählt die erstaunliche und wahre Geschichte von Phiona Mutesi, die in einer ärmlichen Behausung in Katwe zuhause ist, einem Slum am Rande der ugandischen Hauptstadt Kampala, und in kurzer Zeit zu einer Profi-Schachspielerin emporsteigt. Der Film wurde von Walt Disney Pictures produziert, besticht mit warmen, satten Farben und einer Schach-Story, die manchmal ins Melancholische, aber niemals ins Peinliche abrutscht.

Die Geschichte hat alles, was ein großes Schachmärchen braucht. Phiona (Madina Nalwanga) ist noch keine vierzehn Jahre alt und weiß nichts über das Brettspiel, für das sie ein ungewöhnliches Talent hat. Die Mutter versucht unterdessen, die Familie ohne Vater durchzubringen, auch ohne eines dieser Angebote anzunehmen, auf das sich die älteste Tochter Night einlässt. Phiona ist anders. Nachdenklich, hilfsbereit und zurückhaltend nimmt sie dieses Leben am Rande der Gesellschaft zwischen Abwasserkanälen, Ratten und Hunden hin, eine der wenigen Einnahmequellen ist der Verkauf von Maiskolben. Regisseurin Mira Nair beschreibt dieses Leben ihrer Hauptdarstellerin als unausweichliches Schicksal, gleichwohl gibt sie schon in den ersten Szenen einen Hinweis, wie Phiona diesem Schicksal entronnen ist. Man sieht sie 2011 im Finale bei der Schach-Landesmeisterschaft in Uganda.

Dann springt der Film zurück ins Jahr 2007.

Schach spielt für Phiona kein große Rolle, bis Robert Katende (David Oyelowo) ihr als gute Seele einen scheinbaren Weg aus dem Slum weisen kann. Der Missionar und Sozialarbeiter setzt sich für die am wenigsten privilegierten Kinder und Jugendlichen ein, spielt mit ihnen Fußball – und richtet in einer heruntergekommen Hütte ein Spielstätte für Schach ein. Wer dort spielt, bekommt auch eine Mahlzeit und Katende versteht es mit großem Einfühlungsvermögen, viel Witz und dem nötigen Nachdruck, die Schachregeln auf den schäbigen Holzbrettern sowie mit den selbst geschnitzten Figuren zu vermitteln. Er gibt den Kindern Hoffnung, bestärkt sie, während Phiona das Treiben in der Holzhütte zunächst noch durch einen vernagelten Bretterverschlag beobachtet.

Diese Barriere wird schnell übersprungen und hier zeigt sich die Stärke des Films. In sehr kurzer Zeit wird Schach vollkommen in den Mittelpunkt gestellt, während eine ganz persönliche Geschichte dazu erzählt wird. Phiona hat zwar am Anfang noch Schwierigkeiten, die komplizierten Schach-Regeln zu lernen, doch sie besitzt genügend Talent. Bald schon besiegt sie viel erfahrenere Spieler in der Holzhütte. Katende erkennt dieses Begabung und wird ihr Coach. Bald ist sie mit dem Schachspiel so vertraut, dass sie ohne Ansicht des Brettes und ohne Figuren sowie auf einer karierten Bettdecke mit Kronkorken an ihren Taktiken feilen kann. An einer Stelle des zweistündigen Films spürt man, wie Phiona Mutesi das Spiel versteht: „Im Schach können die Kleinsten die Größten werden" – als Beispiel ist die Umwandlung eines Bauern in eine Königin zu sehen.

Als die Mutter mit ihren Kindern aus der Wohnung fliegt, ist die kleine Familie zunächst obdachlos. Gleichzeitig stellen sich erste Siege ein. Obwohl die Mutter zunächst gegen die Schachliebe ihrer Tochter ist, geht diese konsequent und voller Selbstvertrauen ihren Weg. Phiona spielt im Sudan und bei der Olympiade in Russland und wird zur Hoffnung des ugandischen Schachs.

Der Film erzählt eine erstaunliche Karriere und ist gleichzeitig ein starkes Statement für die Überwindung von Klassenschranken und Rollenmustern. Der Erfolg von Phiona Mutesi ermöglicht ihrer Familie schließlich ein besseres Leben. Am Ende wird die Mutter mit ihren Kindern aus dem Elendsviertel vor ein neues Haus gefahren. Auf ihre Frage „Wo sind wir hier?" antwortet Phiona „Zu Hause". Partien von Mutesi, die ein Idol für das Frauenschach in Afrika ist, gibt es bei Chessgames.com. Der Film ist bei Prime-Video erhältlich.

Das Wunder von Marseille

Drama, 2019, Frankreich, 107 Minuten

Regie: Pierre-François Martin-Laval

Drehbuch: Pierre-François Martin-Laval, Sophie Le Callennec

Kamera: Régis Blondeau

Hauptdarsteller: Assad Ahmed, Gérard Depardieu

Der rund zweistündige Film „Das Wunder von Marseille" erzählt die wahre Geschichte des Schachspielers Fahim Mohammad (Assad Ahmed), der 2008 mit seinem Vater Nura aus Bangladesch nach Frankreich kam. Der Junge kann sich am Anfang kaum verständigen, weil er die Sprache nicht spricht. Er wird dann in einem Schachclub in die Obhut des griesgrämigen und zynischen Schachtrainers Sylvain Charpentier genommen, der das Talent des Jungen erkennt – gespielt von einem formvollendeten Gérard Depardieu.

Der Film zeichnet nicht so sehr die Bemühungen um eine gelungene Integration nach, sondern ist ein Einzelschicksal, das allein über das Schachspiel erzählt wird. Sylvains Leben dreht sich, wie das Leben von Fahim, nur um das Schachspiel. Der Trainer kennt viele Geschichten dazu und zieht aus den Schicksalen großer Schachmeister seine eigenen Schachstrategien, die er Fahim durchaus erfolgreich vermittelt. Auf die Frage des Jungen, wann man endlich spiele, antwortet der Trainer ganz im Sinne von Bobby Fischer: „Schach ist kein Spiel, sondern ein Krieg zwischen zwei Köpfen."

Nach der Teilnahme an einer Regionalmeisterschaft gelingt es Sylvain, den Jungen an der Französischen Meisterschaft in Marseille teilnehmen zu lassen, die er in der Klasse Jugendliche unter 12 Jahren gewinnt. Es ist der Höhepunkt des Films.

Parallel dazu läuft die Geschichte seines Vaters, der vergeblich einen Asylantrag stellt und befürchten muss, in ein Abschiebegefängnis zu kommen. Selbst das Happy-End ist mit Schach verwoben. Während einer Fragestunde des französischen Premierministers meldet sich Mathilde, eine Freundin Charpentiers per Telefon, schildert den Fall und appelliert an die französische Maxime der Menschenrechte. Sehr schnell bekommen Nura und Fahim eine Aufenthaltserlaubnis und dürfen ihre Familie aus Bangladesh nachholen. Hoch angerechnet wird Fahim, dass er mit seinem Sieg auch etwas für das Land getan habe.

Obwohl der Film zwischen dem Schicksal des Vaters und der schachlichen Verbissenheit des Sohnes hin und her pendelt, überwiegen jene Momente, in denen Schach gespielt wird. Dass man dazu noch viel über die Asylpraxis Frankreichs erfährt, ist mehr als eine politisch durchfärbte Ergänzung. Tatsächlich wurde der im Jahr 2000 in Bangladesh geborene Fahim Mohammad 2017 FIDE-Meister und zählte zu den 150 weltbesten Spielern unter 16 Jahren. Der von Gérard Depardieu dargestellte Schachtrainer Xavier Parmentier verstarb 2016.

Das Damengambit

Netflix-Miniserie, 2020, USA, Sieben Staffeln je 46 bis 68 Minuten

Regie: Scott Frank

Idee: Scott Frank, Allan Scott

Kamera: Steven Meizler

Hauptdarstellerin: Anja Taylor-Joy

Das Thema Schach ist mit Wucht in den Streaming-Diensten angekommen. Auf Netflix ist die eigenproduzierte siebenteilige Dramaserie „Das Damengambit" abrufbar, die mit Anya Taylor-Joy in der Hauptrolle nach Angaben des

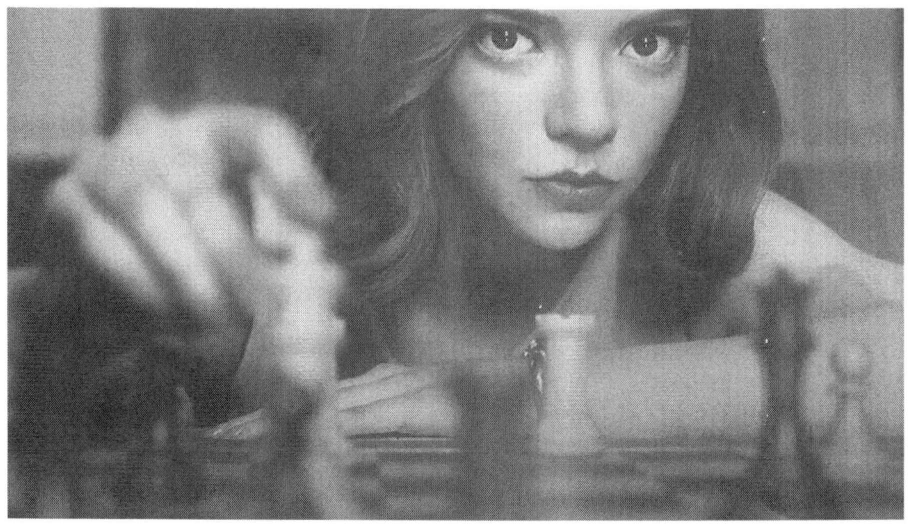

Das Damengambit mit der eindringlichen Hauptdarstellerin Anja Taylor-Joy

Senders einen Rekord als bisher erfolgreichste Miniserie aufgestellt hat. In den ersten 28 Tagen sollen nach Angaben von Netflix allein 62 Millionen Haushalte die Geschichte um das Waisenkind Elizabeth (Beth) Harmon gestreamt haben, das mit seinem Genie die Schach-Großmeister das Fürchten lehrt.

Weltweit hat die Serie das Interesse am königlichen Spiel weiter geweckt. So erlebt Schach in Corona-Zeiten dank populärer Streams, etwa auf der Plattform Twitch einen Boom mit bis zu sechsstelligen Zuschauerzahlen. Großmeister wie der Weltrangerste im Blitzschach, Hikaru Nakamura, geben Tipps und spielen Blindpartien. Und Weltmeister Magnus Carlsen hat sich mit „Play Magnus" ein eigenes Imperium mit mehreren Schach-Plattformen aufgebaut.

Der Film „The Queen's Gambit" basiert auf dem gleichnamigen Roman aus dem Jahre 1983 des 1928 in San Francisco geborenen und 1984 gestorbenen Schachspielers und Schriftstellers Walter Tevis. In gewisser Weise spiegeln Teile von Beth Harmons Geschichte Walter Tevis eigenes Leben wieder. Er wuchs in Kentucky auf, wurde während eines Heimaufenthaltes tablettensüchtig und flüchtete in das Billard-Spiel. Mit „Haie der Großstadt" gelang Tevis der Durchbruch als Schriftsteller. Ursprünglich sollte „The Queen's Gambit" als Film gedreht werden. Drehbuchautor Allan Scott erwarb vor 30 Jahren die Rechte an dem Roman. Zu den Regisseuren, die sich daran versuchen wollten, gehörte schließlich auch Heath Ledger, der jedoch mitten in den Vorbereitungen der Dreharbeiten für den Film starb.

Die argentinisch-britische Schauspielerin Anya Taylor-Joy hat in den letzten fünf Jahren eine steile Karriere hingelegt. Die ersten Schritte auf dem Parkett des Showbusiness verdankt sie einem Zufall. Im Londoner Einkaufszentrum Harrods wurde die damals 16-jährige Schönheit von einer Modelagentin entdeckt und verpflichtet. Nach einigen erfolgreichen Modeljobs kehrte sie London den Rücken und zog mit großen Träumen nach New York, wo ein Schauspielagent ihr erste kleine Rollen verschaffte. Den großen Durchbruch schaffte sie 2015 mit „The Witch", einem viel beachteten Arthouse-Horrorfilm. Seither war sie in vielen hochkarätigen Produktionen zu sehen, darunter in M. Night Shyamalans Psychothriller „Split" und 2019 in sechs Folgen der erfolgreichen Netflix-Fernsehserie „Peaky Blinders – Gangs of Birmingham". Nun also erneut eine Serie bei Netflix.

Das glänzende Epos „Das Damengambit", in dem die 24-Jährige die Hauptrolle des amerikanischen Schach-Wunderkindes Beth Harmon spielt, taucht vor dem Hintergrund der Gegenkultur der 1960er tief in Identität, Besessenheit, Sucht und Feminismus ein.

Schach ist alles – jedenfalls im Kosmos der fiktiven Schach-Ikone Elizabeth, deren erstaunliche Geschichte in der Serie erzählt wird. Als Kind lernt sie vom Hausmeister des Waisenhauses, in dem sie aufwächst, die Regeln und entdeckt ihre bedingungslose Leidenschaft für das „Spiel der Könige", in dem sie die Königin in einem eigenen Reich wird. Sie erlebt Niederlagen und wird im Waisenhaus schon drogensüchtig. Tabletten werden später durch Alkohol ergänzt, die Mutter lebt dem Mädchen die Trinkerei vor. Bei Beth gehen Genie und Wahnsinn Hand in Hand, während ein Bauernopfer auf das nächste folgt. Als Teenager nimmt sie an Turnieren teil, als junge Frau lernt sie den Erfolg, die Liebe und das schöne Leben kennen, was Beth, die das Schachspiel mehr zu lieben scheint als sich selbst, alles andere als leicht fällt.

Bemerkenswert auch Thomas Brodie-Sangster, der den Schachspieler Benny Watts verkörpert. Ein junger Mann und der zweite Superstar des US-Schachs jener Zeit mit großer Klappe und Cowboy-Attitüde – er trägt immer einen Hut, außer in seinem VW-Käfer, einen Ledermantel und ein Messer am Gürtel. Benny ist wie so viele vor ihm Beth am Schachbrett nicht gewachsen, gleichwohl entwicklen sie Gefühle füreinander. Ein außergewöhnliches Paar, bei dem Watts irgendwann die Rolle des Coach übernimmt.

Auffallend sind die Gemeinsamkeiten der Schachspielerin Harmon mit Bobby Fischer. Beth und Fischer haben nicht nur jugendliche Talente, sondern auch andere Ähnlichkeiten. Beide lernten Russisch, um sich darauf vorzubereiten, in Russland zu spielen. Beide gewannen 1967 den US-Meistertitel. Beide favorisierten die Sizilianische Verteidigung, beide teilten eine Vorliebe für modische Statements und beide wurden von inneren Dämonen gequält.

Als Gegner tritt am Ende in Paris der fiktive russische Schachmeister Vasily Borgov auf den Plan. Das Damengambit spielt vor dem Hintergrund des Kalten Kriegs, wodurch Borgov zum übermächtigen Gegenspieler stilisiert wird. Außerdem steht er für das Patriarchat, ist der kälteste aller Kontrahenten in einer von Männern dominierten Schachwelt. Ohne eine Miene zu verziehen, nimmt er am Schachbrett Platz und spielt wie eine Maschine hochkonzentriert bis zur letzten Sekunde. Ein Albtraum für Beth, die sich, eine Nacht an der Hotelbar mit einer Freundin und reichlich Ouzo hinter sich, allein von ihrer Intuition leiten lässt – und verliert.

Anya Taylor-Joys spielt mit ihrer ganzen Mimik und Gestik – aggressiv und bedrohlich. Sie baut einen Schutzwall um sich auf, für die bei jeder Partie mehr auf dem Spiel steht als bei ihrem Gegenüber. Beth tauscht nicht nur Bauern gegen Damen, wenn sie auf der anderen Seite des Schachbretts angelangt, sie erkämpft sich dadurch auch ihre Unabhängigkeit.

Zu sehen ist eine Erzählung, die jeden Schachspieler mitnimmt, aber auf vielen anderen Ebenen ebenso mitreißend ist. Dabei wird Schach kunstfertig und mit faszinierenden Bildern, Überblendungen und vielen Einzelbildern in Spiel-Szenen in die Handlung integriert.

Hinzu kommt die Abbildung der 1960er Jahre in Amerika, wobei der Film an dieser Stelle alle Klischees erfüllt. Beth Harmon trägt zeitlos schöne bunte Sixties-Röcke, weite Kleider und enge Hosen. Wohnungen, Hotels und Restaurants sind mit allerlei Accessoires ausstaffiert, nur die Spielstätten der Wettkämpfe bleiben spartanisch – Bobby Fischer und Boris Spasski hatten ihr Jahrhundertmatch noch nicht ausgetragen, die Massen in Amerika waren noch nicht vom Schach elektrisiert.

Bei allem bewegt sich der Film in der Fiktion: Beim Showdown in Moskau wird ein klassisches Damengambit gespielt, das im Mittelspiel zu einer dynamischen und gefährlichen Situation führt. Borgov begeht in der gezeigten Variante mit Schwarz einen taktischen Fehler im 44. Zug, der Beth ein spielentscheidendes Damenopfer erlaubt. Bis zum 36. Zug ist diese Partie einem Spiel zwischen den Großmeistern Wassyl Iwantschuk und Patrick Wolff (1993) nachgebildet, die remis ausging.

Gedreht wurden viele Szenen in Berlin. Auftritte haben die Max-Taut-Schule in Rummelsburg, als Turnier-Schauplätze das Rathaus Spandau und das Palais am Funkturm. Ebenso der Friedrichstadt-Palast als Hotel Aztec Palace. Vieles wurde digital bearbeitet, um die städtische Pracht herauszustreichen. Am Ende des Films spaziert Beth nach dem Turnier durch Moskau – in Wirklichkeit durch die Karl-Marx-Allee – und trifft auf Schachspieler, die im Freien spielen und auf sie einstürmen. Und egal ob Moskau oder Berlin: Anya Taylor-Joys hat als Beth Harmon die russische Schachseele im Sturm erobert.

Die sieben Serienteile tragen die Titel Eröffnung, Abtausch, Doppelbauer, Mittelspiel, Gabel, Hängepartie und Endspiel. Jeder Teil ist rund 60 Minuten lang, einen Trailer in deutscher Sprache gibt es auf der Plattform YouTube. Mit Bruce Pandolfini und Großmeister Garri Kasparow haben bei den Dreharbeiten kenntnisreiche Schachexperten nachgeholfen, insgesamt wurden 300 hypothetische Spiele für den Serienhit beigesteuert.

Wie bei Netflix sonst üblich, wird es wohl keine weiteren Serienteile geben. Es gibt nur ein Buch, das in der Serie bis zum Ende behandelt wurde, und es gibt auch keine offiziellen Pläne, „Das Damengambit" fortzusetzen.

Schachnovelle

Drama, 2021, Deutschland/Österreich, 110 Minuten

Regie: Philipp Stölzl

Drehbuch: Eldar Grigorian

Kamera: Thomas W. Kiennast

Hauptrollen: Oliver Masucci, Birgit Minichmayr, Albrecht Schuch

Mit der Neuverfilmung der „Schachnovelle" hat sich Regisseur Philipp Stölzl an einen Stoff gemacht, der nicht nur unter den Liebhabern des Königlichen Spiels einen hohen Bekanntheitsgrad hat. Stefan Zweigs rund 90-seitige Novelle, wenige Monate vor seinem Freitod im brasilianischen Exil 1942 fertiggestellt, ist Pflichtlektüre in Schulen und zählt mit mehr als 60 Übersetzungen zur Weltliteratur. Folgt man dem Dichter Johann Wolfgang von Goethe ist eine Novelle die Erzählung einer „unerhörten Begebenheit". Etwas so unglaubliches, wie es in der Welt selten vorkommt. Kein Wunder, das die „Schachnovelle" bereits 1960 unter der Regie von Gerd Oswald mit Curd Jürgens und Mario Adorf verfilmt wurde. Ein Wunder dagegen, warum es über 60 Jahre gedauert hat, bis man sich im Filmgenre dieser Geschichte wieder zugewandt hat.

Schaut man auf den Inhalt der Novelle, so kann sich ihre Unglaublichkeit nur in der Zeit der Nationalsozialisten zugetragen haben. In einer Zeit, in der Gier, Macht und Entrechtung Menschlichkeit ersetzte, in einer Zeit, in der Gefangenen jeder Stolz genommen wurde.

Einer dieser Gefangenen ist in der „Schachnovelle" der Notar und Vermögensverwalter Josef Bartok (Oliver Masucci). Er wird kurz nach dem „Anschluss" Österreichs an Nazideutschland verhaftet und im Wiener Luxushotel Métropol, bis heute als ehemalige Leitstelle der Gestapo bekannt, isoliert. Vorher tanzt Bartok im Film von Stölzl mit seiner Frau Anna (Birgit Minichmayr) noch eng umschlungen über das Parkett, bis sich Szenerie und Stimmung sehr schnell ändert. In den Straßen Wiens prügeln die neuen Herren und machen Jagd auf Juden. Als Notar Bartok, ein Feingeist der sich etwas hochnäsig gibt, von einem

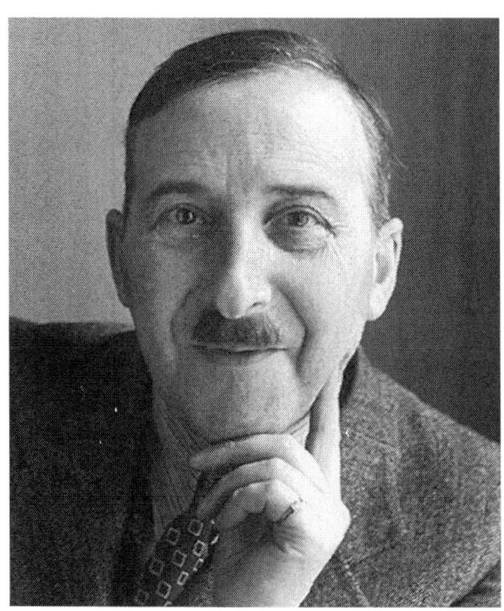

Stefan Zweig

Freund vor den Nazis gewarnt wird, verbrennt er kurz vor dem Zugriff im Kamin Verträge und Listen mit Codenummern, die zu den verwalteten Reichtümern im Ausland führen.

Die anfängliche Leichtigkeit des Seins, die der Film zum Auftakt vermittelt, entpuppt sich somit als die Ruhe vor dem Sturm. Oliver Masucci spielt seine Hauptrolle mit einer durchdringenden Präsenz, die zu keiner Sekunde nachlässt. Nach seiner Verhaftung tritt ihm im Métropol Franz-Josef Böhm (Albrecht Schuch) gegenüber, Leiter am Hauptsitz der Geheimen Staatspolizei. Nach außen außerordentlich freundlich und zuvorkommend, dessen Ziel nach und nach sichtbar wird – die Sicherung der von Bartok gehüteten Codenummern. Der zeigt sich allerdings standhaft und lehnt jede Zusammenarbeit ab.

Gleichwohl hinterlässt die Isolationshaft ihre Spuren. Bartok wird langsam zermürbt, intellektuell ausgehungert, auch weil niemand mit ihm spricht. Selbst der Nazi-Scherge nicht, der ihm jeden Tag eine dünne Suppe mit Brot bringt, und den Bartok einfach „Erich“ (Moritz von Treuenfels) nennt. Masucci offenbart in diesem Kammerspiel eine hohe Schauspielkunst, er deckt die ganze Bandbreite menschlicher Emotionen ab. Die langsame Verzweiflung, die sich in der Isolationshaft einschleicht, der Zorn, die innere Haltlosigkeit, das Schweigen, die Leere, die Einsamkeit, die Angst. Der Zuschauer wird in diesen Gefühls-Strudel hineingezogen, identifiziert sich mit Bartok, folgt der dramaturgischen Spannung der Inszenierung, in der sich der Hauptdarsteller in jeder weiteren Minute des Films verfängt.

Eine Schlüsselszene ist auch in der Neuverfilmung der „Schachnovelle“, als Bartok ein Buch unter seiner Jacke versteckt. Er nimmt es von einem Stapel von Büchern, die von den Nazis verbrannt werden sollen. Als er in seinem Zimmer, das sich zur grausigen Zelle gewandelt hat, entdeckt, was es für ein Buch ist, bricht für ihn zunächst eine Welt zusammen. *„Der erste Blick war eine Enttäuschung und sogar eine Art erbitterter Ärger: dieses mit so ungeheurer Gefahr erbeutete, mit so glühender Erwartung aufgespartes Buch war nichts anderes als ein Schachrepetitorium, eine Sammlung von hundertfünfzig Meisterpartien. Wäre ich nicht verriegelt, verschlossen gewesen, ich hätte im ersten*

Zorn das Buch durch ein offenes Fenster geschleudert, denn was sollte, was konnte ich mit diesem Nonsense beginnen?", beschreibt Stefan Zweig diese Szene im Original.

Im Film zaubert Masucci darüber ein Chaos der großen Gefühle auf die Leinwand. Vorsichtig blättert er, unter dem Bett versteckt, die erste Seite des Schachbuches auf, um im nächsten Augenblick zu erkennen, damit nichts anfangen zu können. Es ist ein Tiefpunkt und gleichzeitig der Beginn einer seelischen Errettung. Es ist der Wendepunkt einer Geschichte, von der man in diesem Augenblick kaum glaubt, sie könnte noch gut ausgehen.

Dem Gefangenen Josef Bartok bringt das Schachbuch eine Änderung seiner Ausnahmesituation. Angesichts der Bedrohung völlig auf sich gestellt, sucht er Zuflucht im Spiel der Könige. Seelisch labil verfängt er sich in einem Geflecht von Bedrohung und Flucht. Die Bedrohung kommt von Nazi Böhm, die Flucht ist das Schachspiel, auch ein Zeichen des geistigen Widerstandes gegen die Methoden der Nazis. Bartok grenzt dazu im Badezimmer mit Handtüchern eine quadratische Fläche ab, auf der er mit Figuren, geformt aus Brotteig, spielt. In einer Szene sitzt er sich selbst gegenüber, ein Hinweis auf den beginnenden Wahnsinn, Bartoks Spiel ist zum Scheitern verurteilt.

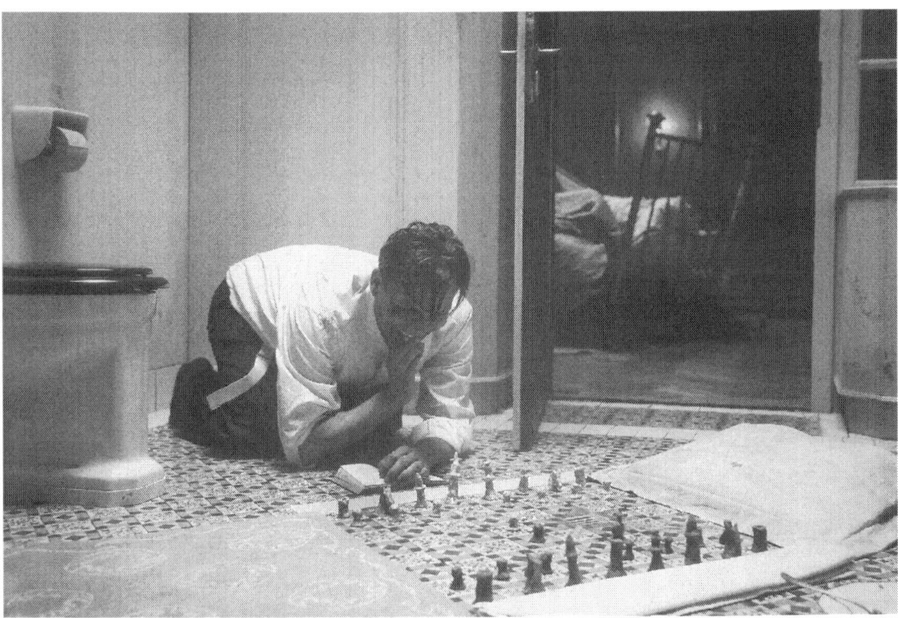

Eine der bewegendsten Szenen der neuen „Schachnovelle": Josef Bartok (Oliver Masucci) flüchtet sich ins Schachspiel. Das Quadrat hat der Gefangene der Nazis auf dem gefliesten Badboden mit Kissen und Tüchern abgegrenzt

Besonders deutlich wird dies, als Bartok von einem Nazi-Schläger im Badezimmer massiv bedroht wird. Er erhält einen Schlag, kippt in die Badewanne und wird unter Wasser gedrückt. Nur das Eingreifen von Böhm verhindert sein Ertrinken. Die Schergen entdecken anschließend nicht nur das Schachbuch, sondern in einem Verhau auch die Figuren. In diesem Augenblick zeigt Böhm sein wahres Gesicht. Während Bartok wie ein kleines Kind weinend auf dem Boden kniet und den Verlust der Figuren beklagt, zertritt Böhm die Figuren und spottet über Bartok. Gleichzeitig droht er ihm verschärfte Maßnahmen an.

Im Schlussakkord des Films wird Bartok dann doch frei gelassen, Folterknecht Böhm gibt sich geschlagen. Der Notar rettet sich auf einen Dampfer, der von Rotterdam nach New York fährt. Wie eine lebende Leiche wandelt er über das Schiff, bis er bei einer Partie den entscheidenden Zughinweis gibt und einer Gruppe von Mitreisenden mit Owen McConnor (Rolf Lassgard) an der Spitze ein Remis gegen den Schachweltmeister Mirko Czentovic ermöglicht, gespielt von Albrecht Schuch in einer Doppelrolle. Eine von McConner organisierte Partie zwischen Bartok und Czentovic mündet in ein klug durchkomponiertes Wirrwarr zwischen Wahn und Wirklichkeit. Am Ende hat Regisseur Philipp Stölzl für Josef Bartok ein versöhnliches Happy End erdacht und der „Schachnovelle“ damit einen kleinen Teil ihres dramatischen Grundrauschens genommen.

Die Neuverfilmung, so das Fazit, spricht mit ihrer prächtigen Ausstattung auch Cineasten an, denen das Schachspiel fremd ist. Die Elemente des Psychothrillers machen die Adaption der Zweig-Vorlage zu einem spannenden Kinoerlebnis.

Weitere Filme, in denen Schach eine Rolle spielt:

Le Jour d'Echecs

1927, Frankreich, 135 Minuten

Historisches Drama, das am Hof von Katharina der Großen spielt und Romantik, Politik und Krieg mit der seltsamen Geschichte der Erfindung eines schachspielenden Automaten verbindet.

Nummer 6 (The Prisoner)

1967, England, 17 Episoden, jeweils 48 Minuten

Britische Spionage-Serie aus den Sechzigern. Mit seiner systemkritischen Haltung, seiner verästelten Story und seinem kompromisslosen Erzählstil gilt das Werk als Meilenstein der Fernsehgeschichte. Schach wird in der Serie als wiederkehrendes Motiv verwendet. Das Spiel taucht bereits in der ersten Episode auf, die in der Feststellung gipfelt: Wir sind alle Bauern. In der Folge Schachmatt wird außerdem ein Schachturnier mit lebenden Menschen veranstaltet, Autor Gerald Kelsey hatte ein solches Turnier bei einem Deutschlandbesuch gesehen. Drehbuchautor George Markstein sah darüber hinaus internationale Spionage als eine Art Schachspiel an und brachte diese Ansicht in die Serie ein.

Columbo, Schach dem Mörder

1973, USA, 70 Minuten

Schauplatz einer Schachpartie der beiden Spitzenspieler Clayton (Laurence Harvey) und Dudek (Jack Kruschen) ist in diesem Krimi Los Angeles. Am Vorabend eines Wettkampfes demonstriert Dudek seinem Gegner bei einer improvisierten Partie, dass er überlegen ist. Nachdem Dudek am nächsten Tag schwer verletzt aufgefunden wird, übernimmt Columbo (Peter Falk) die Ermittlungen.

The Chess Players

1977, Indien, 113 Minuten

1856: Nawab Wajid Ali Shah ist König von Awadh, einem der letzten unabhängigen Königreiche Indiens. Die britischen Kolonialisten, die dieses reiche Land kontrollieren wollen, haben General Outram auf eine geheime Mission geschickt, um den Weg für eine Annexion frei zu machen. Inmitten von Intrigen und politischen Manövern wächst der Druck, doch der König vertreibt sich die Zeit mit Vergnügungen und religiösen Praktiken. Auch der Hof ist keine Hilfe – die Adligen Mir und Mirza, die die Lage ihres Landes und alle Pflichten gegenüber ihren Familien ignorieren, verbringen ihre Tage mit endlosen Schachpartien. Nach der gleichnamigen Kurzgeschichte von Munshi Premchand.

Gefährliche Züge (Duell ohne Gnade)

1984, Schweiz, Frankreich, 95 Minuten

In Genf wächst sich der Wettkampf um die Schachweltmeisterschaft vor dem Hintergrund des Kalten Krieges zu einem politischen Machtkampf aus. Der alte sowjetische Schachmeister Akiva Liebskind (Michel Piccoli) wird von dem arroganten Exilrussen Pavius Fromm (Alexandre Arbatt) herausgefordert. Plötzlich wird Schach zu einem psychologischen Nervenkrieg.

Zugzwang

1989, Deutschland, 95 Minuten

Die Regiearbeit des Schauspielers Carrière ist eine Mischung aus Psychodrama und Thriller. Der ehemals gefragte Pianist Lucas Tillmann (Michael Marwitz), verheiratet mit einer erfolgreichen Architektin und Vater einer dreijährigen Tochter, verfällt der Leidenschaft für Blitzschach und Backgammon, gerät immer mehr in den Strudel von Spielsucht, Drogen und Gewalt. Am Ende wird er für einen Mord verurteilt, den er nicht begangen hat. Eine Nebenrolle hat Anatoli Karpow.

Die Verurteilten

1994, USA, 142 Minuten

Häftling Andy Dufresne (Tim Robbins) will im Gefängnis die Zeit mit Schach totschlagen. Deshalb will er seinem Mithäftling Red (Morgan Freeman) das Spiel beibringen und schnitzt die Spielfiguren für ein Schachbrett aus Alabaster und Speckstein.

Lang lebe die Königin

1995, Niederlande, zwei Teile, jeweils 90 Minuten

Die achtjährige Sara (Tiba Tossijn) will wissen, wer ihr Vater ist. Durch einen neuen Mitschüler lernt sie das Schachspiel. Es tut sich eine neue Welt auf und die Spielfiguren werden lebendig. Schließlich beherrscht Sara das Schachspiel so gut, dass sie in einem Turnier gegen den Großmeister antritt.

Spiel der Spiele

1999, Deutschland, Kurzfilm

Ein ehelicher Schlagabtausch wird in diesem Film im Rhythmus eines Schachspiels in Szene gesetzt.

Harry Potter und der Stein der Weisen

2001, USA, Großbritannien, 152 Minuten

Der Film enthält ein Spiel mit lebenden Figuren. Berater war der amerikanische Schachspieler, -lehrer und -autor Jeremy Silman. Er erhielt für seine Arbeiten zahlreiche Auszeichnungen.

Schach im Science-Fiction-Film

Es tut mir leid, Frank, Du hast verloren.

Computer HAL in „2001: Odyssee im Weltraum“ zu Astronaut Poole

Der Isolationsforscher und Nasa-Berater Jack Stuster hat sich viel mit der Einsamkeit von Astronauten im Weltraum beschäftigt. In einem Interview sagte er einmal, um etwas Abwechslung in den Raumschiffen zu haben, würden Astronauten Filme schauen, Bücher lesen und mit Vorliebe Schach spielen. In vielen Science-Fiction-Filmen wird Schach gespielt, oft gegen hochintelligente Computer, die ihrem Gegenüber eiskalt keine Chance lassen.

Der schweigende Stern

1960, DDR, Polen, 90 Minuten

Regie: Kurt Maetzig

Drehbuch: Jan Fethke, Wolfgang Kohlhaase u.a.

Kamera: Joachim Hasler

Hauptrollen: Yoko Tani, Oldrich Lukes, Ignacy Machowski

Dem Weltraumfilm „Der schweigende Stern“, der in der Bundesrepublik unter dem Titel „Raumschiff Venus antwortet nicht“ lief, basiert auf einem Roman des polnischen Autors und Philosophen Stanislaw Lem. Es war der erste Science-Fiction-Film der DEFA, ein volkseigenes Filmunternehmen der DDR mit Sitz in Potsdam-Babelsberg. Der Film spielt im Jahre 1970, als in der Wüste Gobi eine Kapsel aus einem fremden Material gefunden wird. Es deutet vieles darauf hin, dass sie von der Venus stammt. Daraufhin wird eine Expedition zu dem Planeten geschickt. Auf dem Schiff geht Professor Hawling (Oldrich Lukes) seinem Hobby nach, dem Schachspiel.

Hawling hat bereits schon alle an Bord matt gesetzt, als er im Computer „Omega“, der R2-DS aus der Star Wars-Saga ähnelt, einen ernsthaften Gegner findet. Der von Kybernetiker Soltyk (Ignacy Machowski) entwickelte Computer setzt den Professor matt und Soltyk muss sich von einer Astronautin den Vorwurf anhören, er habe „Omega“ ohne Seele erschaffen. Hätte die seelenlose Maschine eine, würde sie Hawling auch einmal gewinnen lassen. Einprägsam ist das Ende dieser Szene: Als das Raumschiff in Turbulenzen gerät, kippen die Figuren mit einem Schlag von Brett.

Unter Wasser rund um die Welt

1966, USA, 110 Minuten

Regie: Andrew Marton

Drehbuch: Elmar Parsons, Arthur Weiss, Art Arthur

Kamera: Clifford Poland, Lamar Boren, Ricou Browning

Hauptdarsteller: Lloyd Bridges, Brian Kelly

In dem Science-Fiction-Film „Unter Wasser rund um die Welt“ müssen Dr. Doug Standish (Lloyd Bridges) und Dr. Craig Mosby (Brian Kelly) nach Erdbeben und Flutwellen ein neu entwickeltes Frühwarnsystem am Meeresboden installieren. Aufgrund von Stress und der Enge an Bord des Wasserfahrzeugs kommt es bei dem gefährlichen Auftrag immer wieder zu Spannungen im Team. In einer Szene brütet einer der Forscher an einem großen Schachbrett über einer Stellung, als ein anderer Forscher über einen Gang dazu stößt. Während sich dieser einem Hasenkäfig zuwendet, zieht der andere in aller Ruhe eine Figur. Die Szene ist nicht filmbestimmend, zeigt aber doch, dass Schach auch auf engstem Raum entspannend wirken kann.

2001: Odyssee im Weltraum

1968, Vereinigtes Königreich/USA, 143 Minuten

Regie: Stanley Kubrick

Drehbuch: Stanley Kubrick, Arthur C. Clarke

Kamera: Geoffrey Unsworth

Hauptrollen: Keir Duellea, Gary Lockwood, Douglas Rain (Stimme von HAL)

Die Mutter aller Science-Fiction-Filme, Stanley Kubricks Weltraumepos „2001, Odyssee im Weltraum“, ist visionär und zeigt in einer Schachszene die ganzen Abgründe des Intelligenzkampfes Mensch gegen Maschine. Wobei Kubrick dem Spiel eine ganz praktische Seite für die eigene Arbeit abgewann: „Schach lehrt dich, vor deinen Entscheidungen nachzudenken, auch wenn die Dinge auf den ersten Blick gut aussehen. Es lehrt dich, Fehler zu vermeiden und disziplinierter zu arbeiten“, war er überzeugt. Ein paar Sekunden nachdenken könne beim Film eine Menge Arbeit und Geld sparen.

Kubrick selbst, der im Rahmen guter finanziellen Verhältnissen in der Bronx aufwuchs, lernte mit zwölf Jahren Schach von seinem Vater. Eine Zeit lang verdiente der Regisseur etwas Geld durch Schachspielen am New Yorker Washington Square, wo sich täglich die Schachmeister an fest verbauten Tischen trafen. Das Schachspiel taucht in seinen Filmen immer wieder auf. In Kubricks Film-Version des Romans „Lolita“ von Vladimir Nabokov spielt in einer der Szenen der Schriftsteller Humbert Humbert mit der Mutter Schach, während

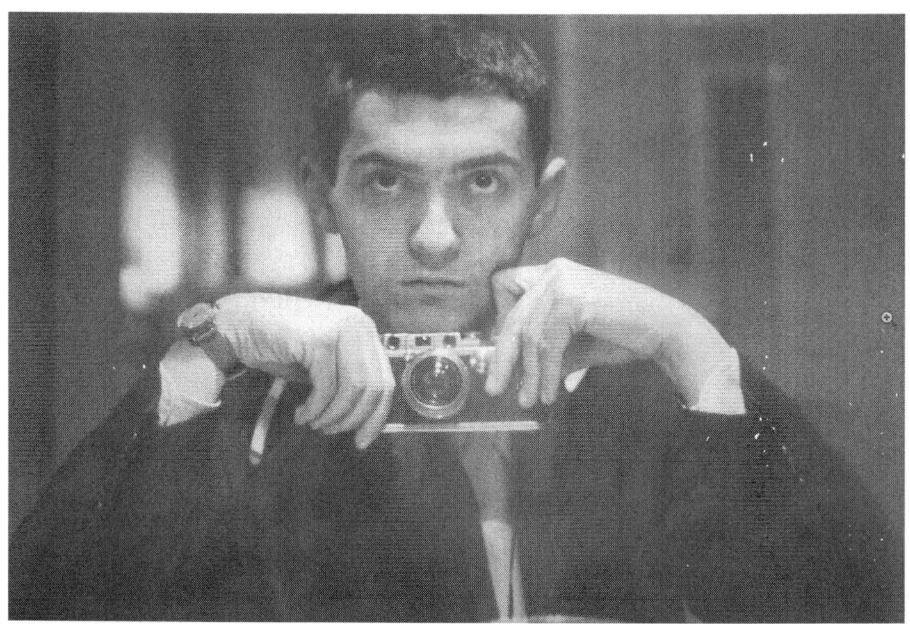

Stanley Kubrick

das Mädchen ihm einen Gute-Nacht-Kuss gibt. Auch in Kubricks „Dr. Strangelove“, der sich mit der Atombombe und dem nuklearen Rüstungswettlauf der Supermächte beschäftigt, baute Kubrick eine Schachszene ein. Schachbrettmuster gibt es in „Clockwork Orange“ wie in „2001: Odyssee im Weltraum“.

Das Herzstück der Weltraummission in diesem Film, die den Jupiter zum Ziel hat, ist der Großcomputer HAL. Diese Abkürzung ist eine Reminiszenz an eine große Computerfirma, man muss die Buchstaben nur um eine Stelle im Alphabet weiterschieben: IBM. Und der Supercomputer ist gnadenlos, was in der Schachwelt Ende der 1960er Jahre in dieser Form noch gar nicht abzusehen war.

So riskiert Pilot Frank Poole in dem Film eine Partie gegen HAL. Auf einem hell erleuchteten Großbildschirm ist die Diagrammstellung zu sehen. Damals wusste man noch nicht, dass es einmal eine Software gibt, die, wie etwa „Deep Blue“, Schachweltmeister schlagen wird. HAL zerschmettert Frank noch mit einem leicht überheblichen und genießerischen Unterton, wie es nur im Film gezeigt werden kann. Heutige Schachcomputer verrichten ihre eiskalten und perfekten Züge als emotionslose Knechte von Softwarespezialisten.

Der Filmpartie in „2001, Odyssee im Weltraum“ liegt ein Original zugrunde, es handelt sich um die Partie Roesch – Schlage, Hamburg 1910, genannt wird auch das Jahr 1913. 1.e4 e5 2.Sf3 Sc6 3.Lb5 a6 4.La4 Sf6 5.De2 b5 6.Lb3 Le7

7.c3 0–0 8.0–0 d5 9.exd5 Sxd5 10.Sxe5 Sf4 11.De4 Sxe5 12.Dxa8 Dd3 13.Ld1 Lh3 14.Dxa6 Lxg2 15.Te1 Df3 0–1 (mit der Drohung 16...Sf4-h3 matt). Man ist verwundert, wie das digitale Superhirn an dieser Stelle des Spiels mit einem jovialen Unterton zum Finale ansetzt: „Es tut mir leid, Frank, Du hast verloren. D auf f3, Läufer schlägt Dame, Springer schlägt Läufer – matt." Der konsternierte Astronaut Poole seufzt: „Ja, ja, du hast recht" – und gibt auf. Stanley Kubrick hat mit diesem Film ein Epos geschaffen und während der Arbeit auch immer an Schach gedacht. „Wir machen großartige Aufnahmen, aber alles ähnelt einem Schachspiel mit 106 Zügen, das zweimal vertagt werden musste", notierte er 1967.

Blade Runner

1982, USA, Hongkong, 117 Minuten

Regie: Ridley Scott

Drehbuch: Hampton Fancher, David Webb Peoples

Kamera: Jordan Cronenweth

Hauptdarsteller: Harrison Ford, Rutger hauer, Daryl Hannah

Am 21. Juni 1851 wurde in London eine freie Partie zwischen den Schachmeistern Adolf Anderssen und Lionel Kieseritzky ausgetragen, die als „Die Unsterbliche" in die Schachgeschichte einging. Weiß opfert in dieser Partie einen Läufer, beide Türme und schließlich die Dame, um am Ende Schwarz in einem genialen Finale matt zu setzen.

In dem Science Fiction Klassiker „Blade Runner" von Ridley Scott wird die Zugfolge dieser Partie verwendet. Der Replikant Roy Batty (dargestellt von im Juli 2019 verstorbenen Schauspieler Rutger Hauer) besiegt seinen Schöpfer Dr. Eldon Tyrell (Joe Turkel) mit ebendieser spektakulären Mattkombination, indem er die Zugfolge dem kranken und naiven Genetik-Designers J. F. Sebastian (William Sanderson) einflüstert. Sebastian ist fasziniert von den Replikanten. Er will, dass sie ihm etwas zeigen, worauf Roy verärgert reagiert. „Wir sind keine Computer, wir sind aus Fleisch und Blut" („We are physical") sagt er. Und die Replikantin Pris (Daryl Hannah) fügt hinzu „Ich denke, darum bin ich", den Grundsatz voh Descartes, mit dem die moderne Philosophie des Selbstbewusstseins beginnt. Dann nimmt sie mit der bloßen Hand zwei Eier aus einem gläsernen Topf mit kochendem Wasser und wirft sie Sebastian zu, der nicht in der Lage ist, sie zu halten. Ganz nebenbei löst Roy ein kniffliges Schachproblem. Die Replikanten erweisen sich in jeder Hinsicht als überlegen, körperlich – und im Schachspiel symbolisiert – auch geistig. Der Genetiker bringt es auf eine einfache Formel: „Ihr seid anders, so perfekt" („You are different, so perfect").

Independence Day

1996, USA, 138 Minuten

Regie: Roland Emmerich

Drehbuch: Roland Emmerich, Dean Devlin

Kamera: Karl Walter Lindenlaub

Hauptdarsteller: Will Smith, Bill Pullman, Jeff Goldblum

In dem Science-Fiction-Film „Independence Day“ (1996) führt Regisseur Roland Emmerich den Hauptdarsteller Jeff Goldblum mit einer Schachszene ein. Schach wird an einem malerischen Ort gespielt, in einem Park in West New York, den Palisades. Von einer Höhe aus kann man den Hudson überblicken, an einem Schachbrett sitzen sich Jeff Goldblum und Judd Hirsch, sie verkörpern Vater und Sohn, gegenüber. Das Schachbrett ist zum Teil in Großaufnahmen zu sehen, sehr schnell gewinnt Goldblum. „Es ist ein Schachmatt“, sagt er, gibt seinem Filmvater einen Kuss auf die Wange und fährt mit dem Fahrrad dem unruhigen Abenteuer entgegen.

Schach im Zeichentrickfilm

Ich will nicht Schach spielen.

Nick in der Serie „Der kleine Nick“ zu seinem Vater

Die Simpsons

Serie von Matt Groening

Schach spielt in Zeichentrick- und computeranimierten Filmen keine Rolle – und doch gibt es einige kurze bunte Streifen, in denen das königliche Spiel im Mittelpunkt steht. Eine der bekanntesten Trickfiguren ist Bart Simpson, Hauptfigur in der Serie „Die Simpsons“. Barts Charakterzüge sind Aufsässigkeit und fehlender Respekt gegenüber Autoritäten, hinzu kommt eine große Portion Selbstüberschätzung, die sein Erfinder, der Zeichner Matt Groening, in einer ganz kurzen, nur 11 Sekunden langen Schachsequenz zeigt.

In Staffel 6, Folge 21: The PTA Disbands, tritt Bart im Freien in einem Simultanspiel gegen drei Gegner an. Die sitzen auf einer hölzernen Parkbank, während der zitronengelbe Bart voller Gesten wie einst Bobby Fischer schnell – und ohne groß zu überlegen – von Brett zu Brett eilt. Am ersten Brett zieht er einen weißen Läufer, am zweiten Brett ebenfalls einen weißen Läufer, der dritte Zug ist verdeckt. Sekunden später ziehen seine Kontrahenten drei Mal nacheinander mit „Checkmate“, „Checkmate“, „Checkmate“, was Bart Simpson mit einem undeutlichen Laut quittiert.

Rätselhaft dagegen ist, wie Barts Vater, Homer Simpson, das Schachspiel gelernt hat. In Staffel 28, Folge 15, mit dem Titel „Homersche Eröffnung“ wird er von einem älteren Herrn im Park zu einer Partie eingeladen. Als sich Homer setzt und die schwarzen Figuren mit großer Geste aufbaut, staunt die ganze Simpson-Familie. Als er nach dem Partiegewinn den älteren Herrn als Opfer des „Budapester Gambit“ bezeichnet und das Siegergeld an sich genommen hat, will Marge von ihrem Mann dann doch wissen, wo er denn das Schachspiel gelernt hat. In der nächsten Szene sieht man den jungen Homer, wie er mit seinem Vater Schach spielt, dazu hört man Musik von Wolfgang Amadeus Mozart. Die ganze Szenerie hat ein skurriles Ende: Homers Augen pendeln, wie die Figur der Wanduhr von links nach rechts und wieder zurück. Dann springt die nächste Szene wieder zur Familie Simpson und Homer. Am Brett sitzend erklärt er seiner Frau, er wolle nicht darüber reden, wie er Schach gelernt habe.

Der kleine Nick

Serie von René Coscinny und Jean-Jacques Sempé

Die Kinderbuchserie „Der kleine Nick“ wurde von Comicautor René Coscinny geschrieben und von Jean-Jacques Sempé illustriert. Die 104-teilige Zeichentrickserie ist eine französisch-indisch-deutsch-luxemburgische Produktion, die ab 2008 ausgestrahlt wurde. Erzählt werden die alltäglichen Erlebnisse des kleinen Jungen Nick, in der die kindliche und nicht die erwachsene Sicht der Dinge im Mittelpunkt steht. In der ersten Staffel, Folge 18, macht Nick auf Drängen seines Vaters Bekanntschaft mit dem Schachspiel. Es sind Ferien und Nick soll einer „geistreichen Beschäftigung nachgehen“. Der Vater macht Nick Schach schmackhaft, in dem er es als ein aufregendes Kriegsspiel darstellt. Die Figuren werden wie eine Armee von einem General zum Sieg geführt, so der Vater.

Beim ersten Besuch im Schachclub, er befindet sich zu allem Übel auch noch in der Schule, versucht Herr Hühnerfeld Nick die Regeln beizubringen. Außer Nick ist nur noch der Streber Adalbert im Schachclub – und es kommt, wie es kommen muss. Der Junge geht nicht mehr in den Schachclub, lügt seinen Vater an, wird von der Mutter in einen Step-Dance-Kurs geschickt, dort sind lauter Mädchen, und gaukelt ihr dann auch noch vor, er wäre jetzt in einem Backkurs. Nur Rezepte kann er nicht vorlegen. Als sein Vater ihm schließlich auf die Schliche kommt, fordert er Nick zu einer Partie auf, wobei schnell deutlich wird, dass Nick keine Ahnung von Schach hat. Trotz allem endet der Zeichentrickfilm versöhnlich. Nick wirft seinem Vater die Figuren entgegen, während dieser eine Teekanne, seinen „Panzer“, über das Schachbrett schiebt. „Ich will nicht Schach spielen“, lautet dann auch folgerichtig der Titel der Folge.

Donald Duck

Serie von Walt Disney

Donald Duck zählt zu den berühmtesten Zeichentrickfiguren. Als verlorenen Bauern findet man ihn in einem Ausschnitt aus dem ersten Teil der Spielhandlung „Donald in Mathmagic Land“ (1959) von Walt Disney wieder. Die kurze Folge bezieht sich auf das Kinderbuch „Alice Adventures in Wonderland“ und dessen Fortsetzung „Through the Looking Glass“, inklusive einer Umwandlung. Die nervöse Ente hat nach der Begegnung mit einem Springer eine Perücke auf und schwirrt in Frauenkleidern über das Schachbrett. Am Ende der Folge sieht man ein Schachbrett, auf dem sich die Figuren wie von Geisterhand bewegen – bis zum Schachmatt. Und weil auch beim Schach in einem Zeichentrickfilm alles Mathematik ist, endet die Folge mit einem Zitat des italienischen Universalgelehrten Galileo Galilei: „Mathematik ist das Alphabet, mit dessen Hilfe Gott das Universum beschrieben hat.“

Geri's Game

Pixar Studios

In dem amerikanischen computeranimierten Kurzfilm aus dem Jahr 1997, „Geri's Game“, fühlt sich jeder Schachspieler sofort zuhause. Der Streifen aus den Pixar-Studios ist weit mehr als ein Zeichentrickfilm und wurde auf der Internetplattform YouTube bislang 1,7 Millionen Mal angeklickt, was nicht nur an der bunten Bilderfolge liegt. Ein Forschungs- und Entwicklungsteam unterstützte die Filmemacher, um die Animation eines menschlichen Charakters in einer Computersimulation umzusetzen, die natürliche Bewegungen, etwa der Kleidung, nachzuahmen. Eingesetzt wurde Subdivision Surface Modeling, eine Technik zum Erstellen hochauflösender Modelle und die mithilfe von Software dafür sorgt, dass etwa Kurven runder werden. Dadurch erhält der menschlichen Charakter in der Animation natürliche Bewegungen als auch realistische Strukturen.

„Geri's Game“ geschrieben und inszeniert von Jan Pinkava, einem britisch-tschechischen Animator, Regisseur und Drehbuchautor, erzählt in rund fünf Minuten die Geschichte eines alten kahlköpfigen Mannes, der mit sich selbst in einer Schachpartie konkurriert. Schauplatz des Geschehens ist ein verträumter Park in Paris. Zur Musik von „A Night in Tunisia“ von Dizzy Gillespie und bekannt geworden durch eine hitzige Jazz-Version von Miles Davis und Charlie Parker, stellt Geri die Figuren auf. Geri schlüpft nach jedem Zug in die Rolle des Gegners.

Das Spiel nimmt Fahrt auf und die Szenen sind so geschnitten, dass man glaubt, es würden sich tatsächlich zwei Kontrahenten am Brett gegenüber sitzen. Nach und nach gewinnt Schwarz die Oberhand, bis am Ende Weiß nur noch den König auf dem Bett stehen hat. Geri simuliert einen Herzinfarkt, lenkt seinen Gegner damit ab, dreht das Schachbrett um 180 Grad und stellt damit Geri „Schwarz“ vor eine ausweglose Situation. Dann setzt er den weißen König schachmatt, sein Alter Ego kippt den König um und gibt auf. Als Preis übergibt der Verlierer seinem Gegenüber ein Gebiss, während sich Geri diebisch über den Sieg freut. Die Kamera fährt zurück und der Zuschauer sieht, wie Geri am Tisch sitzt und die ganze Zeit alleine war. 1998 erhielt „Geri's Game“ einen Oscar für den besten animierten Kurzfilm.

Alle angesprochenen Zeichentrickfilme gibt es auf YouTube.

Weltmeister im Film

Bobby Fischer Against The World

Dokumentarfilm, 2011, USA, 94 Minuten

Regie: Liz Garbus

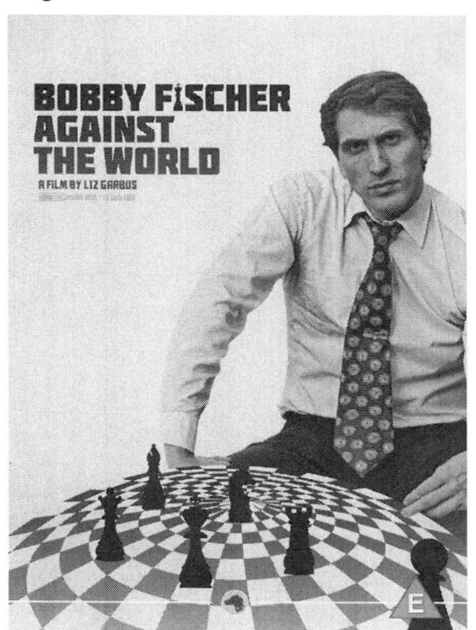

Rund 95 Minuten lang dauert die Dokumentation „Bobby Fischer Against The World“, ein Film der Dokumentarfilmerin Liz Garbus. Ihre Arbeit setzt nach Fischers Tod im Jahr 2008 ein und sie hegt eine große Bewunderung für den 11. Schachweltmeister. „Bobby Fischer war dieser autodidaktische Junge aus Brooklyn, der die New Yorker Schachszene und dann die nationale Schachszene im Sturm eroberte“, so Garbus. Der Film enthält zahlreiche Interviews mit Schachspielern wie Garri Kasparow und Lothar Schmid sowie seltenes Archivmaterial von der Schachweltmeisterschaft 1972. Obwohl der deutsche Filmtitel „Zug um Zug in den Wahnsinn“ etwas übertrieben und nichts anderes als Effekthascherei ist, sind Szenen von Bobby Fischer zu sehen, die Garbus zu einem stimmigen Bild zusammenfügt. In loser Folge wird sein Lebenslauf erzählt, aus dem sich nach und nach Fischers Genie herausschält. „Bobby Fischer Against The World“ ist die wahre Geschichte eines schwierigen und einsamen Kindes, das zu einem psychisch instabilen Mann heranwächst. Der Film zeigt, dass es nicht unbedingt Glück bringt, in etwas der Beste zu sein. Dafür brachte es Fischer Traurigkeit, Einsamkeit und einen völligen Mangel an Verständnis.

Bauernopfer – Spiel der Könige

Spielfilm, 2014, USA, 115 Minuten

Regie: Edward Zwick

Drehbuch: Steven Knight

Kamera: Bradford Young

Hauptdarsteller: Tobey Maguire, Liev Schreiber, Peter Sarsgaard

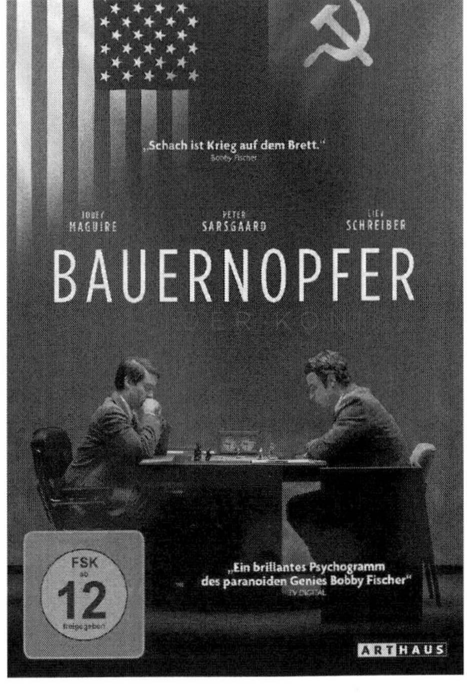

Was ist faszinierend daran, wenn sich zwei Männer stundenlang stumm an einem Schachbrett gegenübersitzen? Nichts – außer es sind Bobby Fischer und Boris Spasski, die beim Kampf um die Schach-Weltmeisterschaft 1972 in Reykjavik zwei politische Systeme repräsentierten. Ein hochgepuschter Ost-West-Wettstreit, wie er damals etwa schon in der Raumfahrt ausgetragen wurde. Und Fischer hatte in Island eine besondere Aufgabe: die jahrzehntelange russische Vorherrschaft im Schachspiel zu brechen.

Prädestiniert war Fischer schon in jungen Jahren und der Film erzählt die Entwicklung zum Wunderkind in schnellen Bildern. Die Trainingsstunden im Brooklyn Chess Club bis hin zu den Kandidatenwettkämpfen, die schon großes öffentliches Aufsehen erregten. Kein Wunder: Fischer schlug Mark Taimanow mit 6:0, dann Bent Larsen mit 6:0 und im Finale Tigran Petrosjan mit 6,5:2,5 Punkten. Somit war der Weg zum Match mit Spasski frei. Regisseur Edward Zwick teilt diese Zeit geschickt auf. Er gibt dem Privaten Raum und zeigt die Kandidatenwettkämpfe in schwarz-weiß Sequenzen, die dem Film nicht nur an dieser Stelle einen historischen Touch geben.

Als der Auftakt in Reykjavik zu scheitern droht, beschwört Nixon-Berater Henry Kissinger Amerikas besten Schachspieler, doch „zum Besten der Nation" in Island zu bleiben und den Kampf aufzunehmen. Im Grunde nichts anderes, als den Kalten Krieg auf 64 Feldern weiterzuführen. Wie Regisseur Edward Zwick diesen Nervenkrieg umsetzt, ist durchaus sehenswert. Eingebettet in den politischen Sound der Weltmächte der ausgehenden 1960er Jahre wird Fischers Schach-Leben sogar mit einer Liebesstory angereichert, was nicht unbedingt zu seiner Geschichte gehört.

Tobey Maguire, Kinogängern als Spiderman bekannt, schöpft für seine Rolle als Bobby Fischer alle schauspielerischen Mittel aus. Die rastlose Mischung aus Wahnsinn, Paranoia, Verfolgungswahn, Unreife, Arroganz und das Verlangen nach Ruhe während einer Partie – all dies spielt Maguire ohne Mühen bis zum Exzess. Im Kontrast dazu Liev Schreiber als Boris Spasski, der eine große Wirkung auf der Leinwand erzielt. Spasski, im Grunde ein biederer Großmeister, war vor allem zum Auftakt des Duells Liebling der Massen. In „Bauernopfer“ wird es als cooler Typ dargestellt. Cool, wie er stumm und mit Sonnenbrille alles wahrnimmt. Cool, wie er nach einem Bad aus dem Meer steigt und dabei stoisch eine Wutattacke Fischers über sich ergehen lässt. Cool, wie er vor der Überwachung durch die eigenen Leute in ein Spiellokal flüchtet und Flipper spielt. Das hat Stil, bis alles seinem Höhepunkt entgegensteuert.

Es ist die sechste Partie in Reykjavik, die zum filmischen Kristallisationspunkt wird. Als Fischer diese Partie nach dem Stand von 2,5:2,5 Punkten gewinnt, steht Spasski auf, klatscht langsam in die Hände – bis der Beifallsturm der Zuschauer einsetzt. Es ist die emotionalste Szene in diesem Film, der dem Schachspiel ein Denkmal setzt. Im Abspann ist vom Niedergang Bobby Fischers zu lesen. Am Ende mit dem Hinweis auf seinen Tod in Reykjavik – der Stadt, in der er seinen größten Triumph feierte.

,,Bauernopfer“ zeigt weit mehr als nur die Mechanismen des Kalten Krieges. Es ist ein spannendes Psychogramm zweier Schachspieler, die die Welt in Atem gehalten haben. Spannend auch für Kinogänger, die nicht Schach spielen.

Magnus – Mozart des Schachs

Dokumentarfilm, 2016, Norwegen, 76 Minuten

Regie: Benjamin Ree

Drehbuch: Benjamin Ree, Linn-Jeanethe Kyed

Kamera: Benjamin Ree, Magnus Flato, Oyvind Asbjornsen

Hauptdarsteller: Magnus Carlsen, Garri Kasparow, Viswanathan Anand

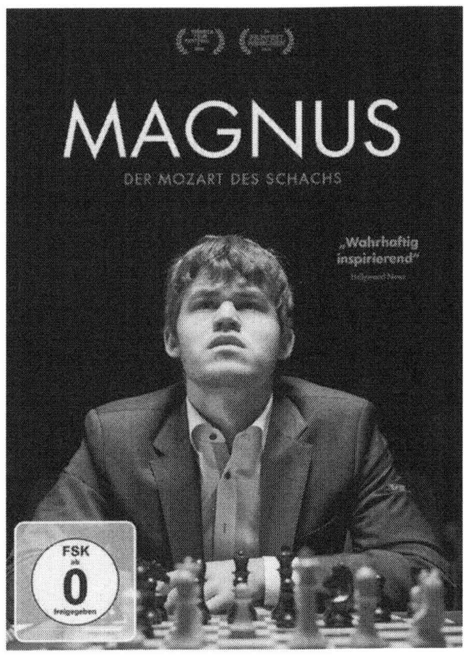

Ganz auf die Realität ausgerichtet ist der Dokumentarfilm „Magnus – Der Mozart des Schachs". Regisseur Benjamin Ree geht der Frage nach, wo das Genie Carlsens verborgen liegt, kann dies aber in 80 Minuten Laufzeit nicht schlüssig beantworten. Es gibt nur wenige Hinweise, wie der Weltmeister wirklich denkt und was ihn wirklich bewegt. „Manche meiner Dämonen behalte ich für mich", gibt sich Carlsen dann auch ziemlich geheimnisvoll.

Der Film führt von der Kindheit des Norwegers, der schon in der Schule anders war als alle anderen, der gehänselt wurde, weil er Schach spielte und sich auf dem Fußballfeld fremd vorkam, bis zu seinem Sieg über den Inder Viswanathan Anand, Schach-Weltmeister von 2007 bis 2013, den er in seiner Heimatstadt Chennai von Thron fegt. Nun kann man, wie in „Bauernopfer", Schachspiele auf der Ebene der Weltmeister schauspielerisch als hochspannende Angelegenheit darstellen, in einer Dokumentation sind sie in der Regel recht trocken. Es treten Herren in dunklen Anzügen auf, die Hinweise auf die gute Vorbereitung der Spieler, auf den Erwartungsdruck und die nervliche Anspannung wiederholen. Die Dramen spielen sich auf dem Brett ab – und die fängt Regisseur Benjamin Ree kaum ein.

Freilich gibt es jene vertraulichen Situationen, die auf die Entwicklung des derzeit besten Schachspielers der Welt schließen lassen, Carlsen hat Ree dazu dicht genug herangelassen. Magnus schöpft Kraft aus der Familie, liest Donald Duck, gibt sich gegenüber Journalisten aber zurückhaltend. In Erinnerung bleiben zwei Sequenzen dieser Dokumentation: Einmal die Reaktion des ehemaligen Schachweltmeisters Garri Kasparow, als ihm der 13-jährige Magnus 2004 in Reykjavik ein Remis abtrotzt – und als Carlsen 2013 vor dem ersten Zug der ersten Partie gegen Anand mit gesenktem Kopf am Schachbrett sitzt – und offenbar betet. In diesen emotionalen Augenblicken kommen sich der Dokumentarfilm „Magnus – Der Mozart des Schachs“ und der Spielfilm „Bauernopfer – Spiel der Könige“ sehr nahe.

Über den Autor

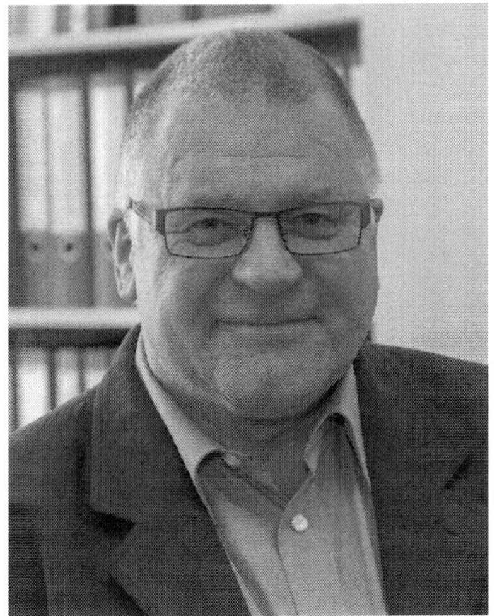

Jörg Palitzsch wurde 1958 in Stuttgart geboren. Er schreibt seit 45 Jahren und war stellvertretender Redaktionsleiter einer Tageszeitung. 2007 erschien von ihm unter anderem eine Biografie über den ehemaligen SPD-Landespolitiker Claus Weyrosta, 2009 eine Biografie über den Schriftsteller Otto Rombach. Palitzsch hat Theaterstücke sowie zahlreiche Shortstorys veröffentlicht und schreibt über Kunst, Kultur, Musik, Comics, Filme und Schach. 1986 zählte er zu den Gründungsmitgliedern des Ingersheimer Schachclubs.

Fotonachweis

Lucky Luke setzt matt – Pressefoto Knesebeck

Die Stones tanzen über das Schachbrett – Artwork: Dan Pearce, Ann Sullivan, Vanessa East

Vermessen in Vers und Reim – Wikipedia

… und ab die Post – Auktionshaus Gärtner, Bietigheim-Bissingen; Michel-Schwaneberger Verlag, Wikipedia

Bühnenzauber – Wikipedia; Grafik: Dewynters Ltd. London

Bilder und Figuren – Wikipedia; Grafik: Frank Stiefel; Pressefoto: G-Star Raw

Politisches Schach – Foto: Elya/Wikipedia; Pressefoto: Hoffmann und Campe

Ganz schön sportlich – Deliahfriedman/Wikipedia

Zwei, Drei, Vier – Pressefoto: kryptokiosk.io; Grafik: St.-Sebastian-Schule Raesfeld

Filme – Wikipedia; Pressefoto: Netflix

Schach im Science-Fiction-Film – Wikipedia

Weltmeister im Film – Archiv Joachim Beyer Verlag

Alle anderen Fotos – Jörg Palitzsch